4개의 통장

평범한 사람이 목돈을 만드는 가장 빠른 시스템

· 고경호 지음 ·

• 　마치 재무 전문 상담가가 나를 고객으로 앉혀놓고 하나하나 상담해주는 느낌이다. '4개의 통장 시스템'이 그동안 막연하고 답답했던 경제적 문제를 시원하게 해결해주는 돌파구가 되어준다. 이 책을 읽고 자신감이 생겼다. 재테크란 현재와 미래를 위한 철저한 삶의 계획이며, 실천의 경과라는 것을 뼈저리게 느꼈다. 좀 더 일찍 이런 책을 만났더라면! _ 신정숙(교사)

• 　이 책은 터무니없이 부자가 되라고 말하지 않는다. 대신 지금 당장 나를 부자되는 길로 들어서게 하는 구체적인 방법을 제시하고 있다. 때문에 나도 정말 부자가 될 수 있겠구나 하고 느꼈다. _ 이향숙(회사원)

• 　평소 궁금했던 내용들이 꼼꼼하게 잘 설명되어 있었기 때문에 두 번, 세 번 읽으며 나도 편안하게 목돈을 모을 수 있겠다는 확신이 들었다. 재테크가 쉽지 않은 나 같은 독자에게 빛이 되어주는 책이다. _ 강효영(사회초년생)

• 　구체적인 실천방안을 제시해주어 책꽂이에 두고 수시로 참고할 수 있는 책이다. 돈 관리의 첫 번째 단계인 지출 관리에 대한 고민이 많았는데 이 책만 따라 하면 정말 쉽게 해결이 된다. _ 김상진(연구원)

• 천편일률적으로 '돈 많이 벌었다' '이렇게 하면 돈 많이 벌 수 있다' 등의 도서와 달리 자신의 소비 패턴을 정립하고 자신의 투자 성향에 부합하여 투자할 수 있는 동기를 부여해주는 책이다. 어디서부터 어떻게 재무관리를 진행해야 할지 몰라서 목말랐던 사람들에게 시원한 약수 같은 책이다.

_ 김태현(국제공인재무설계사)

• 그동안 계속 묵혀두었던 고민들을 하나하나 꺼내보게 해주고, 가장 구체적이고 현실적인 방향까지 제시해준 책이다. 정확한 데이터에 입각해 필요한 자금을 계산하고, 물가상승분까지 합산하여 가까운 미래에 우리 가족에게 필요한 자금을 재정상황에 맞게 준비할 수 있도록 도와준다. 마치 인생의 지도를 보여주듯이 말이다. _ 정효선(주부)

• 부모라면 누구나 갖고 있는 2가지 큰 고민, 아이의 교육자금과 부부의 은퇴자금을 어떻게 마련할 것인가에 대한 답을 아주 쉽게 설명해준다. 자녀교육비와 은퇴자금은 서로 상충하는 속성이 있지만, 이 책을 읽고 그대로 실천한다면 두 마리 토끼를 다 잡을 수 있다고 확신한다.

_ 이근혁(국제공인재무설계사)

한 권으로 끝내는
돈 관리 재테크의 모든 것

사람들은 누구나 부자가 되고 싶어 한다. 지금까지 나는 돈 관리와 투자에 관한 상담이나 강의로 수천여 명의 사람들을 만났다. 그들의 직업과 나이, 재산과 소득은 천차만별이었지만, 열이면 열 '돈 문제'에 대한 걱정은 다들 비슷했다. 희망하는 부(富)의 수준은 조금씩 다를지라도, 지금보다 더 부자가 되고 싶은 마음, 돈 걱정 없는 삶을 원하는 마음은 모두들 마찬가지인 셈이다.

그렇다면 모두들 부자가 되기 위한 준비를 제대로 하고 있을까? 안타깝지만 대부분은 그렇지 못하다. 대부분의 사람들이 직장과 일을 위해서는 많은 시간을 소비하고 고민하지만, 자신의 돈을 관리하는 데에는 신경을 못 쓰거나 미뤄두고 산다. 어떻게 보면 안 하고 있다는 표현이 더 맞을지도 모르겠다.

그러나 돈을 버는 일보다 중요한 것은 '들어온 돈을 관리하고 불리는 일'이다. '4개의 통장'은 그래서 탄생한 돈 관리 시스템이다.

나는 항상 '돈 관리 시스템'을 강조해왔다. 시스템이란 이런 것이다. 예를 들어 자동차를 생산하는 공장에서 완제품이 나오기까지의 과정을 살펴보자. 연구와 개발 과정을 거쳐 생산 라인이 만들어지기까지는 많은 노력과 시간이 소요된다. 하지만 자동차를 만드는 순서와 생산 장비만 갖추어지면, 이후 자동차는 정해진 규칙과 분업화된 작업에 의해 자동적으로 생산된다.

차 유리를 끼우는 일을 맡은 직원은 어떤 유리를 어느 곳에 끼워야 하는지 고민하지 않는다. 정해진 위치에 정해진 유리를 끼우면 되기 때문이다. 차문을 조립하는 직원도 어떤 차문을 어디에 결합해야 하는지 고민하지 않는다. 역시 정해진 위치에 정해진 차문을 조립하면 된다. 심지어 이러한 작업을 위해 사람이 자리를 이동하지도 않는다. 생산 중인 차는 각 공정이 끝날 때마다 다음 공정을 위해 자동으로 이동되기 때문이다. 이와 같은 생산 시스템에 의해 완제품은 반복적으로 생산된다.

돈도 이처럼 자동화된 시스템에 의해 관리가 가능하다면 많은 시간을 들일 필요도 없으며, 효과적으로 원하는 결과를 생산할 수 있다고 생각한다. 이는 나의 경험에 의한 판단이었고, 나 역시 오래 전부터, 그리고 지금도 마찬가지로 4개의 통장으로 구성된 '돈 관리 시스템'에 의해 돈을 관리하고 있다.

내게 상담을 받았던 여러 사람들이 짧게는 일주일, 길게는 수 개월에 걸쳐 자신의 금융 상태를 고쳤다. 그들이 내가 제시한 방법 혹은 그와 유사한 자신만의 시스템으로 돈을 관리하고 변화하는 것을 보면서 나는 큰 뿌듯함을 느꼈다. 그 기쁨을 더 많은 사람들과 공유하고 싶어서 쓰게 된 책이 바로 2009년에 처음 세상에 나온 『4개의 통장』이다.

나는 평범한 사람들이 땀 흘려 번 소중한 돈을 스스로 잘 관리하고 투자할 수 있기를 바라는 마음으로 책을 썼다. '수학의 정석'처럼 돈 관리와 투자에 관한 충실한 기본서가 되길 바랐고, '전자제품 사용 설명서'처럼 정말 쉬운 돈 관리 '매뉴얼'이 되길 바랐다. 그래서 이 책에는 고수익을 얻는 재테크 비법이나 화려한 투자 성공의 사례를 소개하지는 않았다. 대신 돈 관리 '원칙'과 투자 '원리'에 관한 가장 중요한 핵심을 담았으며, 누구나 쉽게 따라 해볼 수 있는 실천 방안을 제시했다.

나의 마음이 통했는지, 정말로 많은 사람들이 이 책에 큰 사랑을 보내주었다. 대학생에서 평범한 샐러리맨, 주부, 노후준비를 앞둔 중년 부부, 100억 부자에 이르기까지, 이 책을 통해 인생의 큰 변화의 계기를 만들게 되었다고, 자신의 경제적 문제를 해결해나가는 돌파구가 되어주었다고 하며 아낌없는 칭찬을 보내주었을 때는 이루 말할 수 없는 감사함과 보람을 느꼈고 또한 책임감도 커질 수밖에 없었다.

어느덧 이 책이 세상에 처음 나온 지 10여 년의 시간이 흘렀다. 그 사이 많은 것들이 변했다. 우리를 둘러싼 재테크 환경 또한 많이 달라지기도 했다.

그러나 시대가 변해도 결코 바뀌지 않는 것들도 있다. 『4개의 통장』이 담고 있는 재테크의 기본 역시 그렇다고 나는 믿는다. 어떤 상황에서도 가장 기본적으로 해나가야 할 중요한 원칙들, 아무리 강조해도 지나치지 않을 돈 관리의 핵심 원리들이 이 책에 모두 담겨 있다고 강조하고 싶다.

다만 출간 10주년을 기념하여 내용을 재정비하는 과정을 거쳤다. 필요한 정보들은 업데이트하고 새로운 스타일로 다시 재탄생시켜보고자 했다. 『4개의 통장2』에서 다루었던 '돈 걱정 없는 미래'를 설계하기 위한 구체적인 실천 솔루션도 함께 담아냈다. 투자계획 수립 과정을 함께 따라가보면서 인생의 중요한 돈 문제를 다시 한 번 상기하고 준비하는 데 도움이 될 수 있었으면 좋겠다.

강조컨대, '4개의 통장'은 목적과 용도에 맞게 돈의 출입을 철저히 통제하고 일사불란하게 돈이 쌓이고 불어나게 하는 통장 관리의 기술이다. 재테크에 관심은 많지만 무엇부터 시작해야 할지 몰라 이도 저도 못하고 있는 사람들에게 이 책이 돈 관리와 투자에 관한 기본기를 익힐 수 있는 기회를 줄 것이며, '나도 할 수 있다'는 자신감을 줄 것이다. 또한 평소 재테크 책을 많이 읽고 실천해보지만 자신만의 원

칙과 전략이 없어 우왕좌왕하고 있는 사람들에게는 기본으로 돌아가
새롭게 시작할 수 있는 계기를 줄 것이다.

　새롭게 다시 돌아온 이 책을 통해 더 많은 사람들이 돈 관리와 투
자에 관한 아이디어를 얻고, 자신의 여건에 맞는 돈 관리 시스템을
갖게 되었으면 좋겠다. 소중하게 번 돈을 모으고 굴리며 진짜 부자의
길을 걸어가는 데 좋은 길잡이가 되기를 진심으로 바란다.

고경호

1장 부富의 방정식

2장 부자 되는 돈 관리 습관

3장 돈 관리의 정석

4장 돈 관리 시스템

5장 실전 투자 관리

6장 미래를 위한 자금 마련 계획

제1장

부富의
방정식

얼마를 가져야 부자일까

사람들의 돈에 대한 관심과 부자가 되려는 욕망은 시대가 바뀌고 세상이 바뀌어도 가장 변하지 않는 것들 중 하나라고 한다. 돈이 많은 사람은 더 많은 돈을 원하고, 돈이 없는 사람은 당장의 생계를 위해서 돈이 필요하다. 돈이 인생의 전부는 아니라고 하지만, 사람들은 성년이 된 이후 인생의 절반 이상을 돈을 벌기 위해 직장을 다니거나 사업을 한다. 그리고 많은 사람이 돈 때문에 나이가 들어서도 일을 한다. 특히 돈이 없어 어려움을 겪는 사람이라면 돈에 대한 갈증은 단순한 목마름과는 비교할 수 없을 만큼 심각하며, 고통스럽기까지 하다.

당신은 얼마의 돈이 있어야 부자라고 생각하는가? 그 기준에 맞추어 당신도 언젠가는 부자가 될 수 있다고 생각하는가?

단순한 질문이지만 평소 진지하게 고민하지 않았다면 쉽게 답하지 못할 것이다. 한때 '10억 만들기'라는 말이 유행처럼 번졌는데, 대개는 10억 원 정도를 부자의 기준으로 생각하는 것 같다. 한번 이 기준으로 향후 당신이 부자가 될 수 있는지 살펴보자.

당신의 연봉이 3000만 원이라면 한 푼도 쓰지 않고 33년을 모아야 10억 원을 마련할 수 있다. 연봉이 5000만 원이라면 한 푼도 쓰지 않고 20년을 모아야 한다. 임금 인상과 적절한 투자 수익률을 고려하면 시간을 단축할 수도 있겠지만 수입을 한 푼도 쓰지 않고 전부 저축하는 것 자체가 거의 불가능한 일이기 때문에 굳이 임금 인상이나 투자 수익률을 따져가며 계산해보지 않더라도 10억 원을 만드는 일은 결코 쉽지 않음을 알 수 있다.

직장인이라면 급여를 받기 전에 이미 수입의 10% 이상이 소득세와 국민연금, 건강보험료 등으로 빠져나갈 테고, 당신이 가정을 꾸리고 있다면 손에 쥐어진 돈의 20%를 저축하기도 쉽지 않을 것이다. 더구나 퇴직 연령은 점점 낮아지고 있고, 이후에 자영업을 하더라도 직장에서 받던 연봉 이상의 수입을 유지하는 것 역시 쉬운 일이 아니다. 물론 직장 생활을 할 때보다 훨씬 많은 수입을 얻을 수도 있겠지만 반대로 퇴직 전 모은 돈을 전부 잃게 될 수도 있다. 또한 20~30년 후 10억 원은 여전히 큰돈이겠지만 물가 상승을 감안한다면 그 가치는 훨씬 떨어질 것이다. 따라서 10억 원보다는 더 많은 돈을 모아야 지금의 기준으로 부자가 될 수 있다.

만약 당신이 이미 40대 중반을 넘었고, 다행히 내 집 마련에 성공해서 서울에서 전용면적 85m²(25.7평)의 아파트에 살고 있다면 평균 시세로 대략 6억 원 정도의 부동산을 가진 셈이고, 5000만 원~1억 원 정도의 금융자산을 보유하고 있을 것이다. 주택담보대출을 모두 상환했다고 가정하면, 현재 5~6억 원 정도는 확보하고 있다고 볼 수 있으니 10억 원을 향한 고지가 멀지 않아 보인다.

하지만 당신의 큰 자녀는 조만간 대학에 진학할 것이고, 둘째도 곧이어 대학에 진학할 것이다. 대학 등록금은 적게 잡아도 연간 700만 원 수준이고, 이외에도 많은 돈이 필요하다. 따라서 두 자녀가 모두 대학을 졸업하게 될 50대 초반까지는 적어도 1억 원 이상을 더 지출하게 될 것이다. 그리고 머지않아 자녀들의 결혼 자금도 준비해야 한다. 결혼 자금만큼은 자녀들 스스로 해결하라고 맡겨둘 수도 있겠지만 부모 마음은 다 똑같다고 아예 외면하기는 어렵다. 최소한 한 칸짜리 전세방이라도 얻어 주고 싶을 것이다. 퇴직 전까지 추가적인 저축은 고사하고, 현재 가지고 있는 재산을 지키기도 어려울 수 있다. 이렇게 자녀들 결혼까지 시키고 나면 비로소 숨을 돌리고 남은 인생을 계획하게 될 것이다. 그 사이 아파트 값이 좀 올라 다행이라는 생각과 손에 쥐어진 퇴직금으로 장사나 해볼까 하는 생각을 하면서 말이다.

당신이 부자가 되고 싶다면 이처럼 다양한 문제들을 극복할 수 있어야 한다. 그러지 못하면 부자가 되기는 어렵다. 부자가 되는 게 얼마나 어려운지는 다음의 통계자료를 통해서도 확인해볼 수 있다.

KB경영연구소가 발표한 '2017 한국 부자보고서'에 따르면, 우리나라에서 100만 달러 이상의 금융자산, 그러니까 부동산을 제외하고 예금, 주식 등을 대략 10억 원 이상 보유한 사람의 수는 2017년 기준으로 24만 명 정도라고 한다. 우리나라의 경제활동인구가 같은 해 기준 약 2770만 명이므로 이들 중 10억 원 이상을 가진 사람의 숫자는 0.8%에 불과할 정도로 소수라는 이야기이다. 그만큼 10억 원이라는 돈을 갖기는 생각보다 훨씬 더 어렵다.

우리나라에서는 금융자산보다 부동산으로 부자가 된 사람이 많기 때문에 이를 고려하면 양상이 조금 다르리라 생각할 수도 있다.

2017년 종합부동산세 대상자는 약 40만 명이었다(이 기준은 세대별로 합산하여 공시가격 6억 원 초과 주택 또는 공시가격 5억 원 이상의 나대지 등을 보유한 사람들이었다.). 이들 중에는 앞서 말한 10억 원 이상의 금융자산을 보유한 사람들의 상당 수가 포함되어 있을 것으로 추정되지만, 그렇지 않더라도 부동산을 포함하여 10억 원 이상의 재산을 가진 사람의 수는 65만 명 미만이라는 계산이 된다. 말 그대로 대한민국 1%이다. 결국 대부분의 사람들에게 10억 원의 꿈은 결국 꿈으로 끝날 가능성이 매우 높다.

이처럼 쉽지 않음에도 불구하고 지금 대한민국의 정직하고 성실한 많은 사람이 자신도 10억 원이라는 큰돈을 언젠가 손에 쥘 수 있을 것으로 믿는다. 나는 많은 사람이 갖고 있는 부자 되기 꿈을 훼손할

의도 역시 없다. 다만 사람들이 현실적이고 계산된 부富의 목표를 갖기 바랄 뿐이다.

자수성가한 많은 사람은 기본에 집중했기 때문에 부자가 될 수 있었다고 말한다. 하는 일에 최선을 다했고, 열심히 저축했다고 한다. 그러다 보니까 사업에 성공하기도 하고, 좋은 투자의 기회도 가질 수 있었다는 것이다. 이 과정에서 돈에 관한 고민과 공부를 많이 했음은 말할 것도 없다.

부자가 되고 싶다면, 기본에 집중하는 것이야말로 기본이다. 그리고 그 '기본'이란 열심히 저축하는 일이다. 물론 그렇다고 끼니를 거르거나 한 달에 한두 번 하는 가족들과의 간단한 외식조차 없애며 스스로를 학대하라는 말이 아니다. 모든 사람이 10억 원 이상을 모아야 한다는 법은 어디에도 없기 때문에 어느 정도 삶의 질을 유지하면서도 충분히 저축할 수 있다. 내가 말하는 '충분한 저축'이란 본인의 여건에서 할 수 있는 최선의 저축을 뜻한다. 어떤 사람에게는 수입의 50%가 될 수도 있고, 어떤 사람에게는 수입의 5%가 될 수도 있다.

나는 많은 사람이 충분히 저축하지 못하는 이유가 낭비 때문이 아니라는 점을 잘 안다. 오히려 자신의 수입 중 도대체 얼마를 어디에 지출하고, 매월 얼마를 남기는지 잘 모르기 때문이라고 생각한다.

당신은 이번 달 급여 중 얼마를 소득세로 뗐고, 국민연금이나 건강보험료는 얼마나 빠져나갔는지 알고 있는가? 그리고 이번 달에는 얼마를 소비했는지, 지난달보다 소비가 늘었다면 왜 늘었는지, 줄었다면 왜 줄었는지 파악하고 있는가?

지출하는 돈에 대해 많은 관심을 갖는 것만으로도 저축을 늘리는 데 큰 도움이 된다. 처음에는 어렵겠지만 조금만 노력하면 매월 일정한 금액의 돈으로 살아가는 습관도 가질 수 있다. 그리고 이러한 습관을 지속적으로 유지하면 분명히 지금보다 좀 더 저축할 수 있다.

어떤 사람들은 많은 돈을 벌어야만 부자가 될 수 있다고 생각한다. 하지만 충분히 저축하는 습관을 갖지 못하면 지금보다 많은 돈을 벌더라도 크게 달라지는 것은 없다.

나는 억대의 연봉을 받는 사람을 여러 명 알고 있다. 하지만 이들 대부분은 지금 많은 돈을 벌기 이전보다 나은 삶을 살고 있지 못하다. 이유는 단순하다. 돈을 많이 벌게 되면서 이전보다 더 소비하게 되고, 나중에는 소비에 대한 감각조차 없어져 자신이 정말 많은 돈을 지출하고 있다는 사실에 스스로 놀라기까지 한다. 그러다가 수입이 줄거나 어려운 일이 생기면 많은 돈을 벌기 이전보다 더 큰 경제적 어려움을 겪는다. 변하는 것은 없다.

돈도 사랑을 많이 주면 주인에게 보답한다. 그리고 작은 보답이 쌓이면 덩어리를 이루고 덩어리가 커질수록 돈이 자라는 속도도 빨라진다.

부자는 결코 왕도를 이야기하지 않는다. 당신의 돈을 노리는 사기꾼이 주로 왕도를 이야기한다. 당신이 정말 부자가 되고 싶다면 지금 충분히 저축하는 것으로부터 시작해야 한다. 사업이나 과감한 투자에서 얻을 수 있는 큰 성공은 그 다음에 생각해도 늦지 않다. 다만 당신 안에 잠자고 있을지 모를 사업가적 재능이나 투자에 관한 자기계발을 꾸준히 할 필요는 있다. 왜냐하면 크게 성공하는 사람은 소수에 불과하지만 당신도 그들 중 한 사람이 되는 기회가 언제 올지는 아무도 알 수 없기 때문이다.

부富의 방정식

자연에는 '힘의 법칙'이라는 게 존재한다. 뉴턴이 발견하여 수학적으로 완성했기 때문에 '뉴턴의 제2법칙'이라고 불리는 이 법칙은 다음과 같은 단순한 수학 공식으로 요약된다.

$$F(\text{힘}) = m(\text{질량}) \times a(\text{가속도})$$

나는 만일 부자가 되기 위해 꼭 알아야 할 법칙이 존재한다면 어떤 식으로 표현할 수 있을까 고민해보았다. 그리고 다음과 같은 결론을 내렸다.

$$부富 = 간절함 \times 복리투자 \times 시간^2$$

이 공식을 나는 '부富의 방정식'이라고 부르며, 이는 내가 생각하는 '부富의 법칙'이기도 하다.

부자가 되기 위한 절대 법칙이 실제로 존재하지는 않을 것이다. 그리고 이런 공식을 유도해낸 논리적인 근거도 나는 제시하지 못한다. 하지만 이 공식에는 당신이 충분히 공감할 만한 재산 증식의 원리가 담겨 있다. 지금부터 이 방정식을 하나씩 풀어보겠다.

돈에 대한 간절함

다른 무엇과도 바꿀 수 없는 간절한 꿈은 그 꿈을 이루기 위해 부자가 되어야 한다는 강한 동기를 부여한다. 내가 만난 사람들 중에는 변변한 직업도 없이 부모의 재산으로 생활하면서, 증여세나 상속세를 안내고 재산을 물려받을 방법이 있는지 묻는 한심한 사람도 있었지만, 반드시 부자가 되어야만 하는 간절한 이유를 갖고 있는 사람도 여러 명 있었다. 그중 가장 기억에 남는 사례를 하나 소개하겠다.

외국계 제약회사에 근무하는 30대 후반의 박 과장. 그는 가정 형편이 좋지 않아 어려서부터 힘든 일을 많이 겪었다. 특히 대학에 진학한 후 경제적인 어려움이 매우 컸는데, 공부를 열심히 해 여러 차례 장학금을 받았고 과외나 입시학원 강사로 일하면서 학자금과 생활비를 스스로 해결할 수 있었다. 졸업 무렵에는 미국으로 유학을 가거나 국내 대학원이라도 진학하고 싶었지만, 시골에 계신 가난한 부모님을 부양해야 한다는 생각 때문에 취업을 선택했다. 그는 두 가지 명확한 이유 때문에 반드시 부자가 되어야 한다고 생각했다.

첫 번째 이유는 자신의 자녀들이 공부에 욕심을 많이 갖게 된다면 10년이든, 20년이든 필요한 기간까지 충분한 교육 자금을 지원할 수 있어야 한다는 것이었다.

두 번째 이유는 가난 때문에 모진 삶을 살아 온 부모님께서 그에게 미안하다는 말을 할 때마다 자신은 결코 자녀들에게 그런 마음을 갖지 않도록 하고 싶다는 것이었다.

그는 입사 첫해에 샀던 양복 4벌은 여러 번을 수선하여 입었고 그 중 2벌은 10년을 넘게 입고 다녔다. 결혼 전에는 시골에 계신 부모님께 돈을 보내면서도 급여의 절반 이상을 저축했고, 결혼 후에는 맞벌이를 하면서 아내의 급여로만 지출하고 본인의 급여는 전부 저축했다. 드디어 아파트를 구입했지만 전세를 주고 처가에 들어갔다. 대출금 이자를 내는 것도 싫고, 육아의 도움도 받고 싶었기 때문이다. 그리고 전세금을 모두 돌려줄 수 있을 만큼 저축한 후 4년 만에 자신의 집으로 들어갔다. 나는 부자가 되고 싶다는 그의 간절한 소망이 그를 그렇게 행동하게 만든다고 느꼈다.

당신은 정말 간절히 부자가 되고 싶은가, 아니면 그냥 부자가 되면 좋겠다는 정도인가? 자신이 간절함을 가지고 있는지는 쉽게 확인할 수 있다.

부자가 되고 싶지만 지금 충분히 저축하지 못한다면 그만큼 간절하지 못하기 때문이다. 앞서 밝혔듯 내가 말하는 충분한 저축이란 급여의 30% 이상을 해야 한다는 식의 절대적 기준이 아니다. 당신에게 주어진 여건에서 가능한 최선의 저축을 말한다. 저축액을 늘리기로 마음을 먹었지만 몇 달 만에 그만두었다면, 지난달보다 지출을 줄이기로 결심했는데 그렇게 하지 못했다면 역시 그만큼 간절하지 못하다는 증거다.

물론 살다 보면 충분히 저축하지 못하거나 지난달보다 적게 저축할 수밖에 없는 어려운 사정도 생기기 마련이다. 하지만 간절함이 없다면 사정이 해결된 후에도 바뀌는 것은 없다. 간절함은 당신을 행동하게 만든다. 그리고 좀 더 저축하게 만든다. 간절함이란 돈에 대한 욕심과는 다르다. 돈에 대한 욕심과 집착은 오히려 삶을 힘들게 하며, 지나친 욕심은 내 것을 모으는 데 그치지 않고 남의 것을 탐하게 만든다.

복리로 투자하라

아인슈타인은 '복리는 우주에서 가장 강력한 에너지이자 인류 최고의 발명품'이라고 말했다. 만일 사람들을 부자로 만드는 마법의 지팡이가 존재한다면 그것은 아마 '복리 투자'일 것이다. '복리'의 상대적인 개념이 '단리'인데, 이자를 계산하는 방식에서 차이가 있다. 복리는 최초 원금에 대한 이자는 물론 이자에 대한 이자까지 계산하는 방식이고(이자를 원금에 더하여 다시 원금으로 간주한다.), 단리는 최초 원금에 대한 이자만 계산하는 방식이다.

만약 1억 원을 이자율 연 5%의 복리식 금융 상품에 2년간 투자한 경우에는 다음과 같은 결과를 얻는다.

- 1년 후 이자 : 1억 원 × 5% = 500만 원
- 2년 후 이자 : (1억 원 + 500만 원) × 5% = 525만 원
- 투자 결과 : 1억 원 + 500만 원 + 525만 원 = 1억 1025만 원

1억 원을 이자율 연 5%의 단리식 금융 상품에 2년간 투자한 경우는 조금 다르다.

- 1년 후 이자 : 1억 원 × 5% = 500만 원
- 2년 후 이자 : 1억 원 × 5% = 500만 원
- 투자 결과 : 1억 원 + 500만 원 + 500만 원 = 1억 1000만 원

복리는 통상 연복리를 말하지만, 계산 주기에 따라 연복리, 6개월 복리, 월복리 등으로 나뉘기도 한다. 위의 계산 사례를 보면 복리 방식이나 단리 방식이나 결과에 큰 차이가 없다고 느낄 수도 있다. 하지만 절대로 그렇지 않다. 복리와 관련하여 가장 많은 사람이 알고

있는 일화가 있다.

1626년 미국의 초기 이민자들은 인디언들에게 24달러어치의 장신구와 구슬을 주고 뉴욕 맨해튼을 통째로 사버렸다. 월가로 상징되는 맨해튼이 세계 금융시장의 중심이 되어버린 이후 사람들은 당시 인디언들의 어리석음을 비웃었지만 유명한 펀드매니저 피터 린치는 이에 동의하지 않았다. 그는 만약 인디언들이 받은 물건을 돈으로 바꿔 연 8%의 채권에 복리로 투자했다면, 363년이 지난 1989년에는 약 32조 달러가 됐을 것이라고 말했다.

1989년 당시 맨해튼 전체의 땅값은 시가로 따져도 1000억 달러 미만이었다고 하니, 32조 달러가 얼마나 많은 돈인지 짐작할 수 있다. 이러한 이유를 들어 사람들은 '복리의 마법'이라는 표현을 쓴다. 만약 24달러를 363년 동안 연 8%의 단리로 투자했다면 얼마가 됐을까? 결과는 더욱 놀랍다. 고작 721달러에 불과하다.

혹시라도 363년이라는 시간이 뜬구름처럼 들린다면, 지금부터 내가 제안하는 거래에 대해 생각해보기 바란다. 내가 당신에게 1억 원을 빌려주겠다. 상환 조건은 다음 달에 1000원만 갚고, 이후 매월 전 월 대비 5%씩 인상된 금액을 20년 동안 갚으면 된다. 그러니까 첫 달에는 1000원, 둘째 달에는 1050원, 셋째 달에는 1103원, 넷째 달에는 1158원 이런 식으로 20년간 조금씩 돌려주면 된다는 뜻이다. 나와 거래 하겠는가? 아니면 좋아 보이는 기회를 놓치고 말겠는가?

만일 1억 원을 빌려서 매월 1000원 정도만 갚으면 된다는 생각으로 이 거래에 동의한다면 당신은 평생 후회할 것이다. 왜냐하면 나에게 20년간 총 24억 원 이상을 지불해야 하기 때문이다. 당신의 입장에서는 1억 원을 빌려 23억 원의 이자를 지불하는 것이고, 나의 입장에서는 1억 원을 투자하여 23억 원의 수익을 얻는 셈이다. 이는 월복리 5%의 수익률로 매월 1000원을 투자하는 꼴인데, 이렇게 하면 20년 후에는 24억 원이 넘는 큰돈이 된다.

은행에서 돈을 빌리기 어려운 사람들이 궁여지책으로 대부업체나 사채업자들로부터 고리의 빚을 얻어 쓰다가 파멸하는 것도 이런 이유 때문이다. 한번 연체를 하면 원금에 대한 이자는 물론 연체 이자에 대한 이자까지 복리로 늘어난다. 갚아야 할 돈이 순식간에 원금의 2배, 3배로 불어나게 되어 나중에는 갚고 싶어도 감당할 수가 없다. 이처럼 복리는 큰 힘을 가지고 있으며, 단 1%포인트의 차이도 복리 투자와 함께하면 위대한 일을 해낼 수 있다.

만약 1억 원을 연 4%의 세후 수익률로 매년 복리 투자를 한다면, 30년 후에는 약 3억 2000만 원이 된다. 그리고 연 5%의 세후 수익률로 매년 복리 투자를 한다면 30년 후에는 약 4억 3000만 원이 된다. 겨우 1%포인트의 수익률 차이가 30년 후에는 원금보다 많은 1억 1000만 원의 차이를 가져온다. 부자들은 이러한 차이를 경험적으로 잘 알고 있다.

● 1억 원을 거치식으로 투자하는 경우

투자 원금	세후 수익률 (연복리)	5년 후	10년 후	20년 후	30년 후
1억	4.00%	1억 2166만	1억 4802만	2억 1911만	3억 2434만
	5.00%	1억 2762만	1억 6288만	2억 6533만	4억 3219만
수익률 1%p의 차이		596만	1486만	4621만	1억 785만

● 매년 1000만 원을 적립식으로 투자하는 경우

매년 적립금	세후 수익률 (연복리)	5년 후	10년 후	20년 후	30년 후
1000만	4.00%	5633만	1억 2486만	3억 969만	5억 8328만
	5.00%	5801만	1억 3206만	3억 4719만	6억 9760만
수익률 1%p의 차이		168만	720만	3,750만	1억 1,432만

(단위 : 원)

* 세후 수익률이란 이자나 수익에 대해 부과되는 소득세, 금융상품을 거래할 때 지출되는 수수료 등 각종 투자 비용을 제외한 후 얻게 되는 최종 수익률을 말한다.

어느 날 아침 일찍 나는 업무차 모 은행의 강남구 일원동 지점에 갔다가 특이한 광경을 목격했다. 업무 시간 전이었는데, 은행 안에는 5~6명의 노인들이 앉아 있었다. PB팀장에게 물어보니, VIP고객들인데 선착순으로 판매되는 특판 정기예금에 가입하기 위해 기다리고 있다는 대답을 들었다.

일원동은 대체로 오래 거주한 노인 부자가 많이 산다. 그리고 은행을 오래 거래한 부자들은 원금 손실 가능성이 있는 주식형펀드 등에 가입하기보다는 매우 보수적인 투자를 하는 경향이 있다. 그래서 저금리 시대에도 정기예금이나 확정금리형 비과세 연금보험 등을 선호한다. 그때가 한참 추운 1월이었음에도 불구하고, 그 부자들은 1년에 한두 번 찾아오는 좋은 기회를 놓치지 않기 위해 아침 일찍부터 그 자리를 지키고 있었다. 겨우 1%포인트의 추가 이자를 더 받기 위해서 말이다.

많은 사람이 1%포인트의 차이를 하찮게 생각한다. 하지만 부자들은 이런 차이를 결코 무시하지 않는다. 100만 원에 대한 1% 이자는 겨우 1만 원에 불과하다. 그러나 작은 차이도 소중하게 생각하는 습관은 10억 원에 대한 1% 이자 1000만 원을 추가로 벌게 한다. 그래서 그들은 부자가 되었고, 지금도 부자다.

복리 투자의 중요성에 대해 알았다면 예금, 펀드 등 금융상품에 투자한 후에는 투자 결과에 대해 복리 수익률을 직접 계산해보는 습관을 갖는 게 좋다. 복리 수익률의 계산법은 다소 복잡하지만 엑셀 프로그램을 이용해 간단히 계산해볼 수 있기 때문에 원리는 굳이 몰라도 상관없다.

복리 수익률을 계산하기 위해서는 엑셀의 셀에 다음과 같이 입력한다.

$$= rate(투자年수, 0, - 투자원금, 투자결과)$$

예를 들어 목돈 1000만 원을 펀드에 거치식으로 투자하여 3년 후 1200만 원이 되었다면, 다음과 같이 셀에 입력한다.

$$= rate(3,0,-10000000,12000000)$$

그러면 자동으로 계산되어 6.3%의 값이 산출된다. 이는 투자 원금이 3년 동안 연평균 6.3%의 복리 수익률로 투자되었음을 뜻한다. (만일 6.3%가 아닌 0 또는 0.06 등으로 보이면, 해당 셀을 선택한 상태에서 마우스의 오른쪽 버튼을 눌러 셀 서식을 선택한 다음, 표시 형식 탭에서 백분율 범주를 선택해 소수 자릿수를 조정한다.)

매월 적립식으로 투자하였다면 다음과 같이 입력한다.

$$= rate(투자月수,-월적립금,0,투자결과,1)*12$$

예를 들어 매월 100만 원씩 적립식으로 펀드에 투자하여 3년(36月) 후 4000만 원이 되었다면, 다음과 같이 셀에 입력한다.

$$= rate(36,-1000000,0,40000000,1)*12$$

그러면 6.7%의 값이 산출된다. 이는 매월 투자된 각각의 돈이 연평균 6.7%의 복리 수익률로 투자되었음을 뜻한다.

사실 투자 결과에 대한 수익률 평가는 생각만큼 단순하지는 않다. 앞에서 제시한 복리 수익률 계산법으로는 거치식 또는 매월 정기적으로 일정한 금액을 투자한 후 연간 단위로 수익률을 평가할 때에만 정확한 값을 얻을 수 있다. 따라서 펀드와 같은 실적배당형 금융상품에 투자하면서 투자 기간 중 투자 자금의 일부를 회수하거나 부정기적으로 일정치 않은 금액을 투자할 때, 또는 투자 기간이 연 단위로 끝나지 않을 때는 적용하기 어렵다. 이런 경우 전문가들은 '금액가중수익률'이나 '시간가중수익률'이라는 계산 방식을 사용한다. 하지만 개인 투자자의 입장에서 이런 수익률 계산 방식은 사용하기 어렵고, 사용한다 하더라도 투자 금액의 유출입이 잦은 경우에는 계산 자체도 복잡하다.

따라서 내가 제시한 복리 수익률 계산법을 보완적인 방법으로 사용한다면 투자 결과를 평가하는 데 도움이 될 것이다. 예를 들어 거치식으로 1년 6개월간 투자했다면 투자 연수를 1.5년으로 간주하거나, 적립식으로 부정기적인 투자를 했다면 1년 동안 투자한 돈의 총액을 12로 나눈 금액을 매월 투자한 것처럼 간주하여 계산하면 대략적인 연 복리 수익률을 계산할 수 있다.

이외에도 간단하게 활용할 수 있는 복리 계산법이 있다. '72법칙'

이라고 불리는 이 계산법은 다음의 공식으로 요약된다.

$$\text{투자 원금이 2배로 늘어나는 데 필요한 기간(年)}$$
$$= 72 \div \text{연복리 수익률}$$

예를 들어 1000만 원을 연 4%의 복리 수익률로 투자해 원금의 2 배인 2000만 원을 만들기 위해서는 18년(=72÷4)이 걸린다. 만일 7.2%의 복리 수익률로 투자할 수 있다면, 이보다 훨씬 빠른 10년 (=72÷7.2) 후에 2000만 원이 된다. 이 공식은 다음과 같이 바꾸어 활용할 수도 있다.

$$\text{투자 원금이 2배로 늘어나는 데 필요한 연복리 수익률}$$
$$= 72 \div \text{기간(年)}$$

예를 들어 1000만 원을 5년 후에 2000만 원으로 만들고 싶다면, 연 14.4%(=72÷5)의 복리 수익률로 투자해야 한다. 단순한 공식이지 만 투자 계획을 수립하거나 투자 결과를 예상해보는 데 도움이 된다.

그런데 72법칙은 목돈을 거치식으로 투자하는 경우에만 적용된 다. 매월 적립식으로 투자하는 경우에는 적용할 수 없다.

　사람들은 복리 투자를 하라고 하면, 복리식 금융상품에 투자하라는 것으로 이해한다. 하지만 복리 투자는 투자 행위 자체로 이해해야 한다.

　예를 들어 1년 만기 정기예금에 투자했는데, 1년 후 발생된 이자를 원금과 함께 다시 1년 만기 정기예금에 투자한다면 이러한 행위가 바로 복리 투자이다. 반면에 이자는 지출하고 원금만 다시 투자하거나, 원금의 절반을 지출하고 나머지 돈만 다시 정기예금에 투자한다면 이것은 복리 투자가 아니다. 즉 투자 원금에서 발생된 수익을 다시 원금과 함께 반복(또는 계속)해서 투자하는 행위가 복리 투자이고, 이는 예금은 물론 주식, 펀드, 부동산 등 모든 투자 대상에 적용된다. 펀드에 투자한 후 원금과 수익을 전부 부동산에 투자하거나 절반의 돈은 계속 펀드에 두고, 나머지 돈은 부동산에 투자한다면 이러한 행위도 복리 투자다. 단지 투자 대상이 바뀌거나 분산된 것뿐이다. 그뿐만 아니라 이렇게 모은 돈을 전부 투자하여 사업을 시작했다면 이 또한 넓은 의미의 복리 투자로 볼 수 있다.

흔히 말하는 복리의 마법은 복리식 금융상품이 부리는 게 아니다. 지속적인 복리 투자 행위가 마법을 부리는 것이다. 투자는 누가 하는가? 사람이 한다. 따라서 당신도 마법의 지팡이를 쥐고 있다. 복리의 마법을 부릴지 말지는 마법사인 당신이 결정해야 한다.

시간을 들여라

이제 시간에 대해 생각해볼 차례. 이와 관련해서는 다음과 같이 요약할 수 있다.

> "시간이 없다면 복리의 마법도 없다."

부의 방정식에서 시간에 제곱을 한 이유는 부富를 형성하는 데 그만큼 시간이 매우 중요하기 때문이다. 여기서 말하는 시간이란 기다림으로 해석될 수도 있다.

사람들은 서두른다. 서두른다고 돈이 더 벌리지도, 빨리 늘어나지도 않는데 말이다. 심지어는 펀드 투자도 주식 단타 매매하듯이 한다. 투자하기 전에 신중히 선택하고, 투자한 후에는 충분한 시간을 기다려야 하지만 1년에도 몇 번씩 이 펀드, 저 펀드를 옮겨 다닌다.

미국의 유명한 펀드매니저 피터 린치는 13년간 마젤란 펀드를 운용하면서 누적 수익률 2700%라는 높은 수익률을 기록했다. 복리로 환산하면 연 28.9%에 이르는 놀라운 수익률이다. 하지만 이 펀드에 투자했던 사람들의 절반은 손해를 봤다. 한창 펀드의 수익률이 좋을 때 투자를 시작했다가 수익률이 떨어지자 돈을 회수했기 때문이다. 샴페인은 파티에 참석했던 모든 사람들이 아닌, 펀드매니저를 믿고 충분히 기다렸던 사람들에게만 나누어졌다.

여의도 한강 둔치에서는 해마다 불꽃놀이를 한다. 그 불꽃을 구경하기 위해 정말 많은 사람이 모이고, 좋은 자리를 잡기 위해 몇 시간을 기다린다. 그리고 불꽃놀이가 시작되면 여기저기서 탄성이 터진다. 사람들은 자신이 마치 불꽃 마법의 주인공이 된 듯한 착각을 하며, 잠시나마 지금까지 쌓인 스트레스와 고민을 잊는다. 하지만 그 순간이 지나면 그것으로 끝이다. 화약 냄새와 쓰레기, 그리고 집에 돌아가는 일만 남는다.

복리의 마법은 불꽃의 마법처럼 화려하진 않다. 그리고 몇 시간만 기다리면 좋은 자리에서 볼 수 있는 그런 쇼도 아니다. 믿음을 갖고 오랜 세월을 기다린 사람들만이 볼 수 있는 인내의 마법이다. 하지만 마법이 시작되면 불꽃의 마법처럼 쉽게 끝나지 않는다. 심지어 다음 세대까지 이어지기도 한다.

자수성가한 부자들은 가난한 시절 부자가 되기를 간절히 원했고, 그래서 악착같이 저축하고 투자했다. 오랜 세월을 그렇게 보냈다. 결국 그들은 의도했든 그렇지 않든 복리의 마법을 경험할 수 있었다.

부자가 되기 위해서는 10년, 20년 이상의 시간이 필요하다고 말하면, 사람들은 모두 너무 길다고 생각한다. 하지만 시각을 조금 바꿔 보면 꼭 그렇지도 않다는 사실을 알게 된다.

나는 가끔 내가 40대 중반을 넘었다는 사실이 믿기지 않을 때가 있다. 아버지의 품에 앉아 TV를 보던 어린 시절의 기억, 대학에 입학하여 첫 강의를 듣던 날, 세상의 모든 일을 해낼 수 있을 것만 같던 군대 전역하던 날, 아내가 임신을 했다고 기쁘게 전화하던 순간 등. 이러한 모든 일들이 마치 어제의 일만 같은데 벌써 내가 오십을 바라보는 나이가 되었다니…….

지난 삶을 돌이켜보면 시간은 정말 빨리 지나갔다. 앞으로 10년, 20년 후에도 나는 똑같은 생각을 하고 있을 것이다.

길게 느끼든, 짧게 느끼든 시간은 반드시 흐른다. 시간은 누구에게나 공평하게 주어지지만 우리들 중 누군가는 언젠가 부자가 될 것이고, 반면에 누군가는 늙어서도 가난할 것이다.

나는 이게 운명의 문제이기보다는 선택의 문제라고 생각한다. 왜냐하면 저축만 열심히 해도 최소한 가난하게 살지는 않을 것이고, 지금보다 좀 더 저축하기 위한 노력은 누구나 할 수 있다고 믿기 때문이다. 이러한 노력을 지속하면 자연스럽게 자신의 돈을 잘 투자하기 위해 고민하고 공부하게 된다. 그리고 학습한대로 실행하게 된다. 나머지는 시간이 해결한다. 지금 당장 서둘러서 해야 할 일은 이러한 노력을 빨리 시작하는 것뿐이다.

부富의 목표는 계산해둔다

부자가 되려면 분명한 목표가 있어야 한다. 이런 말을 하면 많은 사람이 절약하고 저축하라는 말만큼이나 뻔한 소리라고 생각한다. 하지만 나는 이런 뻔한 말 속에 진리가 있다고 믿는다.

앞에서 나는 당신에게 두 가지 질문을 했다.

· 당신은 얼마의 돈이 있어야 부자라고 생각하는가?
· 당신도 언젠가는 그 기준에 맞는 부자가 될 수 있다고 생각하는가?

첫 번째 질문은 목표에 관한 것이고, 두 번째 질문은 실현가능성에 관한 것이다. 부富에 대한 목표는 자신의 입장에서 현실적이어야 한다. 실현가능성이 없거나 희박하다면 그것은 목표가 아니다.

많은 사람이 꿈과 목표를 혼동한다. 만일 당신이 빌 게이츠처럼 세계 최고의 갑부가 되기를 원한다면 그것은 당신에게 꿈이 될 수 있다. 그리고 이러한 꿈이 간절하다면 당신으로 하여금 어떤 긍정적인 행동을 하도록 만들 것이다.

하지만 이것이 현실적인 목표가 될 수는 없다. 목표는 계산된 결과와 실현가능성이 충분히 있어야 한다. 예를 들어 당신이 현재의 수입과 지출을 분석한 결과 연간 최대 저축할 수 있는 돈이 1000만 원이므로 향후 3년 동안 3000만 원 이상의 종잣돈을 만들겠다는 결정을 했다면 이것은 목표다. 또는 과거의 수익률을 분석한 결과 연평균 10%의 복리 수익률이 기대되는 주식형펀드에 매월 100만 원씩 투자하여 3년 후 4000만 원 이상의 목돈을 마련하겠다고 결정했다면 이것 역시 목표가 될 수 있다. 이처럼 계산된 목표를 수립하여 하나둘씩 달성해나갈 때 꿈에도 한 발짝 더 다가갈 수 있다. 꿈은 크게 가지되 목표는 현실적이어야 한다.

'계산된 부富의 목표'는 1억 원일 수도, 100억 원일 수도 있다. 사람들은 모두 다른 환경, 다른 여건 속에서 살기 때문에 절대적 기준이란 있을 수 없다. 따라서 자신의 목표는 스스로 결정하면 되고, 남들과는 굳이 비교할 필요도 없다. 여기 당신이 '계산된 부富의 목표'를 결정하는 데 도움이 될 만한 한 가지 방법을 소개하겠다.

우선 당신의 현재 재산 상태를 파악해 자산(재산)과 부채(빚)가 총 얼마인지 다음 페이지의 표 〈1〉에 적는다. 금융자산, 부동산 등 종류는 구분하지 않는다. 그리고 부채를 제외한 순자산 금액을 계산한다.

〈1〉

자산 · 부채 현황표

자산 :	300,000,000 원	부채 :	100,000,000 원
순자산(＝자산－부채)		200,000,000 원	

〈1〉에서 계산된 순자산 금액에서 아래 표 〈2〉의 각 칸에 표시된 계수들을 곱하여 적는다.

〈2〉의 각 칸에 계산된 값은 〈1〉에서 계산된 순자산의 가치가 연 4%의 복리 수익률로 매년 증가한다고 가정했을 때 경과 기간별 예상되는 금액이다.

〈2〉

세후 수익률 (연복리)	10년 후	20년 후	30년 후
4%	×1.48 = 　　　　원	×2.19 = 438,000,000원	×3.24 = 　　　　원

현재 순자산 금액이 2억 원이고, 연 4%의 복리 수익률로 매년 가치가 증가한다면, 20년 후에는 약 4억 3800만 원이 될 것이다.

다음은 당신의 평균적인 수입 금액과 지출 금액을 파악하여 표 〈3〉에 적는다. 그리고 매월 저축 가능한 금액과 매년 저축 가능한 금액을 계산한다.

〈3〉

수입 · 지출 현황표			
월수입 :	3,000,000 원	월지출 :	2,000,000 원
월저축가능액 (월수입 – 월지출)		1,000,000 원	
연저축가능액 (월저축가능액×12)		12,000,000 원	

〈3〉에서 계산된 연저축가능액에서 아래 표 〈4〉의 각 칸에 표시된 계수들을 곱하여 적는다. 〈4〉의 각 칸에 계산된 값은 〈3〉에서 계산된 연저축가능액을 매년 동일하게 연 4%의 복리 수익률로 매년 투자한다고 가정했을 때 경과 기간별 예상되는 금액이다.

〈4〉

세후 수익률 (연복리)	10년 후	20년 후	30년 후
4%	×12.49 = 원	×30.97 = 371,640,000원	×58.33 = 원

〈2〉와 〈4〉의 결과값을 더해보면 미래에 당신이 갖고 있을 돈(또는 재산)의 규모를 대략적으로 예상해볼 수 있다.

연저축가능액은 1200만 원이며, 매년 같은 금액을 저축하여 연 4%의 복리 수익률로 계속 투자한다면, 20년 후에는 약 3억 7164만 원이 될 것이다. 따라서 20년 후 갖게 될 돈(또는 재산)의 규모는 대략 8억 원(= 4억 3800만 원 + 3억 7164만 원)이다.

물론 20년 후의 결과는 위의 계산 값과 정확하게 일치하기는 어렵다. 왜냐하면 사례에서 가정한 수익률과 저축액은 매년 달라질 수 있고, 이외에도 다양한 문제에 의해 영향을 받기 때문이다. 그럼에도 불구하고 이와 같은 대략적 예측 방법은 매우 유용하다.

사례의 주인공이 당신이라고 가정해보자. 앞서 계산대로 현재의 저축 수준과 연평균 4%의 복리 수익률을 지속적으로 유지할 수 있다면, 20년 후에는 약 8억 원을 갖게 된다. 따라서 당신은 20년 후 최소한 8억 원의 돈을 소유하겠다는 부富의 목표를 세워볼 수 있다. 5년 후 또는 10년 후 부富의 목표를 결정하고 싶다면 역시 같은 방식으로 계산해볼 수 있다.

만약 당신이 20년 후 8억 원보다 많은 돈을 소유하고 싶다면 다음 문제들 중 하나 또는 둘 모두를 해결할 수 있어야 한다.

- 지금보다 더 많은 돈을 저축해서 복리 투자를 한다.
- 연 4% 이상의 수익률로 복리 투자를 한다.

당신이 지금보다 더 많은 돈을 저축하기로 결정했다면, 수입을 늘리거나 지출을 줄일 수 있는 방법을 찾아야만 한다. 만일 당신이 좀 더 높은 수익률로 투자하기로 결정했다면, 주식(펀드)의 투자 비중을

늘리거나 고수익이 기대되는 다른 투자 대상을 찾아서 투자해야 한
다. 이처럼 '계산된 부富의 목표'는 당신에게 유익한 문제를 제기한
다. 그리고 이 문제를 풀어가는 과정에서 당신은 돈에 관한 고민과
공부를 지속하게 되며, 조금씩 꿈에 다가설 수 있다.

TIP 알면 유익한 미래가치 환산 계수

세후 수익률 (연복리)	투자방법	미래가치	5년 후	10년 후	20년 후	30년 후
	거치식	최초금액 ×	1.21	1.48	2.19	3.24
4.0%	적립식(정액)	첫해적립금 ×	5.63	12.49	30.97	58.33
	적립식(증액,연5%)	첫해적립금 ×	6.20	15.46	48.07	112.17
	거치식	최초금액 ×	1.27	1.63	2.65	4.32
5.0%	적립식(정액)	첫해적립금 ×	5.80	13.21	34.72	69.76
	적립식(증액,연5%)	첫해적립금 ×	6.38	16.29	53.07	129.66

〔Check!〕 미래 재산의 규모 예상해보기

⟨1⟩

자산 · 부채 현황표		
자산 :　　　　　　　　　　　　원	부채 :　　　　　　　　　　　　원	
순자산(=자산 − 부채)		원

⟨2⟩

세후 수익률 (연복리)	10년 후	20년 후	30년 후
4%	×1.48 =　　　　원	×2.19 =　　　　원	×3.24 =　　　　원

〈3〉

수입 · 지출 현황표		
월수입 : 원	월지출 :	원
월저축가능액 (월수입 − 월지출)		원
연저축가능액 (월저축가능액×12)		원

〈4〉

세후 수익률 (연복리)	10년 후	20년 후	30년 후
4%	×12.49 = 원	× 30.97 = 원	× 58.33 = 원

제2장

부자 되는
돈 관리 습관

돈 걱정의 무게는 얼마나 될까

태초에 하느님은 세상을 창조하고 나서 피조물들에게 수명을 정해 주기로 결정했다. 그리고 나귀, 개, 원숭이, 인간을 차례로 불러 30년의 수명을 주겠다고 했다. 그런데 나귀, 개, 원숭이는 하나같이 삶이 고달프다며 수명을 줄여주기를 희망했다. 하느님은 나귀의 수명은 18년, 개의 수명은 12년, 원숭이의 수명은 10년을 줄여주었다. 하지만 인간은 30년의 수명이 짧다며 불평했다.

하느님은 나귀가 버린 18년, 개가 버린 12년, 원숭이가 버린 10년을 더해 인간에게 총 70년의 수명을 주었다. 이때부터 인간은 본래의 수명인 30년 동안은 즐겁게 살지만 그 시간은 아주 빨리 지나간다. 이후 18년 동안은 나귀처럼 다른 사람을 위해 무거운 짐을 나르며 고된 삶을 살게 된다. 그다음 12년 동안은 개처럼 으르렁거리며 불평 많은 삶을 살게 된다. 그리고 마지막 10년 동안은 원숭이처럼 어리석은 짓만 하다가 생을 마치게 된다(『어른을 위한 그림형제 동화전집』 참조).

이 이야기는 '백설공주' 이야기로 유명한 독일의 그림형제가 지어낸 것이다. 약 200년 전에 지어진 이야기인데, 당시 사람들의 삶이 순탄치 않았음을 엿볼 수 있다. 그리고 인간의 생을 나귀나 개의 것과 비교하기에는 지나침이 있겠지만, 근심 많고 녹록하지 않은 현대인의 삶을 비유하기에도 어색함이 없어 보이는 이야기다.

이 책『4개의 통장』이 처음 출간되고 얼마 지났을 때, 30대 초반의 한 여성에게서 장문의 이메일을 받은 적이 있다. 그분은 책을 읽고 한참 동안 울었다고 한다. 남편과 아기와 함께 알뜰살뜰 소박하게 살고 싶은 바람뿐인데, 그것조차 쉽지 않은 현실 때문에 너무 힘겹다는 게 주된 내용이었다. 아무리 발버둥을 쳐도 자신의 삶은 나아지는 것 같지 않다며 절망 섞인 사연을 보내온 20대 남성도 있었다. 이들의 기막힌 사연 앞에서 나 자신이 너무 작아짐을 느꼈다. 위로의 말을 전하는 것 외에 내가 해줄 수 있는 게 없었기 때문이었다. 이들은 자신의 의지와는 상관없이 발생된 문제가 가져온 돈 걱정 때문에 깊은 시름에 잠겨 있었다. 그럼에도 희망의 끈을 놓지 않고 하루하루 열심히 살고 있는 듯하여 다행이라는 생각도 들었다.

빈부의 차이와는 상관없이 우리가 살면서 겪게 되는 걱정거리 중 적지 않은 부분이 돈 때문에 생긴다는 사실을 부정할 수 없다. 그리고 이러한 사실이 우리의 삶을 녹록하지 않게 만드는 데 적지 않은 영향을 미친다. 어떤 사람들은 당장 생계를 걱정해야 할 만큼의 가난 때문에 돈 걱정을 한다. 상대적인 빈곤감 또는 이와 유사한 심리적인 가난 때문에 돈 걱정을 하는 사람들도 많다. 부채 문제로 고통받는 사람들도 있고, 이외에도 여러 가지 이유로 사람들은 돈 걱정을 하며 살아간다.

불확실한 미래에 대한 불안감 때문에 내일 하게 될 돈 걱정을 오늘 미리 하는 사람들도 어렵지 않게 찾아볼 수 있다. 아이들도 돈 걱정이 많은지 한 중학교 교사가 학급의 아이들에게 '인생에서 가장 중요한 게 무엇이라고 생각하는가?'라는 질문을 했는데, '돈'이라고 대답한 아이들이 가장 많아서 놀랐다고 한다. 안타까움을 넘어서 씁쓸함마저 느껴진다.

이유가 무엇이든, 사람들이 느끼는 돈 걱정의 크기에는 별 차이가 없어 보인다. 누구에게나 자기 발등에 떨어진 불이 가장 커 보이는 법이기 때문이다. 사람들은 대게 그 불을 돈으로 끄려고 애쓴다. 당연하다. 돈 때문에 생긴 걱정이라면 돈으로 해결할 수 있을 테니까.

문제는 그 돈이라는 게 마음먹은 대로 쉽게 손에 쥐어지지 않는다는 점이다. 그래서 사람들은 돈을 더 벌지 못해 걱정하고, 더 모으지 못해 걱정하고, 때로는 더 빌리지 못해 걱정한다. 더 쓰지 못해 걱정하는 사람들도 있다. 불을 끄려고 애쓸수록 더 크게 번지는 꼴이다. 물론 모든 사람들이 그렇다는 말은 아니다. 집안 가득 넘칠 만큼 많은 돈을 가진 부자들은 논외로 하더라도 현재의 삶에 만족하며 돈 걱정 없이 지내는 사람들이 분명히 있다. 그리고 이들 중에는 적게 소유하고, 적게 벌면서도 그렇게 지내는 사람들이 있다. 하지만 이들도 돈 걱정으로부터 완전히 자유롭다고 말하기는 어려울 것이다. 나는 돈에 관해 해탈한 듯 말하지만, 실상은 그러지 못한 사람들을 종종 보아왔다.

나 또한 오래전부터 돈 걱정을 해왔다. 대학에 다닐 때는 등록금 때문에 걱정이었고, 졸업 후에는 원하는 만큼 많이 벌지 못해 걱정이었다. 결혼할 때는 모아둔 돈이 없어 걱정이었고, 결혼하고 나서는 돈 걱정이 늘어서 걱정이었다. 평소에 생각 많고, 고민 많은 나의 성격도 한 몫 거들긴 했을 것이다. 이런저런 돈 걱정 때문에 무거웠던 마음이 한결 가벼워졌다고 느낀 시기가 결혼 후 2~3년 사이의 일이니까, 그 이전까지 돈 걱정 때문에 필요 이상의 많은 에너지를 소비했던 것 같다.

그렇다고 내가 돈 걱정으로부터 자유로워졌다고 말하는 건 아니다. 다만, 그 이후로도 오랜 시간 동안 아내와 함께 꾸준히 노력해오면서 마음을 짓누르던 돈 걱정의 무게를 절반 이상 덜어냈다고 느낀다. 내가 덜어냈다는 돈 걱정의 무게가 당신의 마음에 얼마나 전달될지는 알 수 없다. 저울에 달 듯 측정할 수 없는 노릇이니까. 남자라면 군대에서 행군을 할 때 완전군장과 단독군장의 무게 차이, 여자라면 만삭 때와 출산 뒤의 무게 차이라고 표현하면 전달이 될까 모르겠다.

돈 걱정의 무게를 덜기 위해서 그동안 내가 해온 노력은 다양하지만 결국은 두 가지로 요약할 수 있다. 하나는 '많이 벌기', 또 다른 하나는 '적게 쓰기'다. 이 둘의 차이는, 적게 쓰기 위한 노력은 돈 걱정의 무게를 줄여주었지만, 많이 벌기 위한 노력은 그러지 못했다는 점이다. 혹시 오해가 있을 수 있어 부연 설명을 해야겠다. 살아가면서 많이 벌기 위한 노력이 불필요하거나 돈 걱정을 줄이는 데 방해가 된다고 주장하는 게 아니다.

내가 겪었던 문제는 급한 마음 때문이었다. 달리기 경주를 할 때, 머리는 급한데 발이 따라주지 않으면 앞으로 고꾸라진다. 장기간 계획하고, 준비하고 나서 실행해야 할 일을 급하게 이루려 했고, 내가 마음먹은 대로만 되지는 않았기 때문에 근심이 오히려 늘었던 경험을 했다. 한동안 대박을 꿈꾸며 주식, 부동산 경매 등 재테크 공부에 심취해보기도 했고, 소득을 늘리기 위해 첫 직장이었던 모 제약회사를 그만두고 직종을 바꾸기도 했다. 그러나 이런 노력이 나의 돈 걱정을 줄여주지는 못했다.

지금은 재테크를 통해 돈을 버는 일이든, 직업을 통해 소득을 늘리는 일이든 많이 벌기 위한 노력은 마라톤을 뛴다는 생각으로 멀리 내다보며 준비하는 게 옳다고 믿는다. 그렇다고 내가 많이 벌기 위해 했던 노력이 헛되지는 않았다. 오로지 돈에만 매달려서는 내가 행복해지기 어렵다고 느꼈기 때문에 단번에 큰돈을 벌겠다는 생각을 오래전에 버렸다. 그러니 마음이 편하다. 지금은 신경을 적게 쓰고, 시간을 적게 들이는 방법으로 돈을 관리하고 투자한다.

적게 쓰기 위한 노력이 돈 걱정을 줄여주었던 이유는 비교적 단기간에 결과가 눈에 보였기 때문이다. 그래서 재미를 느낄 수 있었고, 지속할 수도 있었다. 시간이 지남에 따라 저축한 돈이 늘면서 돈 걱정은 서서히 줄어들었다. 그렇다고 내가 허리띠를 힘껏 조여 매고, 악착같이 절약하며 지냈다는 말은 아니다. 사회생활을 하면서, 가정을 꾸리면서 돈을 적게 쓰는 데는 한계가 있다. 그리고 그 한계라는 건 개개인의 처지에 따라 다르게 느껴진다. 그뿐만 아니라 미래의 삶을 위해 현재 누리는 삶의 질을 포기하는 데도 한계가 있다.

따라서 돈을 많이 벌든, 적게 벌든 절약하는 습관이 몸에 밴 사람이라면 평소 필요한 만큼만 돈을 쓴다고 느낄 것이기 때문에 더 이상 지출을 줄이기는 무척 어려울 것이다. 하지만 나의 경우에는 전혀 그렇지 못했다. 결혼하기 전에는 열심히 저축을 해야겠다는 생각을 진지하게 해본 적이 없다. 돈 때문에 고민이 많았던 대학생활을 끝내고 정식으로 취업해서 돈을 버는 게 기뻤고, 그 돈을 내 맘대로 쓸 수 있다는 사실은 나를 더욱 기쁘게 했다. 그래서 버는 족족 마음 편한 대로 돈을 써댔다. 그 결과 결혼할 때 모아둔 돈이 없어 후회와 자괴감을 느껴야 했다. 빚이 없었던 게 다행이라면 다행이었다. 이런 사실을 모르고 있던 아내와 결혼을 결심하기까지 용기도 필요했다.

결혼 전에는 나중에 성공해서 지금보다 돈을 훨씬 더 많이 벌면 된다는 생각을 주로 했기 때문에 열심히 저축할 생각을 하지 않았다. 평소 분에 넘칠 만큼 돈을 쉽게 쓰는 습관이 몸에 배어 있었기 때문에 지출을 줄일 수 있는 여지가 그만큼 많았던 것이다. 그러니 적은 노력에도 단기간에 결과가 눈에 띌 수밖에 없었던 것으로 생각한다.

나의 경우에는 나중에 많이 벌면 된다는 태도와 지출 습관을 바꾸기만 하면 되는 것이었다. 돈은 버는 것보다 지키는 게 훨씬 더 어렵다고 생각하는 아내의 영향도 컸다. 사실 지나고 보니까 이렇게 말을 쉽게 하지만, 생각을 고쳐먹고 실천하는 과정이 그리 쉽지는 않았다. 알다시피 사람이 자신에게 익숙해진 생각과 습관을 바꾸는 게 쉬운 일은 아니다.

그래서 돈 관리든, 건강관리든, 자기계발이든 뭐가 좋은 습관이고, 뭐가 나쁜 습관인지에 대해서는 누구나 알고 있어도 실천하는 사람들보다 그렇지 않은 사람들이 더 많은 것이다. 나 역시 어떤 부분에서는 좋은 습관을 갖고 있지만 다른 부분에서는 좋지 않은 습관을 갖고 있다는 사실을 잘 알면서도 고치지 못하고 지낸다. 어떤 습관이든 절실히 바꿔야 한다고 스스로 느끼기 전에는 바꾸기 어렵다. 결혼 후 나에게는 돈에 대한 태도와 지출 습관을 바꿔야만 한다는 절실함이 있었다.

어쨌든 돈 걱정을 줄이는 데 있어 많이 벌기보다는 적게 쓰기가 나에게는 더 쉬웠고, 비교적 단기간에 효과를 볼 수 있는 방법이었다. 그리고 시간이 지나면서 돈 걱정을 줄이기 위해 어떤 습관을 들이는 게 좋은지 내 나름의 결론을 얻을 수도 있었다. 사실 내가 얻었다는 결론 역시 누구나 이미 알고 있는 것이기 때문에 새로울 건 없다. 실천하기가 쉽지 않을 뿐이다.

내가 생각할 때 '돈 걱정을 줄이기 위한 가장 좋은 습관'은 다음의 3가지 질문에 자신이 스스로 답을 정하고, 그것을 꾸준히 실행해나가는 것이라 말할 수 있다.

1. 돈, 어떻게 안 쓸 것인가?
2. 돈, 어떻게 투자할 것인가?
3. 돈, 어떻게 벌 것인가?

나는 지금부터 이 3가지 질문에 대해 내가 정답이라고 생각하는 것들을 하나씩 제시할 것이다. 나의 생각과 경험이 당신의 것과 꼭 일치할 수만은 없다. 따라서 나의 의견과는 상관없이 책을 읽는 동안 당신의 생각도 정리해보기 바란다.

부자 되는 돈 관리 습관

　1만 원짜리 한 장으로 며칠을 지낼 수 있을까 생각해보자. 교통비 쓰고, 점심 한 끼 사 먹고, 담배 한 갑을 사거나 커피전문점에서 커피 한잔 들이켜고 나면 남는 게 거의 없을 것이다. 사실 요즘 같아선 하루를 지내기도 쉽지 않다.

　꽤 오래 전에 모 방송사에 〈만원의 행복〉이라는 프로그램이 있었다. 연예인이 출연해 1만 원으로 1주일 동안 지내는 미션을 수행하는데 최종적으로 돈을 더 많이 남기는 사람이 승자가 되는 내용이었다. 1만 원으로 하루를 지내기도 어려운데 돈을 남기기까지 해야 한다. 그리고 대부분의 출연자들은 1만 원으로 일주일을 버티고, 실제로 돈을 남긴다. 물론 밥과 빵을 얻어먹고, 심지어 남이 먹던 음식까지 얻어먹으며 지내기 때문에 현실성은 없다. 어쨌든 그들은 미션 달성에 성공한다. 1주일 동안 지출할 수 있는 돈의 한도가 1만 원으로 정해져 있고, 미션 달성에 꼭 성공해야 한다는 목표의식이 더해졌기 때문이다.

만약 지출의 한도가 정해져 있지 않고 그냥 최대한 아껴 쓰고 나서 누가 적게 썼나 경쟁하는 상황이었다면, 또는 1주일이 아니라 기약 없이 매주 그렇게 지내야 하는 상황이었다면, 성공하기 어려웠을지도 모른다. 즉, 지출의 한도가 1만 원뿐이라는 '구속'과 1주일 뒤에는 이 상황에서 벗어날 수 있다는 '희망'이 동시에 존재했기 때문에 가능한 일이었다는 것이다. 여기에 '부자 되는 돈 관리 습관'의 첫 번째 질문에 대한 해답이 있다.

돈, 어떻게 안 쓸 것인가?

지출의 한도를 정하고, 그 이상은 쓰지 않는 것이 답이다. 돈을 쓰고 싶어도 쓸 돈이 없다는 사실은 나를 괴롭게 하지만, 나 스스로 정한 지출의 한도 때문에 돈을 마음대로 쓰지 못한다는 사실은 그렇지 않다. 또한 계획적으로 돈을 지출하고 저축해나갈 수 있기 때문에 미래에 하게 될 돈 걱정을 줄일 수 있다. 그리고 그것이 곧 희망이라 생각한다.

미래는 언젠가 겪게 될 현재다. 1년 뒤, 5년 뒤, 10년 뒤에는 지금보다 나은 현재를 살게 될 것이라는 희망을 품는다면 지금 겪는 불편함이나 어려움도 즐거움의 일부가 될 수 있다. 설령 상황이 나아지지 않더라도 지금보다 더 나빠지지는 않을 것이라는 믿음을 갖는다면 이것 역시 희망이라 생각한다. 희망을 갖지 못하면 어떤 일이든 실행하기 어렵고, 실행하더라도 지속하기 어렵다.

지출의 한도를 정하고, 그 이상 돈을 안 쓴다는 말은 허리띠를 움켜쥐고 절약하자는 뜻이 아니다. 돈을 쓰되, 지출 계획을 세우고 나서 적정한 지출 예산을 정하여 그 예산 안의 범위에서만 돈을 쓰자는 뜻이다. 또한 꼭 써야 하는 돈은 아끼지 않고 쓰되, 안 써도 될 돈이라면 최대한 아끼자는 뜻도 담겨 있다.

이렇게 자신에게 예산이라는 구속력을 행사함으로써 현재의 지출 수준을 낮추고, 필요 이상으로 돈을 쓰는 행위를 스스로 통제할 수 있다. 그리고 이는 저축액의 증가로 이어진다. 나의 경우 매월 100만 원 이상 저축하겠다는 식의 저축목표를 세우고 실행하기보다 매월 100만 원 한도 내에서만 돈을 쓰고, 남은 돈은 전부 저축하겠다는 식의 지출목표를 세우고 실행하는 게 저축액을 늘리는 데 더 큰 도움이 되었다.

그렇다고 지출의 한도를 당장 월 10만 원, 월 50만 원, 이런 식으로 정할 수는 없다. 우리는 살면서 매일 돈을 써야 한다. 설령 집에서 아무 일 없이 쉬더라도 식사를 해야 하고, 물을 마셔야 하며, 밤에는 불을 밝혀야 한다. 전부 돈이 드는 행위다. 따라서 의식주 비용과 자신이 추구하려는 삶의 질을 유지하는 데 따르는 비용, 그리고 직장생활을 하면서 들이는 비용 등 매월 또는 매년 필수적으로 지출해야 하는 돈이 얼마인지 꼼꼼히 계산해봐야 한다.

그래야만 자신의 의지를 반영해 적정 수준에서 지출의 한도를 결정할 수 있다. (지출의 한도는 주 단위, 보름 단위, 월 단위 등 여러 방법으로 정할 수 있겠지만 여기서는 월 단위로 정하여 실행하는 것을 기준으로 설명하겠다.) 이런 계산에 익숙하지 않은 사람은 처음 할 때는 무척 번거롭다고 느끼겠지만, 이후에 다시 계산할 때는 그렇지 않을 것이다. 왜냐하면 아이가 생기거나, 거주지를 옮기거나, 맞벌이를 하다가 배우자가 직장을 그만두는 등 생활환경에 큰 변화가 생기기 전에는 개인의 지출 수준이 어느 날 갑자기 크게 변하는 일은 흔치 않기 때문이다.

따라서 한번 꼼꼼히 계산해두면 다시 계산해볼 일이 자주 생기지 않는다. 점검 차원에서 1년에 한두 번 계산해보거나 생활환경 등의 변화로 인해 지출의 한도를 조정해야 할 필요가 있을 때 한 번씩 계산해보는 것으로 충분하다.

지출의 한도를 결정하고 관리하는 구체적인 방법에 대해서는 다음 3장에서 상세히 다루기로 하고, 여기서는 중요한 핵심만 짚고 넘어가도록 하겠다.

계획적인 지출을 해야 하는 가장 중요한 이유는 단지 절약이나 절제를 하기 위함이 아니다. 계획적인 투자를 하기 위해서이기도 하다. 평소 지출액을 예측 가능한 범위 내에서 통제하지 못하면 매월 고정적으로 투자할 수 있는 돈이 얼마인지 결정하기 어렵기 때문에 장기적인 투자 계획을 세우고 실행해나가기도 어렵다. 특히 소득의 변동폭이 크면 더더욱 어려워진다. 따라서 지출액의 변동폭이 적은 범위 내에서 유지될 수 있도록 관리할 필요가 있고, 이를 위해 지출의 한도를 정하여 돈을 쓰자는 것이다.

돈, 어떻게 투자할 것인가

내게는 예쁜 딸 아이가 있다. 결혼 후 몇 년간 아기가 생기지 않아서 아내가 맘고생을 했는데, 2.7kg으로 비교적 작게 태어난 아이가 무럭무럭 건강하게 자라는 모습을 보면 그렇게 대견해 보일 수가 없었다. 출생 후 100일 즈음에 나는 아이의 대학등록금을 마련하기 위한 목적으로 펀드통장을 개설했다. 이후 그 통장 때문에 많은 사람들이 웃게 된 사건이 한 번 있었는데, 돌잔치 때 돌잡이를 하면서 아이가 한순간의 망설임도 없이 그 통장을 집어 들었던 것이다. 그래서 손님들에게 밤새 연습을 시킨 게 아니냐는 오해를 받기도 했다.

통장 개설 후 지금까지 매월 한 번씩 자동이체로 돈을 입금해왔고, 자동이체 금액을 한번 늘리기도 했다. 그뿐만 아니라 돌잔치 때 손님들이 맡기고 간 축의금도 전부 입금해두었고, 명절이나 경조사 때 어른들이 아이 손에 쥐여준 돈 등 아이 때문에 생긴 돈이라면 천 원짜리 한 장도 빠뜨리지 않고 전부 입금해두었다. 그런 덕에 아이가 자라는 만큼 아이의 통장도 자라서 4년 정도 지난 후에는 1년치 사립대학교 등록금을 지불할 수 있을 만큼 적지 않은 돈이 쌓였다. 나는 그렇게 내 딸에게 필요한 자금을 계획대로 모아두고 있다.

결혼 전에는 돈을 버는 대로 쓰기에 바빴던 내가 아이를 위해 투자를 지속하고, 앞으로도 투자를 멈추지 않을 것이라고 다짐하게 되는 이유가 무엇이라고 생각되는가?

투자목적이 분명하고, 내가 왜 그렇게 해야 하는지에 대한 동기가 명확하기 때문이다. 여기에 '부자 되는 돈 관리 습관'의 두 번째 질문에 대한 답이 있다. 바로 목적을 분명히 정하고, 투자하는 것이다.

투자목적 없이 돈을 모으는 것은 여행을 떠나면서 목적지를 정하지 않고 길을 나서는 것과 같으며, 투자 계획 없이 돈을 모으는 것은 목적지까지의 거리와 방향을 전혀 모른 채 길을 나서는 것과 같다. 이런 경우 목적지에 언제 도착하게 될지 알 수 없기 때문에 즐겁기보다는 지루하고 두려운 여행이 될 것이다. 따라서 중도에 포기하거나 엉뚱한 곳에 가 있게 될 가능성이 크다.

돈이 모이면 꼭 돈 쓸 일이 생긴다는 말이 있다. 목적 없이 돈을 모으다 보면 목돈이 될 때마다 꼭 필요치 않거나 계획에 없던 일에 돈을 써버리는 경우가 종종 생긴다는 뜻이다. 그래서 오랫동안 큰돈을 모으기가 어렵다. 티끌을 모으면 언젠가는 분명히 태산이 된다. 하지만 시간이 아주 오래 걸린다. 이를 잘 참고 견뎌내면 결국에는 큰돈이든 작은 돈이든 원하는 결과를 얻게 되지만, 그러지 못하면 돈이 조금 모이는 대로 써버리고, 다시 조금 모이면 또 써버리고를 반복하다가 정작 큰돈이 필요한 때에 모아둔 돈이 없어 난처한 상황에 처할 수 있다.

이런 상황을 피하기 위한 가장 좋은 방법은 투자목적을 분명히 하고 나서 목표한 자금이 마련될 때까지 또는 애초 계획한 투자기간이 끝날 때까지, 계속 그리고 반복적으로 투자하는 것이다. 특히 10년, 20년 이상 장기간 투자를 해야 하는 경우 평소에는 없는 돈 또는 손댈 수 없는 돈이라고 생각하면 마음의 흔들림 없이 투자를 지속해나가는 데 큰 도움이 된다.

나의 경우 아이의 대학등록금과 나와 아내의 노후 자금을 마련하기 위해 투자하는 돈은 매월 세금을 낸다는 생각으로 투자한다. 우리가 버는 돈 중 일부는 소득세와 국민연금보험료 등으로 지출된다. 결코 적지 않은 돈을 강제로 떼어내는 데도, 이를 제외하고 남은 소득에 맞추어서 어떻게든 살아간다. 투자목적이 중대하고 장기간 투자해야 하는 경우에는 이처럼 미리 돈을 떼어내고 나서 이를 제외하고 남은 소득에 맞추어서 살아가는 게 투자목표를 달성하기 위해 가장 좋은 방법이라고 믿는다.

다만, 장기간 투자하는 돈을 지나치게 많이 떼어내면 중·단기적으로 자금 압박이 생길 수밖에 없고, 이런 일이 잦아지면 계획대로 투자를 지속해나가기 어렵다. 따라서 현재의 저축여력과 장래에 예상되는 소득과 지출의 변화 등을 고려해 장기간 투자를 지속하는 데 무리가 없도록 적절한 투자금액을 결정하고, 이후 투자금액을 조금씩 늘려 나가거나 추가입금 하는 것을 목표로 삼는 게 좋다.

투자목적을 결정하는 일은 무척 쉽다. 돈을 모으는 이유가 무엇인지 생각해보면 된다. 우리가 돈을 모으는 이유는 대게 언젠가 그 돈을 지출하기 위해서다. 결혼할 때 지출하기 위해 결혼자금을 모으고, 집을 구입할 때 지출하기 위해 주택자금을 모은다. 또한 자녀교육에 지출하기 위해 교육자금을 모으고, 노후에 지출하기 위해 노후 자금을 모은다. 우리가 돈을 모으는 이유가 늘 이런 식이다. 따라서 지출계획 하나하나가 곧 투자목적이 될 수 있다.

사람마다 다양한 투자목적을 가질 수 있다. 예를 들면 결혼자금, 주택자금, 자녀교육자금, 노후자금 등 생애주기에 따라 대부분의 사람들이 공통으로 갖게 되는 투자목적이 있고, 사업자금, 부채상환자금, 해외여행자금, 자동차 구입자금 등 개별적인 투자목적이 있을 수 있다.

우리가 살아가면서 갖게 되는 지출계획을 시간 순서대로 점검해보면 이처럼 다양한 투자목적들을 차례대로 뽑아낼 수 있다. 이 중 많은 돈이 필요하기 때문에 충분한 시간을 갖고 미리 준비하지 않으면 나중에 계획에 차질이 생기거나 큰 어려움을 겪게 될 것들을 주된 투자목적으로 결정해야 한다.

투자목적들을 결정하고 나서는 목적별로 얼마씩 투자할 것인지,

어떤 금융상품에 투자할 것인지 등 투자 계획을 수립해야 하는데, 그 전에 중요도에 따라 투자목적의 우선순위를 매길 필요가 있다. 대부분의 사람들은 한정된 자산과 소득을 재원으로 투자해야 하기 때문에 다양한 투자목적을 갖더라도 모든 것을 원하는 만큼 이루기는 현실적으로 어려운 경우가 많다.

따라서 투자 계획을 세우는 과정에서 어떤 투자목적은 기대치를 낮추거나 실행을 보류해야 하는 일이 생길 수 있고, 때로는 포기해야 하는 일도 생길 수 있다. 이런 경우 절대로 포기할 수 없는 것, 경우에 따라서는 포기하거나 실행을 보류할 수 있는 것, 기대치를 낮춰서라도 당장 실행해야 하는 것 등을 구분해내야 한다. 이때 우선순위가 판단의 기준이 될 수 있다.

투자 계획을 세우려면 각 투자목적을 기간과 금액으로 구체화한 목표로 바꿔줘야 하는데, 이를 '재무목표'라고 한다. 예를 들어 투자목적이 본인의 결혼자금 마련인 경우, 향후 3년 동안 결혼자금 3000만 원 마련이라는 식의 재무목표를 설정할 수 있다. 투자목적이 주택 전세자금 또는 구입자금 마련이라면, 향후 5년 동안 주택자금 5000만 원 마련이라는 식의 재무목표를 설정할 수 있다. 그다음 투자목적별로 매월 얼마를 투자할 것인지 결정하고 나서 각 재무목표를 달성하기에 적합한 금융상품을 선택하여 실행에 옮기면 된다. 투자 계획을 수립하는 일련의 과정에 대해서는 5장 '실전 투자 관리'에서 좀 더 상세히 다루도록 하겠다.

여러 투자목적을 정하고, 목적별 투자 계획을 수립하는 과정에서는 다음의 3가지 사항을 반드시 고려해야 한다.

① 원금 보존
② 돈의 가치 보존
③ 실질수익 획득

사람들이 투자를 하는 이유는 대부분 목적이 무엇이든 목돈을 마련하기 위해서다. 그리고 이렇게 애써 모은 돈을 손해 보거나 잃어버려도 괜찮다고 생각할 사람은 아무도 없다. 최악의 경우라도 원금은 돌려받기를 원할 것이다. 따라서 원금 보존에 대해 왜 고려해야 하는지는 더 이상 말할 것도 없다.

돈의 가치는 물가와 관련이 있다. 사람들은 오늘 번 돈을 전부 써버리지 않고, 그중 일부를 미래를 위해 투자한다. 그런데 그 사이 물가가 오른다. 물가상승은 곧 돈의 가치 하락을 뜻한다.

예를 들어 오늘 1000원에 살 수 있는 빵이 1년 뒤에 50원 올라 1050원이 된다면, 오늘 내 지갑에 든 1000원을 1년 동안 잘 간직하더라도 빵을 사기에는 50원이 부족해진다. 지갑 속의 돈은 겉보기에는 여전히 1000원(명목가치 1000원)이지만 실질적으로는 그 가치가 50원 줄어든 셈(실질가치 950원)이다. 따라서 오늘 배고픔을 참고, 1000원을 아껴두어도 1년 뒤에 또다시 배고픔을 참아야 할지 모른다. 이 문제를 해결하려면 지갑에서 돈을 꺼내 50원의 수익을 얻을 수 있도록 투자해야 한다.

즉, 돈의 가치를 보존하기 위해 물가상승률과 동등한 수익률을 얻을 수 있도록 투자해야 한다는 뜻이다. 그러지 못하면 아무리 애써 돈을 모아도 손해를 보는 결과가 되며, 시간이 지날수록 물가가 상승하는 만큼 손해가 누적되어 커진다. 그런데 물가상승률과 동등한 수익률을 얻게 되더라도 문제가 없지는 않다. 왜냐하면, 이 경우 내가 가진 돈의 가치가 줄지는 않지만 늘지도 않기 때문이다. 오늘 빵 하나를 사도 남는 게 없고, 1년 뒤 빵 하나를 사도 남는 게 없다면 투자해서 얻게 되는 수익은 전혀 없는 것이나 다름이 없다. 단 1원이라도 남아야 수익을 얻었다고 말할 수 있다.

이처럼 투자수익에서 물가상승분을 제한 뒤 남게 되는 수익을 '실질수익'이라고 하는데, 이를 얻기 위해서는 물가상승률보다 높은 수익률을 얻을 수 있도록 투자해야 한다.

투자목적이 무엇이든 이 3가지 사항 중 어떤 것에 더 무게를 두고 투자할 것인지에 따라 요구되는 수익률이 달라지기 때문에 감수해야 하는 위험도 달라진다. 요구되는 수익률은 다음과 같은 순서로 증가하며, 감수해야 하는 위험도 같은 방향으로 증가한다.

원금 보존 〈 돈의 가치 보존 〈 실질수익 획득

따라서 원금 보존에 무게를 둘수록 채권(예금, 적금, CMA, MMF, 채권형 펀드, 금리연동형 저축성보험 등 저위험저수익을 추구하는 채권형금융상품을 말함) 투자 비율을 높여야 하고, 실질수익 획득에 무게를 둘수록 주식(주식형펀드, 변액유니버셜보험 등 고위험고수익을 추구하는 주식형금융상품을 말함) 투자 비율을 높여야 한다.

문제는 어떤 경우에 원금 보존에 무게를 두고, 어떤 경우에 실질수익 획득에 무게를 둘 것인가 하는 점이다. 정답은 없지만 나는 주로 투자기간에 따라 선택할 것을 권한다. 투자기간이 단기라면 원금 보존에 무게를 두어 채권투자 비율을 높이고, 장기 투자라면 위험이 증가하더라도 실질수익 획득에 무게를 두어 주식투자 비율을 높이는 식이다.

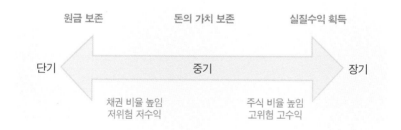

* 투자기간을 단기, 중기, 장기 등으로 구분할 때 정해진 기준은 없지만, 재무설계사들은 통상 3년 이하를 단기, 3년~10년 이하를 중기, 10년 이상이면 장기 등으로 구분한다. 그리고 중기 이상의 투자기간을 확보할 수 있을 때에만 투자 계획에 주식을 편입시킬 것을 권한다.

돈, 어떻게 벌 것인가

딸이 태어났을 때 아내는 2주 동안 산후조리원에 머물렀다. 그때 우리 부부는 산후조리원을 출입하시던 한 할아버지를 만났다. 작명가 할아버지였다. 70세는 족히 넘어 보이셨지만 정정한 기색에 말끔한 양복차림으로 007가방을 들고 다니셨다. 나는 그 할아버지께 아이의 이름을 부탁드렸다. 할아버지는 이름을 지어주시면서 사주풀이도 해주셨고, 서비스로 나와 아내의 사주와 이름 풀이까지 함께 해주셨다. 아이의 이름이 무척 마음에 들었고, 사주가 좋다는 말에 기분도 좋았다. 마치 이웃의 자상한 할아버지에게서 축하와 덕담을 받는다는 느낌을 받았다. 그리고 '이렇게 건강하고, 즐겁게 노후를 보내는 분이 있구나!'라는 생각을 했다.

당시 아내의 말에 따르면 산후조리원에 머문 2주 동안 내 딸 외에도 10명 정도의 아기들이 그 할아버지에게서 이름을 지었다고 했다. 아이의 이름을 짓기 위해 내가 지불했던 돈이 10만 원이니까, 할아버지는 2주 동안 100만 원 정도를 버셨을 것이다. 한 달이면 200만 원이라는 계산이 나온다. 아마 할아버지는 아내가 머물던 산후조리원 한 곳만이 아니라 적어도 두 곳 이상을 왕래하셨을 것이다. 그뿐만 아니라 산후조리원 외에 산부인과병원 등 다른 곳도 왕래하셨을 것이다. 아무리 적게 계산해봐도 당시 할아버지의 소득은 월 500만 원이 족히 넘을 것이라는 생각이 들었다. 그리고 손자뻘 되는 젊은 사람들에게 즐거움을 주면서 하루하루를 바쁘게 보내시는 그 할아버지에게 노후의 불안감 따위는 진작부터 없었을 것이라는 생각도 함께 들었다. 내 딸의 이름을 지어주신 작명가 할아버지의 사례를 통해 내가 하고 싶은 말은 이렇다.

노후에 적은 돈이라도 꾸준히 벌어들일 수 있는 직업을 갖게 된다면 노후 자금을 많이 모아두지 못했더라도 바쁘고 즐거운 노후를 보낼 수 있을 것이다. 그리고 이상적인 노후의 직업은 그 할아버지처럼 사람들에게 연륜과 땀이 섞인 지식을 전달하는 일일 것이다. 많은 체력을 소모하지 않을 것이므로 건강이 몹시 나쁘지만 않다면 지치지 않고 오래 일할 수 있을 것이다. 그뿐만 아니라 많은 자본이 들지 않기 때문에 퇴직금이나 모아둔 재산을 잃게 될 위험도 적다.

따라서 젊어서부터 자기계발이나 직무개발 등을 열심히 해서 특정 분야의 전문가가 된다면 그 작명가 할아버지처럼 은퇴하지 않고도 노후를 바쁘고, 즐겁게 보낼 수 있을 것이다. 이런 경우 설령 노후 자금을 모아두지 못했더라도 빈손으로 노후를 맞는 게 전혀 두렵지 않을 것이다. '부자 되는 돈 관리 습관'의 세 번째 질문에 대한 해답은 바로 내 딸의 이름을 지어주신 작명가 할아버지에게서 찾을 수 있다. 바로, 돈이 되는 지식이나 기술을 쌓는 것이다.

대부분의 사람들은 직장에 다니든, 자영업을 하든 한정된 소득을 기반으로 평생 살아간다. 따라서 사람들이 일생 동안 버는 돈의 총량은 정해져 있다고 해도 과언이 아니다. 이처럼 소득은 제한적인데 반해 돈 쓸 일은 많기 때문에 돈 걱정이 생긴다. 그리고 나이가 들고 자녀들이 커가면서 마음 한 켠에 미래의 불확실성 때문에 느껴지는 막연한 불안감도 늘어간다. 그런데 사람들이 일생 동안 버는 돈의 총량을 100으로 볼 경우, 이중 대부분을 30대~50대에 벌게 된다. 이후에는 소득이 없거나 급격히 감소하는 게 일반적이다. 따라서 사람들의 기대수명을 80세로 본다면 30년 동안 버는 돈으로 50년 동안 살아야 한다는 계산이 나온다.

이는 어떻게 보면 현재 우리가 버는 돈 중 일부는 노후에 얻게 될 소득을 미리 당겨받는 것임을 뜻한다. 즉, 현재 소득의 일부는 미래의(노후의) 우리 자신으로부터 가불받고 있는 셈이다. 따라서 지금 우리가 얼마를 벌든 상관없이 이렇게 가불받은 돈을 제하고 나면 실제 소득은 눈에 보이는 것보다 훨씬 적다고 봐야 한다.

하지만 대부분의 사람들은 이 가불금 중 일부 또는 전부를 현재의 삶을 위해 써버릴 수밖에 없는 환경 속에 살고 있다. 소득 상승은 둔한 반면 의식주와 자녀교육 등에 들여야 하는 필수 비용은 날로 증가하고 있기 때문이다. 게다가 고용 불안과 정년 단축 등의 문제로 돈을 벌 수 있는 기간은 짧아지고 있는 데 반해 기대수명의 증가로 돈을 써야 하는 기간은 늘고 있다.

따라서 이렇게 젊어서 미리 받아 써버린 가불금은 결국 노후에 부담해야 할 부채로 남게 될 것이다. 그리고 이 부채가 많을수록 나이가 들어가면서 돈 걱정도 커질 게 분명하다. 이런 부담을 덜기 위해서는 돈을 계획적으로 쓰고, 열심히 모으는 것도 중요하지만 일생 동안 벌게 될 돈의 총량을 늘리기 위한 노력을 함께하지 않고서는 한계가 있을 수밖에 없다. 특히 소득이 적기 때문에 더 이상 적게 쓸 것도 없다고 느끼는 사람들에게는 이러한 노력이 가장 중요한 문제일 수 있다.

내가 보기에 이 총량을 늘릴 수 있는 방법은 크게 두 가지다. 하나는 젊어서 소득을 늘리기 위해 노력하는 것이고, 또 다른 하나는 노후에 적은 돈이라도 오랫동안 벌기 위해 노력하는 것이다. 둘 다 가능하다면 더할 나위 없이 좋겠지만 둘 중 하나만 가능해도 돈 걱정을 많이 줄일 수 있을 것이다. 그리고 둘 모두 많은 노력과 시간을 들여서 준비해야 가능한 일이다. 이를 위해 가장 좋은 방법은 자신이 몸담고 있는 업종이나 평소에 관심 또는 흥미를 갖고 있는 분야에 관한 전문지식을 쌓기 위해 열심히 책을 읽고, 공부하는 습관을 들이는 것이라고 생각한다. 이렇게 쌓은 지식을 활용해 경험적 지식까지 갖추게 된다면 그것이 누적되어 언젠가 돈을 버는 무기로 바뀔 것이다.

사실 나는 살아남기 위해 책을 읽고, 공부를 해야 한다고까지는 생각하지 않는다. 그리고 꼭 돈을 벌기 위해 그렇게 해야 한다고 생각하지도 않는다. 책을 읽는 동안 즐겁다면 그것만으로도 값진 경험이라 생각한다. 책은 마음의 양식이라는 아주 식상한 말이 있지만 내 주변에 책 읽기를 좋아하는 사람들을 보면 이 말의 참뜻을 알고 있는 듯하다. 책 읽을 시간이 없다고 말하는 사람들도 간혹 보게 되지만 요즘 세상에 시간이 남아돌아서 책을 읽는 한가한 사람들은 많지 않다. 책 읽기를 좋아하는 사람들은 매일 10분, 20분이라도 시간을 쪼개서 책을 읽는다. 그러면 한 달에 한두 권이라도 읽을 수 있기 때문에 1년이면 12권 이상, 10년 이면 120권 이상 읽을 수 있다. 돈뿐만 아니라 시간도 티끌 모아 태산이 될 수 있는 것이다. 우리가 일생 동안 버는 돈의 총량이 유한하듯 우리에게 주어진 시간도 유한하다. 돈이든 시간이든 유한한 자원을 소중히 다루고, 사용할 때 우리의 삶이 즐겁고, 행복해질 것이다. 나는 그렇게 믿는다.

지금까지 돈 걱정을 줄이기 위한 가장 좋은 습관, 아니 '부자 되는 돈 관리 습관'에 대해 이야기했다. 요약하자면 다음과 같다.

- 지출의 한도를 정하고, 그 이상 안 쓴다.
- 투자목적을 분명히 정하고, 투자한다.
- 돈이 되는 지식이나 기술을 쌓는다.

여기에 몇 가지 더 덧붙여보고자 한다.

이유가 무엇이든 사람들이 하는 돈 걱정은 대게 두 가지로 압축된다. 하나는 쓸 돈이 부족하다는 것이고, 또 다른 하나는 돈이 모이지 않는다는 것이다. 쓸 돈이 부족하다고 말하는 사람은 두 가지 걱정을 함께한다. 쓸 돈이 부족하지는 않지만, 돈이 모이지 않는다고 말하는 사람도 언젠가는 두 가지 걱정을 함께하게 된다. 왜냐하면, 시간이 지나면서 여러 가지 이유로 돈 쓸 일이 늘어나기 때문이다. 평소에 모아둔 돈은 없고, 지출이 증가하는 만큼 소득이 똑같이 늘지는 않기 때문에 언젠가는 쓸 돈이 부족해질 수밖에 없다.

돈 걱정은 꼭 돈을 적게 벌고, 많이 벌고의 문제만은 아닌 듯하다. 매월 200만 원을 버는 사람이나, 매월 300만 원을 버는 사람이나 돈 걱정을 하는 이유를 들어 보면 크게 다르지 않다. '버는 돈은 뻔한데, 돈 쓸 일은 많고, 돈은 안 모이고……' 매월 400만 원을 버는 사람도 그렇게 말하고, 매월 500만 원을 버는 사람도 그렇게 말한다. 심지어 매월 1000만 원을 넘게 버는 사람 중에서도 그렇게 말하는 사람들이 있다.

내가 보기에 돈 걱정의 원인은 불가항력적인 문제 때문에 생기는 경우도 분명히 있지만 자기 자신을 통제하는 능력과도 많은 관련이 있다. 자기통제력이 강한 사람은 지출욕구를 억제하거나 뒤로 미룰 줄 알고, 돈을 쓸 때에도 신중한 편이다. 그리고 오늘은 불편해도 내일이면 이에 대한 보상이 따를 것이라는 믿음을 갖고 있다. 반면에 자기통제력이 약한 사람은 일단 쓰고 보자는 생각을 한다. 충동적이고, 마음이 급하기 때문에 뭔가 사고 싶은 게 있는데 당장 사지 못하면 밤잠을 설치기도 한다. 지출욕구를 쉽게 통제하지 못하는 것이다. 꼭 필요치도 않은 물건을 자주 사서 집 안 여기저기에 쌓아 두기 때문에 이사할 때마다 버리고 가는 짐이 산더미처럼 많은 경우도 있다.

내가 보기에 사람들은 대부분 이 두 가지 성향을 동시에 갖고 있되 어느 한 쪽으로 조금 기울어져 있다. 당신의 몸이 어느 방향으로 기울어 있는지는 스스로 알고 있을 것이다. 그것이 당신이 원하는 방향이기를 바란다.

만약 세상 모든 사람들이 똑같이 매월 100만 원을 번다면 대부분의 사람들은 그 돈을 전부 쓰고 싶어할 것이다. 실제로 어떤 사람은 자신이 원하는 정도껏 100만 원에 맞추어서 지출하기 때문에 돈을 모으지 못한다. 그리고 시간이 지나면서 지출이 수입을 초과하는 지경에 이른다.

반면에 어떤 사람은 3년 동안 목돈 1000만 원을 모으기 위해 지금부터 매월 30만 원 이상 저축하겠다는 식의 뚜렷한 계획과 목표를 갖고 있다. 그리고 이 목표를 달성하려면 자신에게 허용되는 지출수준이 매월 70만 원이라는 사실을 알기 때문에 생활이 좀 불편해지더라도 한도를 70만 원에 맞추어서 지출한다. 그러면서도 만족감을 느낀다. 왜냐하면 3년 뒤 손에 쥐게 될 1000만 원에 대한 기대감이 크기 때문이다. 단순히 돈 1000만 원 때문이 아니라, 그 돈으로 자신이 계획한 무언가를 할 수 있다는 기대감이 큰 것이다. 이 두 상황 중 당신이 어떤 선택을 하는지에 따라 미래에 짊어져야 할 돈 걱정의 무게는 반드시 달라질 것이다.

찰스 디킨스의 소설 『크리스마스 캐럴』에서 스크루지 영감이 했던 말을 소개하며 이번 장을 마무리하려고 한다. 사실 나는 이 책을 직접 읽지는 않았다. 하버드 대학교 졸업생들의 삶을 연구한 『행복의 조건』이라는 책에 인용된 말인데, 여기에도 옮겨본다.

"인간의 삶에는 저마다 독특한 결말이 기다리고 있다. 그 예정된 길을 꾸준히 따라가다 보면 반드시 그 결말에 도달하게 될 것이다. 그러나 그 길에서 이탈하면, 생의 결말도 바뀔 것이다."

제3장

돈 관리의
정석

돈을 관리한다는 것은

돈 관리의 가장 중요한 목적은 최대한 저축하여 많은 돈을 모으는 것이며, 최종 목적은 부자가 되는 것이다. 부자가 되려면 충분히 저축하고, 저축한 돈을 지속적으로 좋은 자산에 투자해야 한다. 물론 이렇게 한다고 해서 누구나 다 부자가 된다고 말할 수는 없다. 하지만 분명한 사실은 이런 습관 없이 부자가 되기는 어렵다.

지금보다 좀 더 많은 돈을 저축하기 위해서는 현재의 지출 수준을 유지하면서 수입을 늘리거나, 수입을 늘리지 못한다면 지출을 줄이는 방법밖에 없다. 수입은 내 뜻대로 늘리는 게 쉽지만은 않으므로 우선 지출을 줄이는 게 접근하기 쉬운 방법이다. 어떤 사람들은 지금보다 더 줄이는 것은 어렵다고 말한다. 하지만 특수한 상황이 아니라면, 나는 사람들이 충분히 저축하지 못하는 이유는 자신의 수입 중 도대체 얼마를 어디에 지출하고, 매월 얼마를 남기는지 잘 모르고 살기 때문이라고 생각한다. 따라서 이를 해결하면 지금보다 좀 더 저축할 수 있게 된다.

어린아이를 둔 부모라면 내 아이가 요즘 학교에서 무엇을 배우는지, 친구들과는 친하게 지내는지 항상 궁금해한다. 그리고 아이들을 대상으로 한 파렴치한 범죄 소식을 접할 때면 내 아이에 대한 사랑과 관심은 더욱 깊어진다. 나는 땀 흘려 벌어들이는 돈에게도 내 아이에게 주는 것만큼이나 많은 관심을 줘야 한다고 생각한다. 왜냐하면 돈은 나와 내 가족의 삶을 유지하고, 미래의 꿈을 이루기 위해 반드시 필요한 소중한 존재라고 믿기 때문이다.

따라서 나는 돈을 어떤 목적으로 얼마만큼 지출했는지, 불필요하게 많은 지출을 하지는 않았는지, 미래를 위해서는 얼마를 투자했는지 등에 대해 많은 관심을 갖고 관찰한다. 그렇다고 내가 매일 가계부를 쓴다거나 매번 영수증을 챙기면서 계산기를 두드리지는 않는다. 오히려 그 반대다. 가계부를 전혀 쓰지 않으며, 영수증을 받을 때마다 금액만 확인하고는 모두 찢어 버린다. 나도 다른 사람들과 마찬가지로 바쁘고 치열하게 살고 있다. 온 신경을 돈에 쏟으며 그것이 인생의 전부인 양 매달려서 살 수는 없는 노릇이다. 돈에 매달리기 시작하면 돈은 나를 구속하려 하며, 내 인생의 주인이 내가 아닌 돈으로 바뀌게 된다.

대신 나는 '돈 관리 시스템'을 갖추고 있다. 이 시스템은 내가 매월 얼마를 벌어서, 얼마를 지출했으며, 최종적으로 얼마를 남겼는지 정확히 알려준다. 그리고 지난달보다 저축을 적게 했다면 그 이유도 쉽게 파악할 수 있도록 해준다. 나는 이 시스템을 통해 철저하게 돈의 출입을 통제한다. 그럼에도 불구하고 돈 관리를 위해 소비하는 시간은 매월 한두 시간 정도에 불과하다. 왜냐하면 일일이 신경을 쓰지 않아도 시스템은 일사불란하게 돌아가기 때문이다.

사람들은 누구나 자신만의 방법으로 돈을 관리한다. 아무것도 하지 않는다면 이 또한 한 가지 방법일 수 있다. 나의 방법은 좋은 것이고, 남의 것은 그렇지 않다고 말할 수는 없다. 충분히 저축할 수 있고, 그 결과 좋은 자산이 늘어나고 있다면 그것으로 족하다.

하지만 지금의 방법에 의해 돈을 관리하면서 그 결과에 대해 스스로 만족하지 못한다면 방법을 바꿔볼 필요가 있다. 방법은 바꾸지 않은 채 결과만 바뀌기를 바라는 것은 욕심이다.

만약 당신이 이와 같은 문제로 고민하고 있다면 뒤에 나올 4장에서 내가 제안하는 돈 관리 시스템을 활용해보기 바란다. 이 시스템은 단순하기 때문에 지금부터 설명하게 될 돈 관리에 관한 간단한 원칙과 몇 가지 금융상품에 대해서만 이해한다면 누구나 쉽게 만들어 활용할 수 있다.

저축하고 대비한 후 투자하라

장기를 둘 때 고수라도 첫 수부터 공격을 하지는 않는다. 우선 방어 태세를 갖추고 길을 만든 후 공격할 준비가 되면 이때부터 본격적인 공격에 나선다. 돈을 관리할 때도 비슷한 원리를 적용할 수 있다. 투자를 공격에 비유한다면 자기 진영을 정비한 후에 투자하는 게 정석이다. 처음부터 공격을 하겠다고 졸병부터 튀어나가면 패할 확률만 높아진다.

효과적으로 돈을 관리하기 위해서는 다음의 3가지 원칙을 단계별로 실행해야 한다.

① 지출을 통제하라(지출 관리)
② 예비자금을 보유하라(예비자금 관리)
③ 장기간 투자하라(투자 관리)

나는 이 원칙을 '3단계 돈 관리법'이라고 부른다. 그리고 이는 앞에서 다룬 '3가지 습관'과도 이어진다.

첫 번째, '지출을 통제하라'는 말은 필수적인 지출과 그렇지 않은 것을 구분하여 낭비 요인을 제거하라는 뜻이다. 무조건 아끼고, 돈을 쓰지 말라는게 아니라 매월 일정한 돈으로 살아가는 습관을 가지라는 데에 가깝다. 이렇게 하면 충분히 저축하는 데 많은 도움이 된다.

두 번째, '예비자금을 보유하라'는 말은 예상치 못한 일로 평소보다 많은 돈을 지출해야 하는 경우가 생길 것에 대비해 일종의 비상자금을 확보하라는 뜻이다. 예비자금 없이 투자를 하다가 뜻하지 않게 많은 돈을 지출해야 하는 일이 생기면 투자 계획에 차질이 생길 것은 뻔하다.

세 번째, '장기간 투자하라'는 말은 복리 투자를 지속하라는 뜻이다. 돈 관리의 최종 목적은 부자가 되는 것이며, 부자가 되려면 복리 투자를 지속해야 한다는 사실은 앞에서 계속 강조했다. 따라서 지출을 통제하고 예비자금을 보유하는 일도 결국은 부자가 되기 위해 장기간 투자하라는 마지막 단계를 성공적으로 실행하기 위한 준비 과정이다.

3단계 돈 관리법을 좀 더 단순하게 표현하면 '저축하고, 대비한후, 투자하라!'는 세 마디로 요약할 수 있다. 이 간단한 원칙을 이해하고 실천하는 것만으로도 돈을 관리하는 데 많은 도움이 된다. 그렇다면 이제, 단계별 돈 관리법을 좀 더 자세히 짚어보도록 하자.

흔히 원금 보장이 되는 은행의 예금·적금에 가입하면 '저축', 원금이 보장되지 않는 주식이나 펀드에 투자하면 '투자'라고 말한다. 이 책에서 '저축'이란 수입에서 지출을 제하고 돈을 남기는 행위를 뜻하며, 예금·적금, 주식, 펀드, 부동산 등 대상의 구분 없이 부富를 형성하기 위해 행하는 모든 투자 행위를 '투자'라고 정의한다.

3단계 돈 관리법

1단계. 지출을 통제하라 <small>(지출 관리)</small>

지출 관리의 목적은 충분히 저축하기 위해 계획적으로 돈을 지출하는 것이다. 계획적인 지출은 매월 일정한 금액 내에서 지출하는 습관을 갖게 해주며, 불필요한 지출 또는 필요 이상으로 많은 지출을 하는 행위를 통제하는 역할도 한다.

계획적인 지출을 하기 위해서는 매월 또는 매년 필수적으로 지출해야 하는 돈이 얼마인지 예측할 수 있어야 한다. 나의 상담 경험상 대부분의 직장인들에게 이는 어려운 문제가 아니다. 자영업자인 경우에도 사업 관련 지출 비용은 예측하기 어렵지만, 가정의 지출 비용을 예측하는 일은 어렵지 않다.

매월 지출하는 돈은 성격에 따라서 '공적 지출, 고정 지출, 변동 지출'로 구분하고, 매년 1~2회 정도 지출하는 돈은 '계절성 지출'로 구분한다.

'공적 지출'은 소득세, 국민연금보험료, 건강보험료 등을 말한다. 직장인의 경우 급여를 받기 전 미리 차감되며, 정부에서 정한 비율로 수입에 비례하여 납부하기 때문에 매월 얼마를 지출해야 하는지 쉽게 예측할 수 있다. 자영업자인 경우에도 소득세를 제외한 국민연금보험료와 건강보험료 등의 지출액은 예측이 가능하다.

'고정 지출'은 대출 원리금, 아파트 관리비, 각종 공과금, 보장성 보험료 등을 말한다. 이는 매월(또는 정기적으로) 지정된 날짜에 계좌 이체 방식으로(또는 지로 방식으로) 납부하게 되며, 비용의 변동폭이 크지 않기 때문에 매월 얼마를 지출해야 하는지 쉽게 예측할 수 있다.

'변동 지출'은 식비, 외식비, 피복비, 교통비, 여가비 등을 말한다. 이는 공적 지출과 고정 지출을 제외한 생활비용으로 매월 씀씀이에 따라 변동 폭은 커질 수 있다. 따라서 매월 얼마를 지출해야 하는지는 개인의 소비 성향 또는 생활 환경에 따라 쉽게 예측할 수 있거나 그렇지 않을 수 있으며, 이를 바꾸어 말하면 본인의 의지로 지출액을 어느 정도 조절할 수 있다는 뜻도 된다.

'계절성 지출'은 재산세, 자동차보험료, 명절비, 휴가비 등을 말한다. 이는 연 1~2회 정도 지출하게 되며, 얼마를 지출해야 하는지 쉽게 예측할 수 있다. 그뿐만 아니라 명절비, 휴가비 등은 본인의 의지로 조절도 가능하다.

이처럼 공적 지출, 고정 지출, 계절성 지출 금액을 계산해보고, 평균적인 변동 지출 금액을 계산해보면 매월 또는 매년 필수적으로 지출해야 하는 돈이 얼마인지 예측해볼 수 있다. 일반적으로 개인의 지출 수준은 단기간에 큰 폭으로 변동되지는 않기 때문에 이러한 계산은 1년에 한두 번 정도 해보는 것으로 충분하다.

● **지출의 구분**

공적 지출	소득세 등	소득세, 국민연금보험료, 건강보험료, 고용보험료 등
고정 지출	부채상환원리금	주택대출상환원리금, 자동차대출상환원리금, 신용대출상환원리금 등
	주택관련지출	주택관리비, 임차료(월세), 수도요금, 가스요금, 전기요금, 통신비(유선 전화, 인터넷) 등
	자녀관련지출	유치원비, 학원비 등
	보장성보험료	종신보험, 정기보험, 의료비보험 등
변동 지출	가족생활지출	식비, 외식비, 여가비, 피복비, 의료비, 자녀용돈, 휴대폰비, 차유류비, 대중교통비 등
	사회생활지출	식대, 용돈, 회식비, 경조사비 등
계절성 지출	재산세 등	재산세, 자동차세, 자동차보험료, 명절비, 휴가비 등

지출을 통제하기 위해서는 우선 조절 가능한 지출과 그렇지 않은 것을 구분해야 한다. 매월 급여를 받기도 전에 빠져나가는 소득세, 국민연금보험료 등 공적 지출은 조절할 수 있는 대상이 아니다. 또한

고정 지출에 해당하는 비용도 쉽게 조절할 수 없다. 결국 조절이 가능한 지출은 변동 지출에 해당하는 생활비용과 관련 있으며, 절약이라는 말도 생활비를 아낀다는 뜻으로 쓰이지 건강보험료를 줄인다거나 자녀의 학원비를 안 낸다는 뜻으로 쓰이지는 않는다. 만약 변동 지출도 고정 지출처럼 큰 변동 없이 일정한 수준을 유지할 수 있다면 당연히 매월 일정한 돈으로 살아가는 습관을 가질 수 있다. 하지만 너무 많은 지출 수준을 일정하게 유지하는 것은 지출 관리의 목적인 '충분한 저축'을 생각했을 때 아무런 의미가 없다. 따라서 적정한 지출 수준을 일정하게 유지하는 게 중요하다.

지출을 통제한다는 것은 어찌 보면 자기 자신을 통제한다는 것과도 같다. 그런데 자기 자신을 통제하는 법을 다른 사람의 도움으로 학습하기는 어렵다. 이런 이유 때문에 나는 사람들에게 담배를 끊으면 매월 얼마를 절약할 수 있고, 테이크 아웃 커피 대신 자판기 커피를 마시면 얼마를 절약할 수 있다는 등의 말은 하지 않는다. 대신 일정한 금액을 정하고, 그 돈만으로 한 달을 살아볼 것을 권한다. 머리로 고민하기보다는 우선 행동으로 실험해보는 것이다.

구체적인 실행 방법은 다음과 같다.

우선 직전 3개월간의 변동 지출 내역을 살펴보고 월 평균 지출액을 계산한다. 이때 일상적인 지출이 아닌 것은 계산에서 제외한다. 이를테면 지난달에 일시적으로 의료비가 늘어났거나, 이번 달에 차를 수리하면서 평소보다 많은 돈을 썼다면 이런 것들은 계산에서 제외한다. 그리고 이 금액의 90%만을 체크카드가 연결된 별도의 통장에 넣어두고 한 달을 살아본다. 모든 지출은 체크카드로 결제하여 잔고를 실시간으로 관리하고, 현금으로 지출해야 하는 경우에도 이 통장에서만 인출하여 사용한다. 혼동을 피하기 위해 다른 종류의 지출이 섞이지 않도록 하며, 기혼자의 경우 본인의 통장과 배우자의 통장을 구분하여 각자 실행한다.

실험의 1차 목표는 평소 지출액의 90%만으로 한 달을 사는 것이며, 2차 목표는 이 돈을 모두 소비하지 않고 조금이라도 남기는 것이다. 이렇게 해보면 지출을 할 때마다 통장에 잔고가 얼마 남았는지 생각하면서 소비하게 된다. 만약 한 달의 반이 지나지 않았는데, 잔고가 절반도 남지 않았다면 월말까지 지출할 때 신경이 쓰일 것이다. 이쯤 되면 돈 쓸 일이 있을 때마다 꼭 필요한 지출인지 생각해보게 되며, 꼭 필요한 지출이라면 줄일 수 없는지 또는 지출 시기를 미룰 수 없는지 등 평소에 하지 않던 고민을 하게 된다.

이처럼 월말까지 남은 돈만으로 생활해야 한다는 자기 통제의 암시는 생각보다 큰 힘을 갖는다. 만약 큰 어려움이 없었다면 좀 더 적은 돈으로도 한 달을 살 수 있다는 뜻이며, 정말 많은 노력을 했음에도 불구하고 돈이 부족했다면 스스로에게 너그러울 필요가 있다. 실험의 목적은 자신을 구속하려는 게 아니라 적정한 지출 수준을 결정하여 매월 일정한 돈으로 살아가는 습관을 갖기 위한 것일 뿐이다.

나의 권유로 이런 시도를 해본 사람들 중 대부분은 한 달 후에 돈을 남겼으며, 자기 통제 능력에 스스로 놀라는 사람도 있었다. 반면에 어떤 사람은 평소에 자신이 생각했던 것보다 실제로는 훨씬 많은 돈을 소비하고 있다는 사실을 깨닫기도 했다. 하지만 결과가 무엇이든 간에 결론은 하나다. 이런 실험은 자신의 씀씀이를 관리하는 데 분명히 도움이 된다. 처음에는 불편함을 느끼고, 스트레스를 받기도 하지만, 습관이 되면 이런 문제들은 사라진다.

신용카드를 주된 지불 수단으로 사용하는 사람들은 체크카드로 바꿀 경우 대단히 불편하리라 생각한다. 중요한 순간에 통장의 잔액이 부족해서 결제가 안 될까 봐 불안하다고도 말한다. 하지만 체크카드를 주된 지불 수단으로 사용하는 사람들은 그렇게 생각하지 않는다. 매월 한 번씩 어김없이 날아오는 신용카드 대금 청구서가 가벼워서 마음이 편하다고 말하는 경우가 더 많다. 그리고 충동적인 소비를 하지 않게 된다고 말하는 사람들도 많다.

사실 주된 지불 수단을 신용카드에서 체크카드로 바꿀 때 처음 한두 달은 무척 불편할 수 있다. 왜냐하면 체크카드를 사용하면 지불할 때마다 통장에서 돈이 즉시 빠져나가는데, 문제는 그전에 사용한 신용카드 대금의 결제를 같은 달에 함께해야 하기 때문이다. 한 달 동안 두 달치 생활비를 지출하는 결과가 되기 때문에 자금 압박이 생길 수밖에 없다. 매월 신용카드 대금을 쫓기듯이 겨우 처리하고 있거나 할부 구매 등을 자주 해서 한두 달에 대금 결제를 끝낼 수 없는 경우에는 엄두가 나지 않을 수도 있다. 이런 이유 때문에 바꾸려 했다가도 포기하는 사람들이 많다.

하지만 이 과정만 잘 넘기면 그다음부터는 신용카드를 사용하는 게 오히려 불편해지는 경험을 하게 될 것이다. 그리고 지출의 한도를 정해서 돈을 쓰는 습관을 함께 들이게 되면 뭐라 설명하기 어려운 심리적인 안정감을 느끼게 될 것이다. 나는 신용카드를 사용하는 게 무조건 나쁜 습관이라고 생각하지는 않는다. 신용카드를 주된 지불 수단으로 사용하면서도 계획적이고, 절제된 지출 습관을 갖고 있는 사람들은 얼마든지 있다. 다만 그러지 못해 고민이 된다면 바꾸는 게 좋다. 만약 포인트 관리나 각종 부가혜택 때문에 현재 보유한 신용카드를 주된 지불 수단으로 사용할 수밖에 없다고 생각한다면 지출의 한도를 맞추어서 쓰는 습관이 들 때까지만이라도 신용카드 사용을 자제하라고 말하고 싶다.

지출 관리에 적합한 금융상품은 편리성과 유동성이 중요하다. 편리성이란 말 그대로 다양한 목적으로 이용하기에 편리하다는 뜻이고, 유동성이란 쉽게 현금화할 수 있거나 돈을 인출할 수 있다는 뜻이다. 따라서 수시로 입출금이 가능하고, 각종 고정 지출(비용)을 자동납부할 수 있으며, 체크카드를 연결하여 결제 수단으로 사용할 수 있는 은행의 저축예금이나 증권사의 CMA 등을 선택해야 한다.

체크카드의 사용을 권장하는 이유는 결제 금액이 통장 잔고에서 실시간으로 출금되므로 결제가 다음 달로 미루어지는 신용카드에 비해 소비의 감각을 유지하는 데 도움이 되기 때문이다. 또한 통장정리나 인터넷뱅킹을 통해 지출 기록을 시간 순서대로 쉽게 확인할 수 있는 것도 장점이다.

TIP CMA

어음관리계좌 혹은 자산관리계좌로도 불리는 CMA(Cash Management Account)는 은행의 보통예금이나 저축예금처럼 수시입출금이 가능하면서도 하루만 맡겨도 시중 금리 수준의 이자를 지급하는 금융상품이다. 본래 종금사의 고유 상품이지만 지금은 대부분의 증권사도 판매하고 있다.

CMA는 운용 방식에 따라 종금형, MMF형, RP형 등으로 구분할 수 있다. 종금형 CMA는 말 그대로 종금사에서 판매하는 CMA를 말하는데, 과거에 종금사를 인수한 몇 증권사에서도 판매하고 있다. 주로 우량 채권이나 CP(Commercial Paper, 기업어음) 등에 투자하며, 다른 형태의 CMA와는 달리 5000만 원까지 예금자보호 대상이다. 이외에 대부분의 증권사에서 판매하는 CMA는 MMF형이거나 RP형이다. MMF형은 MMF(Money Market Fund, 수시입출금이 가능하며, 채권, CP, 콜 론, CD 등으로 운용)에 투자하며, RP형은 RP(Repurchase Agreement, 환매조건부채권, 금융회사가 보유한 채권을 나중에 되 사주는 조건으로 판매하는 채권)에 투자한다.

〔Check!〕 월간 지출 금액 점검해보기

년   월 지출 현황

구분			본인	배우자	소계
공적 지출	공적지출	소득세(원천징수)			
		국민연금보험료			
		건강보험료			
		고용보험료			
		기타			
			월간 공적 지출 총계		
고정 지출	부채상환 원리금	주택대출상환원리금			
		신용대출상환원리금			
		기타			
			부채상환원리금 총계		
	주택관련 지출	임차료(월세 등)			
		관리비			
		공과금(수도,가스 등)			
		통신비(유선,인터넷 등)			
		기타			
			주택관련 지출 총계		
	자녀관련 지출	교육비(학원,놀이방 등)			
		기타			
			자녀관련 지출 총계		
	보장성 보험료	보장성보험료			
		기타			
			보장성 보험료 총계		
	기타 고정지출	기타 고정지출			
			기타 고정 지출 총계		
			월간 고정 지출 총계		

구분			본인	배우자	소계
변동 지출	가족생활 지출	식비			
		외식비			
		여가비			
		피복비			
		의료비			
		휴대폰비			
		자녀용돈			
		차량유류비			
		대중교통비			
		기타			
		가족생활 지출 총계			
	사회생활 지출	식대			
		용돈			
		회식비			
		경조사비			
		기타			
		사회생활 지출 총계			
	기타 변동지출	기타 변동지출			
		기타 변동 지출 총계			
		월간 변동 지출 총계			
		월간 총지출(=고정 지출 총계+변동 지출 총계)			
계절성 지출	연간지출	재산세 등			
		자동차세 등			
		자동차보험료 등			
		명절비 등			
		기타			
		연간 계절성 지출 총계			

2단계. 예비자금을 보유하라 (예비자금 관리)

예비자금 관리의 목적은 예상치 못한 사건으로 인해 평소보다 많은 돈을 지출해야 하는 일이 생겼을 때 필요한 돈을 원활히 조달하는 것이다.

예기치 못한 사건이란 질병이나 신체 사고로 인해 많은 의료비를 지출해야 하는 경우, 수입이 일시적으로 중단되거나 줄어드는 경우 혹은 어떠한 이유로든 급하게 많은 돈이 필요한 경우를 말한다.

나의 상담 경험에 의하면 사람들은 대체로 예비자금에 대한 개념이 없는 편이다. 예비자금을 보유하기보다는 예금이나 펀드에 몽땅 투자하거나, 예비자금 용도가 아닌 뭉텅이 돈을 아무 목적 없이 급여통장에서 놀리고 있는 사람들이 많다. 예비자금을 보유하는 게 왜 중요한지를 다음의 사례를 통해 살펴보자.

적금 만기가 되어 목돈을 타게 된 김 씨는 펀드에 투자하고 싶다며 나에게 상담을 요청했다. 김 씨는 당시 매월 저축한 돈을 적금 만기 후 새로 가입한 또 다른 정기적금과 비과세 장기적금(장기주택마련저축), 비과세 연금보험 등에 투자하고 있는 상태였다. 마음 같아서는 저축상이라도 주고 싶을 만큼 열심히 저축하는 분이었다. 별도의 예비자금을 보유하고 있지 않은 상태였기 때문에 나는 펀드에 투자하려는 목돈 중 일부를 떼어서 예비자금으로 관리하고 남은 돈을 정기예금과 주식형펀드에 나누어서 투자할 것을 권했으며, 김 씨는 실제로 그렇게 했다. 5개월 후 김 씨의 아버지가 빙판에 넘어져 뇌에 출혈이 생기는 증상을 입고 병원에 입원하게 되었다. 김 씨는 이때 의료비의 대부분을 예비자금으로 해결할 수 있었다.

당시 김 씨가 예비자금을 보유하고 있지 않았다면 병원비를 마련하기 위해 투자하고 있던 돈의 일부를 회수해야 했는데, 이는 생각만큼 단순한 문제가 아니다.

정기적금과 정기예금은 중도해지 때 약정이자를 모두 받지 못하기 때문에 이자 손실이 발생한다. 비과세 장기적금은 특별 중도해지 사유에 해당되지 않는 이상, 일정 기간이 경과하기 전에 해지하면 비과세 혜택을 받지 못하며, 소득공제를 받았다면 환급되었던 세금도 반납해야 한다. 비과세 연금보험도 일정 기간이 경과하기 전에 해약하면 비과세 혜택을 받지 못하며, 보험의 특성상 조기에 해약하면 원금도 돌려받지 못할 수 있다. 주식형펀드는 수익이 나고 있는 상태라면 부담이 적지만 주가 하락으로 마이너스가 된 상태라면 손실을 감수하고 환매해야 할지 고민해야 한다. 무엇보다도 이런 일이 생겼을 때 가장 큰 문제는 이자 손실이나 원금 손실이 아니다. 투자 계획에 차질이 생기고, 돈을 본래의 투자 목적과는 다른 엉뚱한 목적으로 사용해야 한다는 점이 더 큰 문제가 된다.

수입이 일시적으로 중단되거나 줄어든 경우도 생각해보자. 수입이 중단되었다고 지출도 중단하거나 평소의 지출 수준을 갑자기 줄일 수는 없다. 대출 원리금을 지불해야 하고, 아파트 관리비도 지불해야 한다. 그뿐만 아니라 각종 공과금, 자녀의 학원비, 보장성 보험료, 식비, 교통비 등 돈을 꼭 써야 할 일들은 널려 있다. 이런 때 예비자금은 일시적인 위기를 극복하는 데 큰 힘이 되어준다.

이외에도 부득이 평소보다 많은 돈을 지출해야 할 때나 자동차 보험료나, 휴가비 등 계절성 지출을 할 때에도 예비자금을 활용할 수 있다.

그렇다면 어느 정도의 예비자금을 보유하고 관리하는 게 좋을까? 이에 대한 답은 개인의 상황에 따라 달라지겠지만, 통상 월평균 지출액(고정 지출 + 변동 지출)의 3배 이상을 보유할 것을 권한다. 이는 당장 수입이 중단되더라도 현재의 지출 수준을 3개월 이상 유지할 수 있는 돈이다. 또는 형편에 따라 100만 원, 300만 원 등 일정한 금액을 정하는 방법도 괜찮다.

예비자금을 확보하는 방법은 매월 저축하는 돈의 일부를 목표 금액이 될 때까지 조금씩 적립하는 방법과 목돈이 있다면 목돈의 일부를 떼어서 일시에 확보하는 방법이 있다. 다른 목적의 투자는 가급적 예비자금을 확보한 이후에 할 것을 권한다. 혹시 현재 예비자금 없이 저축하는 돈의 대부분을 다른 목적으로 투자하고 있다면 이를 중단할 필요까지는 없다. 지금부터 매월 조금씩 적립하여 예비자금을 확보하면 된다. 또한 예비자금을 지출한 후에는 지출한 돈만큼 다시 보충해서 채워야 한다. 많은 돈을 예비자금으로 보유하는 것보다 일정한 금액을 유지하는 게 더 중요하다. 예기치 못한 일이란 언제 생길지 알 수 없기 때문이다.

현명한 농부는 풍년이 든다는 확신이 있더라도 가뭄에 대비해 저수지에 물을 채운다. 사람들은 살면서 모든 일이 계획대로만 되지 않는다는 것을 잘 알면서도 이러한 사실을 외면하거나 눈앞에 보이는 급한 일에만 매달린다. 불확실성은 인생뿐만 아니라 돈 관리에 있어서도 가장 큰 적이며, 항상 견제해야 할 대상이다.

예비자금 관리에 적합한 금융상품은 유동성이 중요하다. 따라서 언제든지 입출금이 가능하고, 원금 손실 가능성이 낮은 MMF나 CMA를 선택하는 게 좋다. 항상 일정 수준의 잔고를 유지해야 하므로 이자를 거의 주지 않는 은행의 저축예금이나 보통예금은 적절하지 않다. 또한 언제 급한 돈이 필요할지 알 수 없기 때문에 주식형펀드처럼 원금 손실 가능성이 높은 상품도 적절하지 않다.

예비자금을 보유하는 것과는 별도로 보장성 보험에도 가입해야 한다. 보장성 보험이란 사망, 질병, 상해 등의 사고가 발생했을 때 보험금을 지급하는 상품을 말하며, 이는 넓은 의미의 예비자금으로 볼 수 있기 때문이다. 조기 사망에 대비한 상품으로는 종신보험, 정기보험 등이 있으며, 질병이나 상해에 대비한 상품으로는 암보험, 질병보험, 의료비보험 등이 있다.

보장성 보험에 가입할 때는 발생 확률은 낮지만 발생했을 때 치명적인 문제를 일으키는 조기 사망(경제활동 기간 또는 자녀 성장기에 사망하는 것), 중대질병(암, 뇌출혈, 심근경색 등), 중대상해(고도의 신체장해를 유발하는 상해 등) 등에 대비할 수 있는 보험 상품을 우선적으로 고려해야 한다. 왜냐하면 이런 일은 평생에 한두 번 발생하는 것만으로도 본인은 물론 가족들에게까지 심각한 경제적 충격을 가할 수 있기 때문이다.

반면에 병원에 며칠 입원하거나 치질 수술을 받거나 또는 제왕절개 수술로 아기를 낳은 후 받을 수 있는 수십만 원의 보험금이 있으면 당장 경제적으로 도움이 되고 마음의 위안도 얻겠지만 삶에 큰 영향을 주지는 않는다. 그리고 이런 문제는 대개 보험이 없어도 해결 가능하다.

나도 수년 전 교통사고로 디스크 수술을 받았고, 1개월 이상 입원했지만 지금은 아무 문제 없이 생활하고 있다. 당시에는 많이 힘들었지만 결과적으로 나와 가족의 삶에 별다른 영향을 주지는 않았다(물론 자동차보험에 의해 의료비 보상을 받았다). 하지만 만일 그때의 사고로 내가 사망했거나 고도의 장애를 입었다면, 나와 나의 가족은 지금 사고 전과는 전혀 다른 삶을 살고 있을 것이다. 보험은 큰 위기에 처했을 때 많은 보상을 받는 게 중요하며, 이것이 보험 가입의 가장 중요한 목적이자 이유가 되어야 한다.

보장성 보험에 가입하여 지불하는 보험료는 철저하게 비용의 개념으로 이해해야 한다. 즉 위험 보장을 받는 것에 대해 값을 지불하는 것이지 나중에 원금과 수익을 돌려받기 위한 게 아니다. 이 점을 부정하는 사람이라면 보험에 가입하기보다는 다른 목적을 위해 한 푼이라도 더 투자하는 게 옳다.

또한 10년, 20년 후의 사망보험금 1억 원이 물가상승률을 고려했을 때 무슨 의미가 있냐고 말하는 사람도 있는데, 보험은 당장 오늘 또는 내일 발생할지도 모를 사고에 대비하는 것이지 10년, 20년 후의 사고 발생을 계획하고 가입하는 게 아니다. 이 점을 부정하는 사람도 보험에 가입하여 돈을 낭비하기보다는 펀드 등에 투자하는 게 현명하다. 물론 최근에는 보험금의 가치(물가상승에 따른 돈의 가치)를 보존하기 위해 보험료의 일부를 펀드에 투자하는 변액보험이 판매되고 있지만 그렇다고 보험의 본질이 바뀌지는 않는다.

보험료는 짧게는 수 년, 길게는 수십 년 동안 지불해야 하기 때문에 과도할 경우 저축을 충분히 할 수 없다. 범죄가 무섭다고 무거운 갑옷을 입고 다닐 수는 없듯이 만약의 사고에 대비한다고 지나치게 많은 보험료를 지불하는 것은 좋지 않다.

보장성 보험료는 본인만 가입하는 경우 월평균 실수입의 5~7% 정도가 적절하며, 온 가족이 가입하는 경우에도 최고 10%를 넘지 않는 게 좋다(자동차보험료와 주택화재보험료 등은 제외한다). 맞벌이 가정 중 배우자가 언제든 직장을 그만두고 전업주부가 되려 한다면 이 비율을 가장의 수입에 맞추어야 한다. 맞벌이 가정이 외벌이 가정으로 전환되면서 보험료 부담 때문에 골치 썩는 일은 흔하다.

따라서 현재 여러 가지 보장성 보험에 가입하여 지나치게 많은 보험료를 지불하고 있다고 판단되면 선별적으로 해약하거나 보험료 감액을 해야 할 필요도 있다. 이때 주의할 점은 해약하거나 감액하는 만큼 보상받을 수 있는 범위가 좁아지거나 보험금이 줄어드는 위험을 감수할 수 있어야 한다. 게다가 보험 가입 당시에는 건강에 이상이 없었지만 그 이후에 특정한 질병을 앓았거나 현재 치료를 받고 있다면 새로 가입하는 게 어려울 수 있다. 그러므로 전문가에게 상담을 받아 신중히 결정해야 한다.

당신이 가장이라면 조기 사망에 대비한 종신보험이나 정기보험에는 반드시 가입할 것을 권한다. 이미 가입했다면 부자가 될 때까지 또는 자녀가 성인이 되어 사회에 진출할 때까지 잘 유지하기 바란다. 조기 사망에 대비하는 목적은 오로지 가족을 위해서이다. '나 죽으면 끝이지……'라고 말하는 사람들도 있지만, 끝이라고 생각되는 그 순간이 남은 가족들에게는 고통의 시작이다. 남은 배우자는 생계 문제와 자녀의 교육 문제를 홀로 해결해야 하며, 이 모든 것들이 돈과 관련되어 있다. 하다못해 장례를 치르기 위해서도 돈이 필요하며, 장기간 투병 생활을 했다면 의료비를 해결하기 위해서도 돈이 필요하다. 이 모두가 남은 가족의 몫이다.

어떤 사람들은 평균수명 100세 시대를 앞에 둔 지금, 자녀가 성인이 되기도 전에 사망할 확률이 얼마나 되겠냐고 반문한다. 그러나 조기 사망의 확률이 높고 낮음을 떠나서 우리 주변의 많은 사람이 실제로 이른 나이에 사망한다. 생각하기도 싫지만 나의 가족과 지인들만 봐도 그렇다.

내 고등학교 친구 중 3명이 20대 초반 또는 30대 초반에 사망했다. 대학 후배가 20대 초반에 군복무 중 사고로 사망했으며, 또 다른 대학 후배는 30대 초반에 뇌출혈로 사망했다. 첫 직장의 선배가 30대 후반에 암으로 사망했으며, 또 다른 선배의 매형은 전신주 고압기의 폭파 사고로 30대 후반에 사망했다. 어느 해인가는 1년 동안 직장 동료 두 분이 사망했는데, 한 분은 40대 후반에 뇌출혈로, 다른 한 분은 30대 중반에 암으로 별세했다. 나는 업무상 많은 사람을 만나왔기 때문에 이런 종류의 사례를 두 페이지는 더 나열할 수 있지만 더 이상 언급하고 싶지는 않다. 당신도 주위를 둘러보면 이런 안타까운 사례들을 쉽게 떠올릴 수 있을 것이다.

불행이라는 불청객이 착한 사람과 악한 사람, 부자와 가난한 사람, 젊은 사람과 나이든 사람을 가려가며 찾아온다는 근거는 어디에도 없다. 당신만은 예외라는 생각을 하지 않았으면 좋겠다. 이처럼 발생 확률은 낮지만 치명적인 사고에 대비하는 게 보험의 본래 목적이다.

또한 중대질병이나 중대상해에 대한 대비도 중요하다. 관련 보험 상품에 가입하는 것도 좋지만 이런 사고가 생기면 사망에 이르거나 수명이 단축되는 경우가 많기 때문에 이에 대한 대비는 종신보험이나 정기보험 등에 가입하면서 특약으로 함께 계약하는 것도 좋은 방법이다.

나는 어떤 보험에 가입하는 게 좋은지 묻는 사람들에게 다음과 같이 우선 순위를 제시한다.

- 가장(가정의 주된 수입원)은 조기 사망에 대비한 종신보험 또는 정기보험에 가입한 후 여유가 된다면 질병과 상해에 대비할 수 있는 의료비보험 등에 추가로 가입한다.
- 배우자는 중대질병보험 또는 의료비보험 등에 가입한 후 여유가 된다면 종신보험 또는 정기보험 등에 추가로 가입한다.
- 자녀는 어린이 전용 중대질병보험이나 의료비보험에 가입한다.
- 미혼이라도 미래에 가장이 되거나 누군가의 배우자가 될 것이기 때문에 동일한 우선 순위로 가입한다.

참고로 나와 나의 아내는 조기 사망에 대비한 종신보험을 들고 있으며, 암을 포함한 중대질병과 각종 수술비 및 입원비 등은 종신보험의 특약에 의해 보장받고 있다. 나의 딸은 중대질병을 포함한 수술비와 입원비 등을 보장하는 생명보험사의 어린이 전용 건강보험과 의료비를 실비로 보상하는 손해보험사의 어린이 전용 의료비보험에 함께 가입되어 있다.

보험 상품은 크게 '보장성 보험'과 '저축성 보험' 등으로 구분한다.

보장성 보험은 조기 사망, 질병, 상해 등의 사고에 대비하기 위한 것으로 종신보험, 변액종신보험, 유니버셜종신보험, 정기보험, 암보험, 질병보험, 의료비보험, 태아보험, 어린이의료비보험 등이 이에 해당한다.

저축성 보험은 적금이나 펀드처럼 미래에 원금과 수익을 돌려받기 위한 것으로 저축보험, 유니버셜보험, 연금보험, 변액연금보험, 변액유니버셜보험 등이 해당한다.

보험료를 가입자(계약자)의 입장에서 분석해보면 일부는 비용으로 소멸되고, 나머지 부분은 적립되어 해약 또는 만기 때 이자(수익)와 함께 돌려받게 된다. 이때 비용은 가입자 본인 또는 다른 가입자에게 사고가 발생했을 때 보험금을 지급하기 위해 사용되며, 보험 판매자의 수당 및 직원의 급여 지급 등 보험회사의 각종 운용 경비를 위해서도 사용된다.

보장성 보험은 사고 발생 때 보험금을 지급하는 게 주된 목적이기 때문에 보험료 중 비용이 차지하는 비율이 저축성 보험에 비해 매우 높다. 또한 가입자가 납부해야 하는 보험료가 저렴한 대신 전부 비용으로 소멸되어버리는 상품도 있다.

비용을 제하고 적립되는 보험료를 펀드에 투자하는 보험상품의 명칭에는 '변액'이라는 말을 붙이며, 적립된 보험료를 해약하지 않고도 출금(중도인출)할 수 있는 보험상품은 '유니버셜'이라는 말이 따라 붙는다. 최근에는 유니버셜보험이 아니어도 출금 기능을 제공하는 보험상품들이 많이 판매되고 있다.

3단계. 장기간 투자하라 (투자 관리)

투자 관리의 목적은 한마디로 부富의 형성이며, 이를 위해서는 복리 투자를 지속해야 한다. 이 과정에서 가장 중요한 것은 적은 수익률이라도 장기간 꾸준히 유지하는 일이다.

혹자는 수입이 적거나 현재 자산이 적은 사람들은 고위험 고수익을 추구하는 공격적인 투자를 해야 부자가 될 수 있다고 말한다. 특히 젊은 사람들일수록 그렇게 해야 한다고 말한다. 하지만 내가 보기에 이는 앞뒤가 맞지 않는 말이다. 수억 원을 주식이나 주식형펀드에 투자하는 부자들은 이보다 훨씬 많은 돈을 부동산, 채권, 정기예금, 비과세 연금보험, 외환, 금 등에 나누어서 투자하고 있으며, 사업이나 직업을 통해 벌어들이는 수입 또한 많다. 물론 몇몇 부자는 투자 결과에 대한 확신을 갖고 특정 자산에 집중적으로 투자하거나 기업의 경영권을 유지하기 위해 자산의 대부분을 주식으로 갖고 있기도 하다. 그러나 이런 경우를 제외하면 대부분의 부자들은 자신의 돈을 다양한 자산에 골고루 투자함으로써 투자 위험을 분산하고 있다.

즉, 그들의 투자 원칙 1순위는 '잃지 않는 것'이다. 그런데 왜 부자가 아닌 사람들이 부자들과 다르게 행동해야 하는가? 가진 게 적다면 오히려 더 조심해서 투자해야 한다. 부자들이 공격적인 투자를 하다가 돈을 잃으면 일부를 잃게 되지만 부자가 아닌 사람들이 공격적인 투자를 하다가 실패하면 전부를 잃게 된다. 따라서 부자가 아닌 사람들도 투자 원칙 1순위는 '잃지 않는 것'에 두어야 한다.

'잃지 않는 투자'란 단순히 투자 원금을 지킨다는 소극적 행위만을 뜻하지 않는다. 이보다는 돈의 가치를 지키는 게 더욱 중요하며, 이는 물가상승률과 관련이 있다.

만약 당신이 20년 전 1억 원을 남몰래 옷장 깊숙이 숨겨두었다면 원금 1억 원은 아직 그대로 남아 있겠지만 돈의 가치는 상당히 줄어들었을 것이다. 20년 전 1억 원이면 서울 어디에 작은 아파트라도 한 채 살 수 있었겠지만 지금은 전세 아파트도 구하기 어렵다. 투자 원금만을 지키기 위한 소극적 행위는 장기적으로 보면 결국 돈을 잃는 것에 지나지 않는다(이를 인플레이션 위험이라고 한다). 원금과 함께 돈의 가치를 지키고 유지해야 하며, 이를 위해서는 적어도 물가상승률 정도의 복리 수익률로 지속적인 투자를 할 수 있어야 한다. 즉 물가가 오르는 만큼 당신이 가진 돈의 가치도 오를 수 있도록 투자해야 한다는 뜻이다.

돈의 가치는 교환 가치다. 예를 들어 오늘 당신에게 1000원이 있다면 빵 한 개와 바꿀 수 있기 때문에 돈으로서의 가치가 있다. 그런데 당신이 오늘의 배고픔을 참고 1000원을 투자하여 1년 뒤 2000원으로 불린다고 가정해보자. 1년 뒤에도 빵 값이 여전히 1000원이라면 두 개의 빵을 살 수 있으므로 돈의 가치는 두 배로 늘어난 것이다. 만약 빵 값도 2000원으로 오른다면 1년 뒤에도 지금처럼 한 개의 빵만을 살 수 있으므로 돈의 가치는 제자리를 유지한 것이다. 즉,

겉보기에는 100%의 수익률(명목수익률＝100%)을 얻었지만 빵 값도 100% 올랐기 때문에 실제로는 빵 한 개를 사고 나면 남는 게 하나도 없다(실질수익률＝0%). 결국 실질적인 투자 수익률은 0%이다. 따라서 물가상승률보다 조금이라도 더 높은 투자 수익률을 얻게 될 때 비로소 실질적인 수익을 얻을 수 있는 것이다.

투자자가 매년 기대할 수 있는 투자 수익률은 다음과 같이 표현할 수 있다.

$$\text{연간 기대 수익률}$$
$$= \text{1년 만기 정기예금의 세후 수익률} + \alpha\text{수익률}$$

이때 정기예금의 세후 수익률은 원금 손실 등의 투자 위험을 감수하지 않고도 얻을 수 있는 수익률(무위험수익률)이며, α수익률은 원금 손실 등의 투자 위험을 감수한 것에 대한 대가(리스크 프리미엄 또는 위험보상률)의 성격을 갖는다. 따라서 정기예금에만 투자한다면 투자 위험을 전혀 감수하지 않는 것이므로 α수익률 역시 전혀 기대할 수 없고, 높은 α수익률을 원하는 사람들은 투자 위험이 높은 주식형펀드 등에 투자해야 한다. 이 때문에 흔히 '하이리스크 하이리턴(High risk high return, 고위험 고수익)'이라는 표현을 쓴다.

예를 들어 정기예금의 투자 위험을 '0', 주식형펀드의 투자 위험을 '100'으로 본다면 최대의 α수익률을 얻고자 하는 사람은 가진 돈을 전부 주식형펀드에 투자해야 하고, 중간 정도의 α수익률을 얻고자 하는 사람은 정기예금에 절반, 나머지 절반은 주식형펀드에 투자해야 한다. 또한 투자 위험을 전혀 감수할 의사가 없다면 정기예금에만 투자해야 하며, 이때는 α수익률도 전혀 기대할 수 없다.

이처럼 '1년 만기 정기예금의 세후 수익률 + α수익률'로 표현되는 연간 기대 수익률은 투자자가 감수하려는 투자 위험의 정도에 따라 달라지며, 예측하기도 어렵다. 또한 같은 정도의 투자 위험을 감수하더라도 투자자에 따라 기대하는 정도가 다르기도 하다.

1970~80년대의 고금리 시대에는 은행의 정기예금이나 적금에만 투자해도 돈의 가치를 유지하는 것은 물론 그 이상의 실질수익도 얻을 수 있었다. 따라서 굳이 α수익률을 얻기 위해 투자 위험을 감수할 필요도 없었다. 하지만 지금과 같은 저금리 시대에는 고민이 생긴다. 만약 정기예금 수익률이 물가상승률을 밑도는 초 저금리 시대에 돌입하게 되면 이런 고민은 더욱 커지게 될 것이다. 결국 저금리 시대에는 어느 정도의 투자 위험을 감수하더라도 은행의 정기예금이나 적금 외에 다른 대상에도 투자해야 할 필요가 있다.

투자 관리에 적합한 금융상품은 기간, 목적 등에 따라 안정성이 중요할 수도 있고, 수익성이 중요할 수도 있다. 안정성은 투자 위험이 낮고 금리 정도의 수익률을 기대할 수 있는 것을 뜻하며, 수익성은 투자 위험은 높지만 금리보다 높은 수익률을 기대할 수 있는 것을 뜻한다. 이에 대해서는 '제5장 실전 투자 관리' 편에서 좀 더 자세히 다룰 것이다.

제4장

돈 관리
시스템

시스템으로 하는 돈 관리

'돈 관리 시스템'을 만들기 위해서는 우선 돈의 용도를 구분한 후 각용도에 따라 다르게 사용할 통장을 준비해야 한다. 이것이 무슨 의미인지는 우리가 집에서 사용하는 물의 흐름을 생각해 보면 쉽게 이해할 수 있다.

물탱크로 유입된 물은 서로 다른 배관을 통해 주방으로 흐르고, 화장실로도 흐른다. 주방으로 가는 물은 설거지나 마시는 물로 사용되며, 화장실로 가는 물은 세면이나 변기물로 사용된다. 이처럼 물은 보기에는 같아도 용도에 따라 다른 공간에서 다른 목적으로 사용된다. 때문에 집 안에 수도관이 하나밖에 없어 수도꼭지 한 곳에서만 물이 나온다면 매우 불편할 것이다.

우리가 매월 벌어들이는 돈도 마찬가지다. 같은 돈이지만 여러 가지 다른 목적으로 사용되기 때문에 한두 개의 통장으로 모든 지출과 투자를 관리하는 것보다는 돈의 용도를 구분하여 서로 다른 통장으로 관리하는 게 편리하다.

● 집에서 사용하는 물

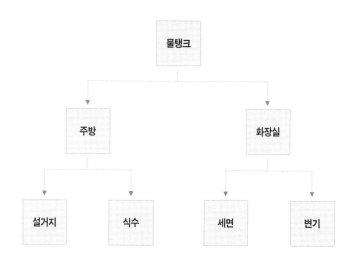

돈의 용도 구분은 앞 장에서 이야기한 3단계 돈 관리법을 바탕으로 한다. 크게 보면 고정 지출, 변동 지출, 예비자금, 투자 등 4가지 목적으로 사용되므로, 이를 관리하기 위해서는 4개의 통장이 필요하다. (공적 지출은 급여생활자인 경우에는 급여를 받기 전 차감되므로 관리의 대상이 될 수 없으며, 자영업자인 경우에는 고정 지출로 분류해서 관리하면 된다. 계절성 지출은 예비자금과 연동된다.)

- 급여 통장(급여 수령 및 고정 지출 관리용)
- 소비 통장(변동 지출 관리용)
- 예비 통장(예비자금 관리용)
- 투자 통장(투자 관리용)

이는 특정 금융상품의 명칭이 아니라 각 통장에 용도별로 이름을 붙여준 것이다. 4개의 통장을 준비하고, 인터넷뱅킹을 이용할 수 있다면 누구나 쉽게 돈 관리 시스템을 만들 수 있다(인터넷뱅킹을 이용할 수 없더라도 큰 문제는 없다).

주식이나 펀드, 채권 등에 투자하는 경우에도 해당 금융기관으로부터 통장을 받는 경우가 있다. 그러나 여기서 말하는 '통장'은 기본적으로 자유입출금이 가능한 것만을 대상으로 하고 있다.

4개의 통장

돈 관리 시스템의 원리는 매우 단순하다.

급여 통장에 매월 급여가 입금된 후 월말(또는 특정일)까지 각종 고정 지출을 자동납부되도록 하고, 생활비용(변동 지출)으로 소비할 일정한 금액의 돈을 소비 통장으로 자동이체한다. 남은 돈을 전부 투자 통장으로 이체한다. 이렇게 하면 매월 얼마의 돈을 벌어서 얼마를 지출하고, 얼마를 저축했는지 쉽게 파악할 수 있다. 그리고 투자 통장에 입금된 돈은 예비자금을 확보한 후 다양한 금융상품에 투자하면 된다. 이것이 돈 관리 시스템의 기본적인 형태이다.

내게 상담을 받았던 대부분의 사람들은 급여 통장 또는 한두 개의 통장에서 모든 지출과 금융상품으로의 자동이체 등을 하고 있었으며, 돈의 용도에 따라 구분하여 관리하는 사람들은 소수였다. 따라서 가계부를 쓰거나 정기적으로 직접 계산을 해보는 사람들 외에는 매월 얼마의 돈을 어떤 목적으로 지출하고, 얼마나 저축하고 있는지 스스로 파악하지 못하고 있었다. 이렇게 해서는 부자는커녕 자신이 버는 돈도 제대로 지키기 어렵다.

만약 어떤 기업의 CEO가 회사가 얼마의 돈을 벌어서(매출), 얼마를 지출하고(비용), 최종적으로 얼마를 남겼는지(이익) 파악할 수 없다면 그 기업은 반드시 망할 것이다. 우리 모두는 각자의 가정을 경영하는 CEO이거나 회계 담당 부사장이다. 수익률이 높은 펀드를 찾아 헤매기보다는 자신에게 편리한 방법으로 돈을 잘 관리하여 저축액을 10원이라도 더 늘리는 게 우리 가정에 오히려 더 많은 수익을

● **돈 관리 시스템**

가져올 것이다. 만약 돈이 새는 것을 막아 1년에 50만 원을 추가로 저축했다면, 이는 최근의 금리로 정기예금에 1000만 원을 투자해야만 얻을 수 있는 수익과 같다.

추가 수익을 얻기 위해 1000만 원을 모으는 게 쉬운가, 아니면 50만 원을 모으는 게 쉬운가? 지나가는 초등학생에게 물어보라. 그 아이가 정확한 답을 알려줄 것이다.

TIP   **자영업자도 자신에게 매월 고정 급여를 보내자**

자영업자는 매월 수입이 불규칙한 경우가 많다. 특히 특정 계절이나 특정 시기에 매출이 몰리는 업종에 종사하는 경우 이런 현상이 심하게 나타난다. 따라서 고정적인 급여를 받는 직장인들에 비해 장기적인 돈 관리 계획을 수립하고 실행하는 데 어려움이 따른다. 이런 문제를 조금이라도 해결할 수 있는 방법은 자신에게 매월 고정 급여를 보낸 후 이에 맞추어 소비하고, 저축하는 습관을 들이는 것이다. 이를 위해서는 사업용 자금과 가계용 자금을 명확히 구분하고, 매월 자신에게 급여를 지급한다는 생각으로 일정한 금액의 돈이 급여 통장으로 자동이체 될 수 있도록 해야 한다. 그리고 한 해의 사업이 잘된 경우 그다음 해에는 급여를 인상해서 지급하거나 사업이 잘되지 않았다면 급여를 스스로 삭감해서 지급하는 식으로 자금을 운용하면 돈 관리에 많은 도움이 된다.

급여 통장의 활용 (급여 수령 및 고정 지출 관리)

급여 통장은 급여를 받고 고정 지출을 관리하기 위한 통장이다. 따라서 대출 원리금, 아파트 관리비, 각종 공과금, 자녀학원비, 보장성 보험료 등의 고정 지출의 자동납부를 위한 목적으로만 사용한다.

이때 모든 자동납부일은 급여일 직후부터 월말(또는 특정일) 사이로 지정하고, 각종 고정 지출의 자동납부가 종결되는 다음 날에 일정한 금액의 돈이 소비 통장으로 자동이체될 수 있도록 설정한다.

모든 고정 지출의 자동납부가 끝나고, 소비 통장으로 돈이 자동이체 된 후에는 급여 통장에서 더 이상 지출될 게 없다. 이때 남아 있는 돈이 바로 그 달의 저축 가능한 돈이므로 전부 투자 통장으로 이체한다. 그러면 다음 급여일까지 급여 통장의 잔액은 '0원'이 된다.

급여일 이후 월말(또는 특정일)까지 모든 고정 지출이 자동으로 납부되고, 소비 통장으로의 생활비용 이체도 자동으로 처리되므로 월말이 지나서 최종 잔액을 확인한 후 남은 돈을 전부 투자 통장으로 이체하는 것 외에는 특별히 신경 쓸 일이 없다. 또한 통장을 정리하거나 인터넷뱅킹으로 거래 내역을 조회하면 매월 같은 거래 내역이 반복해서 표시되기 때문에 언제든지 고정 지출 내역과 지출액의 변동 상황을 한눈에 확인할 수 있다.

신용카드 사용 대금의 출금 계좌는 급여 통장으로 지정하되, 신용카드는 가급적 사용하지 않거나 매월 지출액에 큰 변동이 생기지 않는(고정 지출 성격의) 통신요금, 대중교통비 결제에만 사용한다. 그리고 다른 소비(변동 지출)는 소비 통장에 연결된 체크카드를 사용한다.

급여 통장으로 이용할 금융상품은 수시로 입출금이 가능하고, 각종 고정 지출을 자동납부할 수 있는 은행의 저축예금이나 증권사의 CMA가 적합하다.

● **급여 통장의 거래 내역**(통장 정리 또는 인터넷뱅킹으로 확인)

10월 거래 내역

거래일자	거래 내역	입금	출금	잔액	설명
11-02	자금이체		910,000	0	남은 잔액을 전부 투자 통장으로 이체
11-01	자금이체		700,000	910,000	소비 통장으로 생활비 자동이체
10-31	든든생명보험		150,000	1,610,000	본인의 보장성보험료 자동납부
10-31	든든생명보험		100,000	1,760,000	배우자의 보장성보험료 자동납부
10-31	든든생명보험		50,000	1,860,000	자녀의 보장성보험료 자동납부
10-30	행복아파트		150,000	1,910,000	아파트관리비 자동납부
10-30	가스요금		10,000	2,060,000	
10-30	수도요금		20,000	2,070,000	각종 공과금 및 통신비 등 자동납부
10-30	인터넷요금		30,000	2,090,000	
10-27	AB카드		30,000	2,120,000	신용카드 결제(핸드폰요금 자동납부)
10-25	튼튼 어린이집		350,000	2,150,000	자녀 학원비 자동납부
10-23	둥지마련대출		500,000	2,500,000	주택대출원리금 자동납부
10-20	성실주식회사 급여	3,000,000		3,000,000	급여 입금

(10월의 저축 가능한 돈)

11월 거래 내역

거래일자	거래 내역	입금	출금	잔액	설명
12-02	자금이체		1,410,000	0	남은 잔액을 전부 투자 통장으로 이체
12-01	자금이체		700,000	1,410,000	소비 통장으로 생활비 자동이체
11-31	든든생명보험		150,000	2,110,000	본인의 보장성보험료 자동납부
11-31	든든생명보험		100,000	2,260,000	배우자의 보장성보험료 자동납부
11-31	든든생명보험		50,000	2,360,000	자녀의 보장성보험료 자동납부
11-30	행복아파트		150,000	2,410,000	아파트관리비 자동납부
11-30	가스요금		10,000	2,560,000	
11-30	수도요금		20,000	2,570,000	각종 공과금 및 통신비 등 자동납부
11-30	인터넷요금		30,000	2,590,000	
11-27	AB카드		30,000	2,620,000	신용카드 결제(핸드폰요금 자동납부)
11-25	튼튼 어린이집		350,000	2,650,000	자녀 학원비 자동납부
11-23	둥지마련대출		500,000	3,000,000	주택대출원리금 자동납부
11-20	성실주식회사 급여	3,500,000		3,500,000	급여 입금 + 보너스 입금

(말풍선: 11월의 저축 가능한 돈)

소비 통장의 활용 (변동 지출 관리)

소비 통장은 변동 지출, 즉 매월 씀씀이에 따라 지출액이 크게 변동될 수도 있는 생활비용을 관리하기 위한 통장이다. 따라서 일정 금액을 넣어 두고 식비, 교통비, 여가비 등을 지출할 때만 사용한다.

변동 지출도 우리가 삶을 유지하는 데 반드시 필요한 지출이기 때문에 아무리 절약을 해도 지출액을 줄이는 데 한계가 있다. 따라서 변동 지출 관리를 위해서는 매월 일정한 금액 내에서 소비하는 습관을 기르는 게 훨씬 더 중요하다. 왜냐하면 고정 지출을 포함한 전체적인 지출 수준을 큰 변동 없이 일정하게 유지할 수 있다면 그만큼 투자 계획을 수립하고 실행하는 데 도움이 되기 때문이다.

예를 들어 당신의 수입이 월 150만 원으로 고정되어 있다고 가정해보자. 만약 당신이 매월 지출 수준을 100만 원 이내에서 유지할 수 있다면 매월 50만 원 정도를 꾸준히 저축할 수 있다. 따라서 1000만 원의 종잣돈을 모으기로 마음을 먹고, 정기적금에 투자하기 시작했다면 늦어도 20개월 후에는 목표를 달성하게 될 것이다. 만약 분기마다 보너스를 받는다면 목표 달성 기간은 15개월 또는 18개월로 단축될 수도 있다.

하지만 매월 지출하는 돈이 얼마인지 모르거나 자주 변동되는 상황이라면 이와 같은 계획을 갖고 투자하기는 어렵다. 안개 속을 걸을 때는 목적지에서 발하는 희미한 불빛이라도 보이는 게 무작정 걷는 것보다는 훨씬 낫다.

매월 변동 지출에 필요한 돈이 대략 얼마인지 결정되면, 급여 통장으로부터 매월 일정한 금액이 소비 통장으로 자동이체되도록 한다. 그리고 이 금액 내에서 한 달간 생활할 수 있도록 노력해야 한다.

지출을 할 때는 거듭 강조했듯이 가능하면 신용카드는 사용하지 말고, 소비 통장에 연결된 체크카드를 사용하거나 현금을 인출하여 사용한다. 지출을 관리한다는 측면에서 본다면 지출이 실시간으로 이루어지고 거래내역도 실시간으로 확인할 수 있는 체크카드를 사용하는 게 편리하다.

그리고 다음 달에 급여 통장으로부터 다시 생활비가 자동이체되는 날까지 혹시 돈이 남았다면 잔액은 전부 예비 통장으로 옮겨 예비자금으로 관리한다. 살다 보면 부득이 평소보다 많은 돈을 지출해야 할 때도 있고, 재산세를 내거나 자동차보험료, 휴가비 등을 지출해야 할 때도 있다. 이때 부족한 돈은 예비 통장에서 예비자금의 일부를 인출하여 해결한다. 예비자금은 비상 시뿐만 아니라 이런 때에도 사용하기 위해 준비하는 돈이다.

만약 매월 일정한 돈만으로 생활하기 위해 노력함에도 불구하고, 돈이 부족해서 예비자금을 갖다 쓰는 일이 자주 생긴다면 자동이체 금액을 좀 더 늘리도록 한다. 물기가 다 빠진 수건을 쥐어짜는 것은 불필요하게 힘을 낭비하는 일밖에 되지 않는다. 돈 관리를 잘해보자는 것이지 극기훈련을 하자는 게 아니다.

통장을 정리하거나 인터넷뱅킹으로 거래 내역을 조회하면 매월 체크카드 사용 내역과 현금 인출 내역을 시간 순서대로 확인해볼 수 있기 때문에 가계부를 쓰는 것과 유사한 효과를 얻을 수 있다. 따라서 평소보다 많은 돈을 지출한 경우 거래 내역을 확인해보면 그 원인을 쉽게 파악할 수 있다.

소비 통장으로 이용할 금융상품은 수시로 입출금이 가능하고, 체

크카드를 연결하여 결제 수단으로 사용할 수 있는 은행의 저축예금
이나 증권사의 CMA가 적합하다.

● 소비 통장의 거래 내역 (통장 정리 또는 인터넷뱅킹으로 확인)

10월 거래 내역

거래일자	거래내용	입금	출금	잔액	설명
11-02	자금이체		100,000	700,000	전 달의 잔액을 예비 통장으로 이체
11-01	자금이체	700,000		800,000	급여 통장으로부터 자동이체 입금
10-28	ATM출금		50,000	100,000	현금 인출
10-25	마니마트		100,000	150,000	체크카드 사용
10-17	ATM출금		50,000	250,000	현금 인출
10-12	화려한백화점		100,000	300,000	체크카드 사용
10-30	해피피자		20,000	400,000	체크카드 사용
10-10	마니마트		50,000	420,000	체크카드 사용
10-9	ATM출금		50,000	470,000	현금 인출
10-9	장내과		30,000	520,000	체크카드 사용
10-7	돼지식당		50,000	550,000	체크카드 사용
10-5	마니마트		100,000	600,000	체크카드 사용
10-1	자금이체	700,000		700,000	급여 통장으로부터 자동이체 입금

(거래내역 표 상단 말풍선: 10월의 소비 하고 남은 돈)

11월 거래 내역

거래일자	거래 내역	입금	출금	잔액	설명
12-02	자금이체		50,000	700,000	전 달의 잔액을 예비 통장으로 이체
12-01	자금이체	700,000		750,000	급여 통장으로부터 자동이체 입금
11-26	ATM출금		50,000	50,000	현금 인출
11-25	마니마트		100,000	100,000	체크카드 사용
11-21	ATM출금		50,000	200,000	현금 인출
11-17	화려한백화점		200,000	250,000	체크카드 사용
11-15	해피피자		30,000	450,000	체크카드 사용
11-12	마니마트		50,000	480,000	체크카드 사용
11-10	ATM출금		50,000	530,000	현금 인출
11-05	마니마트		100,000	580,000	체크카드 사용
11-03	돼지식당		20,000	680,000	체크카드 사용
11-02	자금이체		100,000	700,000	전 달의 잔액을 예비 통장으로 이체
11-01	자금이체	700,000		800,000	급여 통장으로부터 자동이체 입금

(11월의 소비하고 남은 돈)

예비 통장의 활용 (예비자금 관리)

예비 통장은 예비자금을 관리하기 위한 통장이다. 따라서 충분한 예비자금을 넣어 두고 특별한 경우에만 사용한다. 특별한 경우란 예상치 못한 일로 고액의 지출을 해야 하는 때나 재산세, 자동차보험료, 휴가비, 명절비 등 계절성 지출을 해야 하는 때를 말한다. 이외에도 부득이 생활비용을 평소보다 많이 지출하게 되어 소비 통장의 잔액이 부족한 경우에도 사용할 수 있다.

예비자금은 월평균 지출액(고정 지출＋변동 지출)의 3배 이상을 유지할 것을 권한다. 만약 이것이 어렵더라도 어느 정도의 금액은 반드시 확보하고 관리해야 한다. 다른 목적의 투자도 가급적 예비자금을 확보한 후에 하는 게 좋다. 그리고 예비자금을 지출한 후에는 지출한 돈만큼 다시 보충해서 채워야 한다.

예비 통장으로 이용할 금융상품은 언제든지 입출금이 가능하면서도 하루만 맡겨도 이자를 지급하는 MMF나 CMA가 적합하다.

투자 통장의 활용 (투자 관리)

투자 통장은 투자 관리를 위한 통장이다. 따라서 적금, 펀드, 변액연금보험 등 투자 목적의 금융상품에 자동이체하기 위한 목적으로만 사용한다. 이때 모든 금융상품의 자동이체일은 가급적 같은 날로 정하거나 비슷한 날짜에 이체될 수 있도록 하는 게 관리에 편리하다.

급여 통장에서 각종 고정 지출을 자동납부하고, 소비 통장으로의 생활비 자동이체가 끝나면, 남은 돈을 전부 투자 통장으로 이체한다. 이때 각종 금융상품으로의 자동이체가 시작되기 전에 하도록 유의한다. 변액연금보험 등 저축성 보험은 보험료가 2회 이상 미납되면 실효가 되므로 보험료 연체 관리에 신경을 써야 한다. 만약 이것이 불안하다면 저축성 보험의 보험료는 고정 지출을 관리하는 급여 통장에서 자동이체 되도록 하는 게 좋다.

투자 통장에서 각종 투자 상품으로의 자동이체가 끝나고 남은 돈은 전부 예비 통장으로 이체한다. 이렇게 모인 돈이 충분한 예비자금을 제외하고도 목돈이 되면 정기예금이나 펀드 등에 다시 투자한다.

통장을 정리하거나 인터넷뱅킹으로 거래 내역을 조회하면 매월 같은 거래 내역이 반복해서 표시되기 때문에 어떤 금융상품에 얼마가 투자되고 있는지 쉽게 확인할 수 있다. 투자 통장으로 이용할 금융상품은 다른 금융상품으로의 자동이체(또는 금융상품 거래)가 자유로운 은행의 저축예금이나 증권사의 CMA가 적합하다.

● **투자 통장의 거래 내역**(통장 정리 또는 인터넷뱅킹으로 확인)

11월 거래 내역

거래일자	거래내용	입금	출금	잔액	설명
11-11	자금이체		110,000	0	남은 잔액을 전부 예비 통장으로 이체
11-10	목돈모아정기적금		300,000	110,000	자동이체 입금
11-10	부자되기적립식펀드		200,000	410,000	자동이체 입금
11-10	장기주택마련저축		100,000	610,000	자동이체 입금
11-10	장수변액연금보험		200,000	710,000	자동이체 입금
11-02	자금이체	910,000		910,000	급여 통장으로부터 이체 입금

12월 거래 내역

거래일자	거래내용	입금	출금	잔액	설명
12-11	자금이체		610,000	0	남은 잔액을 전부 예비 통장으로 이체
12-10	목돈모아정기적금		300,000	610,000	자동이체 입금
12-10	부자되기적립식펀드		200,000	910,000	자동이체 입금
12-10	장기주택마련저축		100,000	1,110,000	자동이체 입금
12-10	장수변액연금보험		200,000	1,210,000	자동이체 입금
12-02	자금이체	1,410,000		1,410,000	급여 통장으로부터 이체 입금

지금까지 돈 관리 시스템의 기본적인 형태와 4개의 통장을 활용하는 방법에 대해 설명했다. 이를 참고로 당신의 상황에 맞게 돈 관리 시스템을 만들어서 이용해보기 바란다.

예를 들어 맞벌이 가정이라면 부부가 각자 4개의 통장을 별도로 만들어서 관리할 수도 있고, 급여 통장 이외의 다른 통장은 한 사람의 것으로 모아서 관리할 수도 있다. 외벌이 가정이라면 급여 통장, 투자 통장, 예비 통장은 가장의 것으로 관리하되 가장의 소비 통장과는 별도로 살림을 책임지는 배우자 전용 소비 통장을 만들어 관리하면 효과적이다. 미혼이라면 위의 기본적인 형태로 시스템을 구성하여 돈을 관리하면 문제가 없을 것이다.

참고로 나의 경우 급여 통장과 소비 통장은 은행의 저축예금을 이용하고 있으며, 예비 통장은 국공채 MMF, 투자 통장은 은행의 저축예금과 증권사의 CMA를 함께 이용하고 있다.

당신의 현재 금융 상태를 내가 제시한 돈 관리 시스템에 맞도록 재구성하려면 다소 번거로움이 따를 것이다. 그리고 처음 몇 달간은 시행착오를 겪게 될 수도 있다. 하지만 이것이 매우 편리한 시스템이라는 것을 곧 알게 될 것이다.

다음의 순서를 참고하여 당신만의 돈 관리 시스템을 만들어보기 바란다. 주로 은행거래를 하는 경우를 예로 들었지만 증권사를 함께 거래하는 경우에는 CMA 등을 적절히 이용하면 된다.

우선 주거래 은행에서 4개의 통장을 만든다.
- 급여 통장으로 사용할 저축예금 계좌를 만든다(직장인이라면 누구나 가지고 있을 것이므로 별도로 만들 필요는 없다)
- 소비 통장으로 사용할 저축예금 계좌와 이에 연결된 체크카드를 함께 만든다.
- 투자 통장으로 사용할 저축예금 계좌를 만든다.
- 예비 통장으로 사용할 MMF 계좌를 만든다.
- 계좌간 자동이체 등을 인터넷으로 자유롭게 처리할 수 있도록 모든 계좌를 인터넷뱅킹에 등록한다.

그리고 급여 통장은 다음과 같이 세팅한다.
- 모든 고정 지출의 자동납부 계좌를 급여 통장으로 지정(또는 변

경)하고, 자동납부일은 급여일과 월말(또는 특정일) 사이로 지정한다. 각종 공과금이나 보장성 보험료 등의 자동납부 방법 변경은 보통 전화 또는 인터넷으로 쉽게 처리할 수 있지만, 납부 대상 기관에 따라서는 반드시 은행이나 해당 기관에 방문해서 처리해야 하는 경우도 있다.

- 매월 일정한 금액이 소비 통장으로 자동이체 될 수 있도록 계좌 간 자동이체 등록을 하고, 자동이체일은 고정 지출의 자동납부가 모두 끝나는 날의 다음날(또는 특정일)로 지정한다.

- 소비 통장으로 돈이 자동이체된 직후 급여 통장의 최종 잔액을 투자 통장으로 전부 이체하여 다음 급여일까지 급여 통장의 잔액을 0원으로 유지한다.

투자 통장은 다음과 같이 세팅한다.

- 모든 금융상품(보장성 보험료 제외)의 자동이체 계좌를 투자 통장으로 지정하고, 자동이체일은 모두 같은 날 또는 비슷한 날짜로 지정한다.

- 금융상품의 자동이체가 모두 끝나면 투자 통장의 최종 잔액을 예비 통장으로 이체하여 투자 통장의 잔액을 0원으로 유지한다 (투자 통장에 입금된 돈을 투자하는 방법에 대해서는 '제5장 실전 투자 관리' 편에서 자세히 다룰 것이다).

● **4개의 통장에 적합한 금융상품**

이렇게 하면 돈 관리를 위해 소비하는 시간은 매월 초에 급여 통장의 최종 잔액을 확인하고 투자 통장으로 이체하기 위한 잠깐(굳이 시간으로 표현하자면 5분), 그리고 투자 통장에서 각종 금융상품으로의 자동이체가 끝난 후 최종 잔액을 확인하고 예비 통장으로 이체하기 위한 잠깐(역시 5분)뿐이다.

그리고 지출 내역과 투자 내역을 확인할 필요가 있을 때는 통장 별로 거래 내역이 질서 정연하게 정리되어 있으므로 편리하게 조회해볼 수 있다. 인터넷뱅킹을 이용하지 않는다면 한 달에 한두 번 은행에 직접 방문하거나 가까운 자동화기기를 이용하여 잔액을 이체하고, 통장 정리를 해서 확인해보면 된다.

돈 관리 상태를 점검하자

적어도 1년에 한두 번 정도는 돈 관리 상태를 점검해볼 필요가 있다. 이때 가장 중요한 것은 수입 중 얼마의 돈을 저축했는지와 지난해에 비해 순자산이 얼마나 증가했는지를 확인하는 일이다. 그리고 충분히 저축하지 못하고 있다는 생각이 들면 그 원인을 파악한 후 개선하기 위해 노력해야 한다. 사람들이 충분히 저축하지 못하는 이유는 많은 돈을 지출하기 때문이다.

물론 수입이 절대적으로 적거나 수입에 비해 부양해야 하는 가족이 많거나 부양 가족 중 중증의 만성질병 환자 혹은 장애인이 있어서 의료비 지출이 많은 경우는 좀 다르다. 이때는 근본적인 문제를 짚어보거나 수입을 늘리는 것, 정부나 공익단체 등의 도움을 받는 것 외에는 별다른 해결 방법이 없기 때문에 언급하기 조심스럽다.

그러나 많이 써서 돈이 모자라는 경우에는, 지출하는 돈을 줄이면 그만큼 저축액은 늘어날 수 밖에 없다. 만약 소비를 상당히 절제함에도 불구하고 충분히 저축하지 못하고 있다면 고정 지출 중 자녀의 사교육비, 보장성 보험료, 대출 원리금 등을 지나치게 많이 지출하고 있는지 살펴봐야 한다. 이러한 것들은 절약할 수 있는 게 아니기 때문에 지출 금액 자체를 깎아내지 않으면 줄일 수 없다. 따라서 보장성 보험을 선별적으로 정리하거나 대출 원금 중 일부를 상환하는 등의 방법을 고려해야 한다.

수입의 몇 % 이상을 저축해야 하는지에 대한 기준은 스스로 정해야 한다. 이는 개인의 목표이자 자기 통제의 결과이기 때문이다. 우리들 모두는 서로 다른 여건 속에서 다른 방식으로 살아간다. 따라서 최대한 얼마를 저축할 수 있는지도 자신이 가장 잘 판단할 수 있다. 하지만 자신의 금융 상태와 수입·지출 상태 등에 어떤 문제가 있는지 스스로 판단하기 어려울 때도 있다. 이런 경우에는 금융회사의 전문가에게 상담을 받는 게 좋다. 여러 사람들을 만나보면 좋은 아이디어를 얻을 수 있을 것이다.

나는 엑셀 프로그램으로 간단한 표를 만들어 돈 관리 상태를 점검하고 있다. 다음 페이지의 그림처럼 총 5개의 시트로 구성되어 있으며, 첫 번째와 두 번째 시트의 내용을 입력하면 나머지 3개의 시트에서 자산과 부채, 수입과 지출, 저축 비율 등을 분석한 결과를 확인할 수 있다. (다산북스 홈페이지[www.dasanbooks.com] 지식자료실에 '돈 관리 상태 점검표' 양식 참조. 누구나 다운로드 받아서 활용할 수 있다.)

● 자산과 부채 현황 입력

	구분		본인	배우자	계
자산	금융자산	예비자금	5,000,000	-	5,000,000
		투자자금(채권형)	10,000,000	-	10,000,000
		투자자금(주식형)	10,000,000	-	10,000,000
		금융자산 총계			25,000,000
	부동산	거주목적 부동산(전세금 포함)	300,000,000	-	300,000,000
		투자목적 부동산	-	-	-
		부동산 총계			300,000,000
	기타	기타 자산	5,000,000	-	5,000,000
		기타 자산 총계			5,000,000
		자산 총계			330,000,000
부채	부채	주택대출	50,000,000	-	50,000,000
		신용대출	-	-	-
		기타 부채	-	-	-
		부채 총계			50,000,000
		순자산 총계(= 자산 총계 - 부채 총계)			280,000,000

● 수입과 지출 현황 입력

	구분		본인	배우자	계	
수입	세전수입	급여(또는 월평균수입)	3,000,000	3,000,000	6,000,000	노란색 부분만 입력하세
		급여외 수입	-	-	-	
		수입 총계			6,000,000	
공적지출	공적지출	소득세	100,000	100,000	200,000	
		국민연금보험료	100,000	100,000	200,000	
		건강보험료	100,000	100,000	200,000	
		고용보험료	10,000	10,000	20,000	
		기타	-	-	-	
		공적지출 총계			620,000	
		실수입 총계(= 수입 총계 - 공적지출 총계)			5,380,000	
	부채상환원리금	주택대출상환원리금	500,000	-	500,000	
		신용대출상환원리금	200,000	-	200,000	
		기타부채상환원리금	100,000	-	100,000	
		부채상환원리금 총계			800,000	
	주택관련지출	임차료(월세 등)	300,000		300,000	
		주택관리비	200,000		200,000	
		공과금(수도,가스 등)	50,000		50,000	
		통신비(유선,인터넷 등)	50,000		50,000	

● 자산과 부채 현황 분석 결과

자산＋부채 현황표			
자산		**부채**	
예비자금	5,000,000	주택대출	50,000,000
투자자금	20,000,000	신용대출	-
부동산	300,000,000	기타 부채	-
기타 자산	5,000,000		
※금융자산:	25,000,000		
자산 총계	330,000,000	부채 총계	50,000,000
순자산(=자산 총계 - 부채 총계)			280,000,000

〈자산 구성비율〉　　〈부채비율〉

금융자산
7.6%

부채
15.2%

부동산/기타
92.4%

순자산
84.8%

입력 1.자산과 부채ㅣ입력 2.수입과 지출ㅣ출력 1.자산과 부채ㅣ출력 2.수입과 지출ㅣ출력 3.저축 비율ㅣ

● 수입과 지출 현황 분석 결과

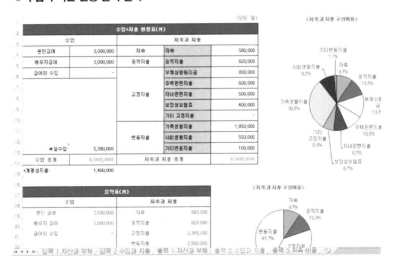

(단위 : 원)

수입＋지출 현황표(月)			
수입		**저축과 지출**	
본인급여	3,000,000	저축	저축	580,000
배우자급여	3,000,000	공적지출	공적지출	620,000
급여외 수입	-	고정지출	부채상환원리금	800,000
			주택관련지출	600,000
			자녀관련지출	500,000
			보장성보험료	400,000
			기타 고정지출	-
		변동지출	가족생활지출	1,850,000
			사회생활지출	550,000
			기타변동지출	100,000
※월수입	5,380,000			
수입 총계	6,000,000	저축과 지출 총계		6,000,000

※계절성지출: 1,400,000

요약표(月)			
수입		**저축과 지출**	
본인 급여	3,000,000	저축	580,000
배우자 급여	3,000,000	공적지출	620,000
급여외 수입	-	고정지출	2,300,000
		변동지출	2,500,000

〈저축과 지출 구성비율〉

기타변동지출
1.7%
사회생활지출
9.2%
가족생활지출
30.8%
기타
고정지출
0.0%
보장성보험료
6.7%
자녀관련지출
8.3%
주택관련지출
10.0%
부채상환
원리금
13.3%
공적지출
10.3%
저축
9.7%

〈저축과 지출 구성비율〉

저축
9.7%
공적지출
10.3%
고정지출
38.3%
변동지출
41.7%

입력 1.자산과 부채ㅣ입력 2.수입과 지출ㅣ출력 1.자산과 부채ㅣ출력 2.수입과 지출ㅣ출력 3.저축 비율ㅣ

136

● 저축 비율 분석 결과

예비자금 비율

구분	비율	참고
예비자금	1.04	예비자금 배수(고정지출+변동지출 대비)
보장성보험료	7.4%	보장성보험료 지출 비율(실수입 대비)

저축과 지출 비율

구분	비율	참고
저축	10.8%	저축 비율(실수입 대비)
고정지출	42.8%	고정지출 비율(실수입 대비)
변동지출	46.5%	변동지출 비율(실수입 대비)

부채 비율

구분	비율	참고
총부채	15.2%	총부채 비율(자산 총계 대비)
총부채상환원리금	14.9%	총부채상환원리금 지출 비율(실수입 대비)
주택대출상환원리금	9.3%	주택대출상환원리금 지출 비율(실수입 대비)
신용대출상환원리금	3.7%	신용대출상환원리금 지출 비율(실수입 대비)
기타부채상환원리금	1.9%	기타부채상환원리금 지출 비율(실수입 대비)

*실수입: 소득세, 국민연금보험료 등 공적지출을 제외한 후의 실질 수입

입력 1.자산과 부채 │ 입력 2.수입과 지출 │ 출력 1.자산과 부채 │ 출력 2.수입과 지출 │ 출력 3.저축 비율

제5장

실전
투자
관리

투자는 마라톤이다

부자가 되려면 충분히 저축하고, 복리 투자를 지속해야 한다.

나는 앞서 복리 투자를 투자 행위 자체로서 이해해야 한다는 점을 강조했다. 즉 투자 원금에서 발생된 수익을 다시 원금과 함께 반복(또는 계속)해서 투자하는 행위가 복리 투자다. 또한 복리의 마법을 경험하기 위해서는 충분한 시간이 필요하다. 이때의 시간은 차라리 '세월'이라는 표현이 더 어울릴 만큼 긴 시간일 수도 있다.

많은 사람이 마법의 성에 도착하지 못하는 이유는 이 여행이 너무 지루해서 중간에 자주 한눈을 팔거나 포기하기 때문이다.

토끼와 거북이의 경주에서 토끼가 진 이유도 같다. 빠른 토끼는 목적지까지의 여행이 너무 지루한 나머지 자주 한눈을 팔았다. 자만심이 가득 찬 토끼는 그래도 거북이를 이길 수 있으리라 생각했다. 반면에 거북이는 느린 걸음이지만 목적지를 향해 묵묵히 걷기만 했다.

거북이 역시 매우 지루했을 것이다. 하지만 거북이는 한눈을 팔지 않았고, 포기하지도 않았으며, 결국 경주에서 승리했다.

이를 마라톤 경기에 비유할 수도 있다. 마라톤은 매우 지루한 경기다. 그렇기 때문에 자신과의 싸움이라고도 한다. 인내력 없이는 완주조차 할 수 없으며, 인내력이 많은 사람도 100m 달리기 하듯이 전력으로 질주한다면 1km도 못 가 쓰러질 것이다. 자신의 체력을 알고 적당한 속도로 뛰어야만 40km 이상의 거리를 완주할 수 있다.

투자도 마라톤 경기처럼 해야 한다. 성급한 마음을 버리고 자신의 분수(경제력)에 맞는 소비 생활을 유지하며, 충분히 저축한 후 그 돈을 지속적으로 투자해야 한다. 목돈을 마련했다면 차를 바꾸는 데 돈을 써버리기보다는 그 돈을 계속 투자해야 하며, 이번 달에 보너스를 받거나 장사가 잘 되어서 평소 때보다 많은 수입이 생겼다면 해외여행을 하는 데 돈을 써버리기보다는 역시 그 돈을 추가로 투자해야 한다.

물론 현재의 삶도 10년 또는 20년 후만큼이나 중요하기 때문에 열심히 살아가는 자신과 가족을 위해 때로는 충분히 보상해야 할 필요가 있다. 하지만 현재의 지출 욕구를 뒤로 미루면 미룰수록, 그리고 지출액을 줄이면 줄일수록 나중에는 더 큰 보상을 받을 수 있을 것이다.

우리 모두는 마라톤 경기에서 우승할 필요까지는 없기 때문에 남과 자신을 비교하면서 비관하거나 자만할 이유는 없다. 경기에 참여한 사람들은 각자 체력과 목표가 서로 다르기 때문이다. 투자의 마라톤 경기에서 중요한 것은 남을 이기고 승리하는 게 아니라 자신을 이기고 완주하는 일이다.

이번 장에서는 투자의 마라톤 경기에서 완주하기 위해 알아야 할 투자 원칙과 전략을 살펴보고, '채권형 금융상품'과 '주식형 금융상품'에 적절히 돈을 배분하는 방법에 대해 이야기 하겠다(지금부터는 '채권형 금융상품'은 '채권형'으로, '주식형 금융상품'은 '주식형'으로 표기한다).

나는 단순한 금융상품에 단순한 방법으로 투자하는 게 장기간 또는 평생 투자를 지속하기에 가장 좋은 방법이라고 생각한다. 따라서 몇 가지 금융상품들만을 알아 두고, 이를 활용하는 법을 익히기를 권한다.

꼭 알아야 할 금융상품들에는 채권형인 정기예금, 정기적금, MMF 또는 CMA, 금리형연금보험 등과 주식형인 주식형펀드, 변액연금보험 등이 있다.

사실 이외에도 유용한 금융상품들은 많이 있다. 대표적으로 소득공제 혜택이 있는 장기주택마련저축과 연금저축도 좋은 상품이며, ELS, ELF, ELD 등 파생금융상품도 활용하기에 따라서는 좋은 투자 대상이 될 수 있다. 그뿐만 아니라 금이나 외환을 보유하는 것도 장기적으로는 좋은 투자 방법이 될 수 있다. 무주택자라면 청약통장에 가입해야 하는 것은 기본 중의 기본이다. 하지만 이런 종류의 금융상품들에 대한 공부는 독자의 몫으로 남겨두겠다.

부동산 투자에 대해서도 논하지 않을 것이다. 부자가 아닌 사람들의 경우 대부분 주택을 구입하는 순간 자산의 절반 이상을 부동산에 투자하는 꼴이 된다. 이후 금융자산을 계속 늘리더라도 비율은 좀처럼 바뀌지 않는다. 따라서 거주 주택 외에 추가적인 부동산 투자(부동산 간접투자상품 포함)는 금융자산과 부동산의 투자 비율이 70:30 정도가 되기 전에는 필요치 않다고 생각한다.

원칙과 전략

복리 투자를 지속하려면 투자 원칙을 정하고, 그 원칙을 반영한 투자 전략을 수립한 후 실행에 옮겨야 한다. 원칙과 전략이 없다면 유행을 좇아 남 따라 하기식의 투자를 하거나, 잘 알지도 못하는 대상에 투자하기 십상이다. 이렇게 해서는 좋은 결과를 기대하기 어렵다. 마라톤 선수가 완주를 하기 위해서는 일관된 속도를 유지하며 계속 달려야 하듯이, 투자를 할 때도 장기간 유지할 수 있는 일관된 원칙과 전략을 갖는 일은 매우 중요하다.

원칙이란 어떤 경우에도 변하지 않는 것이며, 전략이란 투자 목적 또는 투자 환경의 변화에 따라 바뀔 수도 있는 것이다. 나는 이에 관해서 '잃지 않는 투자를 해야 한다'고 강조한다. 이것은 나의 개인적인 투자 원칙이기도 하다. 그리고 잃지 않는 투자를 하려면 다음의 두 가지를 함께 고려해야 한다.

① 투자 원금을 지키는 것
② 물가상승에 따른 돈의 가치를 유지하는 것

과거 고금리 시대에는 은행의 정기예금이나 정기적금에만 투자해도 두 가지 모두를 실현할 수 있었기 때문에 투자 전략은 오로지 절약하고 저축하는 것만으로도 충분했다. 하지만 저금리 시대에는 다르다. 저금리 시대에 잃지 않는 투자를 하기 위해서는 다음과 같은 전략이 필요하다.

① 단기간 투자할 때는 투자 원금을 지키는 게 더 중요하다. 따라서 원금 손실 가능성이 없거나 투자 위험이 낮은 채권형에 주로 투자한다.
② 장기간 투자를 할 때는 물가상승에 따른 돈의 가치를 유지하는 게 더 중요하다. 따라서 투자 위험은 높지만 금리보다 높은 수익률을 기대할 수 있는 주식형에 주로 투자한다.

다음의 두 가지 상황에 대해 생각해보자.

첫 번째. 당신에게 현재 1000만 원이 있고, 이 돈으로 1년 뒤 주택 전세금을 올려줘야 하는 경우다. 이 돈을 세후 수익률 연 3%인 1년 만기 정기예금에 투자하면 만기 때 1030만 원을 돌려받게 된다. 높은 수익을 기대할 수는 없지만 차질 없이 전세금을 올려 줄 수 있다.

반면에 주식형펀드에 투자하면 1년 뒤 얼마의 돈을 받게 될지 예측할 수가 없다. 왜냐하면 미래의 주가가 어떻게 변동될 지 알 수 없기 때문이다. 주가는 매일, 매순간 변동한다. 심지어 1년 내내 오르기도 하며, 1년 내내 떨어지기도 한다. 수익을 얻게 되면 다행이지만 원금 손실이 발생하면 전세금을 올려주지 못하게 된다. 따라서 이런 경우에는 원금이 보장되는 정기예금이나 MMF처럼 원금 손실 가능성이 낮은 채권형에 투자해야 한다.

두 번째. 당신에게 현재 1000만 원이 있고, 이 돈을 단기간에 사용할 일이 없는 경우다. 이때는 이야기가 달라진다. 주가는 떨어지면 반드시 오르고, 오른 후에는 반드시 떨어진다. 즉 투자 기간 동안 주가 하락으로 손해를 봤다면 향후 주가가 상승하여 원금을 회복하고 수익을 얻을 수 있을 때까지 기다려볼 수 있으며, 반대로 주가 상승으로 이익을 봤다면 적당한 선에서 투자를 중단하고 돈을 회수할 수도 있다.

주가의 변동을 통제할 수는 없지만 투자 기간이 길면 길수록 이런 선택(또는 결정)의 기회를 많이 가질 수 있기 때문에 결과적으로 투자 위험을 어느 정도 관리할 수 있게 된다. 따라서 이런 경우에는 금리보다 높은 수익을 얻기 위해 주식형펀드에 투자하는 것을 고려해볼 수 있다.

목돈을 거치식으로 투자하는 경우를 예로 들었지만 적립식으로 투자하는 경우에도 마찬가지다. 주식형펀드에 매월 일정한 돈을 적금처럼 불입한다고 해서 안정성은 적금과 비슷하면서도 수익은 적금보다 좋을 것이라고 생각하면 안 된다. 적립식으로 투자하면 투자 위험이 많이 줄어드는 것은 사실이지만 그렇다고 아예 사라지지는 않는다. 최종 매도할 때의 주가가 평균 매입 주가보다 낮을 경우에는 손실이 발생할 수밖에 없다. 따라서 적립식으로 투자할 때도, 향후 주가가 충분히 상승했을 때 수익을 얻겠다는 생각으로 장기간 투자해야 한다.

이처럼 투자 기간에 따라 투자 위험에 노출되는 정도가 달라지기 때문에 기간을 고려하여 채권형에 투자할지 주식형에 투자할지를 결정하는 것은 매우 중요한 일이다. 따라서 투자에 앞서 향후 지출 계획 등을 검토한 후 가까운 미래에 많은 돈을 지출할 계획이 있다면 채권형의 투자 비중을 높이고, 그렇지 않다면 주식형의 투자 비중을 높이는 식의 투자 전략이 필요하다(이처럼 채권형과 주식형의 투자 비율을 결정하고, 이 비율을 장기간 유지하는 것을 '자산 배분 전략'이라고 한다). 또한 투자 기간 중 예상치 못한 일로 많은 돈을 지출해야 할 수도 있기 때문에 충분한 예비자금을 보유하고 있어야 한다.

투자 기간을 단기 또는 장기로 구분할 때 절대적인 기준이 있지는 않다. 1년, 3년 등 특정 기간을 기준으로 채권형에 투자할지 주식형에 투자할지를 결정하는 것은 일종의 지침이 될 수 있을 뿐이다. 따라서 이런 문제로 고민하기보다는 투자 목적을 자녀교육 자금 마련,

노후 자금 마련, 주택 자금 마련 등으로 크게 분류하고 각 목적에 따라 적절히 자산을 배분하여 투자하는 게 좋다.

TIP 평균 매입 주가

주식에 투자할 때 가장 큰 고민은 '언제 사서 언제 팔 것인가'이다. 아무리 좋은 기업의 주식도 살 때의 가격보다 낮은 가격에 팔면 손해를 볼 수밖에 없다. 당연히 주가가 쌀 때 사서 비쌀 때 팔아야 수익을 얻게 되지만 그 시점을 맞추기는 상당히 어렵다. 따라서 매매시점을 맞추려고 애쓰기보다는 주가가 쌀 때는 많이 매입하고, 주가가 비쌀 때는 적게 매입하여 평균적인 매입 가격을 낮추는 전략을 사용할 수 있다.

예를 들어 3만 원을 일시에 투자하지 않고, 1만 원씩 3번 나누어서 투자하는 경우를 생각해보자. 주가가 50원이면 1만 원으로 200주를 살 수가 있다. 그리고 주가가 100원이면 같은 돈으로 100주를 살 수 있으며, 주가가 200원이면 50주 밖에 사지 못한다.

- 주가가 50원일 때 200주 매입 가능
- 주가가 100원일 때 100주 매입 가능
- 주가가 200원일 때 50주 매입 가능

가장 좋은 방법은 주가가 50원일 때 3만 원을 전부 투자하여 200원일 때 파는 것이지만 잘못하면 200원일 때 전부 투자하여 50원일 때 팔아야 하는 불행한 일도 생길수 있다. 이때 1만 원씩 적립식으로 투자하면 총 3만 원을 투자하여 총 350주를 매입할 수 있으므로 주당 86원(30,000원, 350주)에 사들인 효과가 생긴다. 이 86원이 바로 평균 매입 주가다. 따라서 최종 매도할 때의 주가가 200원이라면 50원에 사서 200원에 팔 때 만큼의 수익을 얻을 수는 없지만 86원에 매입한 주식을 200원에 파는 셈이므로 주당 114원의 수익을 얻게 된다.

반면에 최종 매도할 때의 주가가 50원이라면 주당 36원의 손해를 보게 되지만 200

원에 사서 50원에 팔 때보다는 적은 손실이 생긴다. 이와 같은 현상을 흔히 '코스트 애버리징 효과(Cost Averaging Effect)'라고 부른다.

● **적립식 투자로 손실이 생기는 경우**

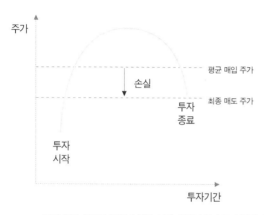

* 투자 종료 시점의 주가가 투자 시작 시점의 주가보다 올랐더라도 손실이 발생 할 수 있다.

● **적립식 투자로 수익을 얻는 경우**

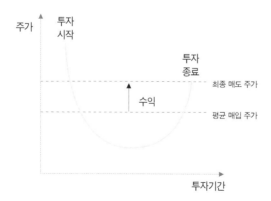

* 투자 종료 시점의 주가가 투자 시작 시점의 주가보다 떨어졌더라도 수익을 얻을 수 있다.

목적에 따라 자산을 배분하자

사람들이 세상을 살아가는 모습은 서로 다르지만 인생이라는 큰 그림을 놓고 보면 밑그림은 대체로 비슷하다.

태어나고, 자라고, 교육을 받고, 직업을 갖고, 결혼하고, 자녀를 낳고, 집을 마련하고, 자녀를 교육시키고, 자녀를 결혼시키고, 은퇴를 하며, 결국에는 다시 흙으로 돌아가는 게 사람이다. 종교의 성직자처럼 특수한 삶을 사는 사람들을 제외하면 어떤 일을 먼저 겪게 되는지에 차이가 있을 뿐, 대부분의 사람들은 이 과정을 공통적으로 겪게 된다. 물론 자녀를 갖지 못하거나 특별한 상황 때문에 남들과 조금은 다른 삶을 살게 될 수도 있지만 그렇다 하더라도 사람이 나고 지는 과정은 크게 다르지 않다.

우리가 살아가면서 미리 준비하지 않으면 곤란할 만큼 많은 돈이 필요한 시기는 크게 5가지로 요약된다.

- 결혼할 때
- 주택을 구입할 때
- 자녀를 대학에 보낼 때
- 자녀를 결혼시킬 때
- 은퇴한 후

따라서 가장 중요한 투자 목적도 크게 5가지로 분류된다.

- 결혼 자금 마련
- 주택 자금 마련(주택대출금의 상환도 포함)
- 자녀 대학 자금 마련
- 자녀 결혼 자금 마련
- 노후 자금 마련

　사람들은 대체로 가장 빨리 다가올 문제에 대해서만 고민하는 경향이 있다. 미혼인 때는 결혼 자금을 마련하는 문제에 주로 몰두하며(소비하고 즐기는 데 몰두하지 않는다면 다행이다), 결혼 후에는 주택을 구입하는 문제에 주로 몰두한다. 주택을 마련한 후에는 주택대출을 상환하는 데 몰두하며, 5년 또는 10년에 걸쳐 주택대출을 모두 갚고 나면, 이제 자녀를 대학에 보낼 때가 가까워 온다. 하지만 그동안 소비도 많이 할 것이고, 남들에게 뒤질 새라 자녀를 위한 사교육비 지출도 제법 많이 할 것이므로 많은 돈이 남을 리 없다. 따라서 자녀가 대학을 졸업할 때쯤이면 이제야 비로소 노후가 걱정되기 시작한다. 그리고 자녀를 결혼시킨 후에는 집 빼면 가진 자산이 많지 않기 때문에 걱정은 현실이 된다. 집을 팔아서 노후 자금을 마련하거나, 주택 연금을 받아 생활하려 해도 정든 집을 떠나기 어렵고, 한편으로는 자녀에게 물려줘야 할 것 같은 생각도 들기 때문에 쉽게 결정하지 못한다. 결국 적은 돈이라도 벌기 위해 다시 일을 찾아 나서야 한다. 쉬기만 하면 건강에도 좋지 않다는 자기 위안을 하면서 말이다. 하지만 몸이 병들었다면 이마저도 어렵다.

실제로 많은 사람이 이런 삶을 산다. 마치 어려운 수학 문제를 하나 풀고, 그다음 더 어려운 문제를 풀어야 하는 식이다.

사람들이 당장 눈앞에 보이는 문제에 주로 몰두하고, 그다음 문제에 대해서는 크게 고민하지 않는 것은 어찌 보면 당연하다. 집에 불이 났다면 눈앞에 보이는 불을 끄면서 불길을 헤쳐 나가야, 살아서 집 밖으로 빠져 나올 수 있는 것과 같다. 그러나 삶에서 겪게 되는 불은 아무리 끄고 또 꺼봐도 시간이 갈수록 더 큰 불이 앞을 가로막는다. 때문에 많은 사람들을 당황시킨다.

앞의 5가지 투자 목적들 중 가장 중요한 것은 무엇일까? 미리 준비하지 못할 경우 시간이 갈수록 큰 불이 되어 당신을 괴롭히게 될 문제는 어떤 것일까? 나는 자녀 대학 자금과 노후 자금을 마련하는 일이라고 생각한다.

결혼 자금이 부족하면 냉수만 떠놓고도 결혼식을 올릴 수 있으며, 반 지하 월셋방에서라도 신혼생활을 시작할 수 있다. 주택 자금을 마련하지 못한다면, 그래서 평생 내 집을 갖지 못한다면 불편하고 서러울지언정 삶을 유지하기 어려울 만큼 큰 문제가 되지는 않는다. 하지만 자녀 대학 자금을 준비하지 못해 자녀에게 고등교육의 기회를 주지 못한다면, 그리고 노후 자금을 준비하지 못해 은퇴한 자신에게 최소한의 여유를 주지 못한다면 심각한 문제가 발생한다.

대학 교육이 자녀의 미래를 결정한다고까지 말할 수는 없지만 매우 큰 영향을 미치는 것은 분명한 사실이다. 더 이상 시골의 어느 초등학교를 졸업한 후 곧바로 상경하여 몸뚱이만으로 성공 신화를 만들어낼 수 있는 시대가 아니다. 만약 가난이 대물림되는 게 사실이라면, 이 대물림을 끊을 수 있는 가장 좋은 방법도 고등교육을 받고 고등교육을 받은 사람들의 사회에서 그들과 함께 공존하는 것이다.

경제적으로 아무리 어려워도 부모로서 의지만 있다면 자녀를 고등학교까지 교육시키는 것은 가능하다. 하지만 대학 교육을 위해 연간 1000만 원이 필요한 시대에 자녀를 대학에 보내는 일은 돈 없이 의지만으로는 어렵다.

부모의 도움을 충분히 받지 못하는 대학생들은 공부에 열중하기보다는 돈 벌이에 열중하고 있으며, 싼 값에 노동력을 착취당하고 있다. 심지어 큰돈을 벌 수 있다고 꾀이는 불법적인 피라미드식 판매 회사(이런 회사들은 합법적인 네트워크마케팅 회사로 위장되어 있다)의 유혹에 넘어가 친구 또는 선후배들과의 인간관계를 상실하는가 하면, 학자금 대출의 탈을 쓴 고리사채의 늪에 빠져 극심한 고통을 겪기도 한다. 버거운 현실이다.

자녀가 대학에 가고 싶어 한다면, 그리고 대학을 졸업한 후에도 계속 깊은 공부를 하고 싶어 한다면, 최대한 뒷바라지를 해주고 싶은 게 모든 부모의 마음이다. 그러나 때가 돼서 모든 것을 해결하려면 너무 힘들다. 조금씩이라도 지금부터 준비하는 게 현명한 방법이다.

준비되지 않은 노후 역시 치명적이다. 수입이 끊어진 상태에서 가진 돈만으로 생활을 계속해야 하기 때문이다. 은퇴하기 전에 비해 생활비용은 많이 줄일 수 있을지는 몰라도 의료비 지출이 늘어날 가능성이 높기 때문에 이전보다 더 많은 돈이 필요할 수도 있다. 또한 인간의 수명을 예측하거나 인위적으로 결정할 수는 없기 때문에 가진 돈이 언제 바닥날 지 모른다면 더더욱 불안할 것이다. 이런 이유 때문에 평균수명 100세 시대가 멀지 않은 지금, 일부에서는 준비되지 않은 노후를 재앙이라고까지 표현한다. 특히 여성의 경우 배우자와의 연령 차이와 평균수명 등을 고려하면 노후를 10년 이상 홀로 보내게 될 가능성이 높기 때문에 남성에 비해 좀 더 심각한 문제가 될 수 있다.

과거처럼 부모를 부양하고, 자식들에게 부양을 받을 수 있는 시대는 이미 끝났다. 2016년 통계청 발표에 따르면 우리나라 노인자살률은 10만 명당 53.3명으로 OECD회원국 평균 노인 자살률의 3배 수준

에 이른다. 가난, 질병, 외로움, 우울증, 자식에게 짐이 되기 싫음 등
이 자살의 주된 원인이라고 하니 끔찍한 일이다.

가난한 노인들이 한결같이 하는 말이 있다. "자식들 키우며, 열
심히 살았는데 어쩌다 보니까……" "자식들도 먹고살기 힘들어
서……".

당신도 나처럼 먹고살기가 점점 더 힘들어진다는 것을 온몸으로
느끼고 있다면, 늙어서 자녀에게 부양을 받기는커녕 은퇴한 후에도
오히려 자녀에게 도움을 줘야 할지 모른다는 생각을 해야 한다. 외환
위기 이후 우스갯소리로 '백수 부자(父子)'라는 말이 생겼다. 아버지
는 조기 퇴직하여 백수, 자식은 취업을 하지 못해 백수라는 뜻이다.
가슴 아픈 농담이다.

이처럼 자녀 대학 자금과 노후 자금을 마련하는 일은 삶의 가장 중
요한 문제임에도 불구하고, 가장 뒤늦게 찾아올 문제이기 때문에 사
람들의 관심을 제대로 받지 못한다.

지금 당장 자녀에게 좋은 옷을 입히고, 좋은 장난감을 사주고, 많
은 용돈을 주면서 풍족함을 느끼게 해주기보다는 이런 비용을 아껴
자녀의 교육비 마련을 위한 펀드 계좌를 만들고 꾸준히 투자하는 게
좀 더 나은 선택일 수 있다. 또한 지금 당장 자녀를 위해 허리가 휠
정도로 많은 사교육비를 지출하다가 노후에 자녀에게 짐이 되기보
다는 부담을 줄여 자신의 노후를 위해 조금이라도 더 투자를 하는 게
훨씬 더 나은 선택일 수 있다.

목적별 투자 배분

　자녀 대학 자금 마련을 위한 투자는 매월 저축할 수 있는 돈의 최
소 10%를 할애하면 좋다. 장기적인 계획으로 투자가 가능하다면 주
식형펀드에 투자한다. 이때 매월 적립식으로 투자하면서 주식을 장
기간 사 모은다는 생각으로 투자할 것을 권한다.

　만약 자녀의 대학 입학 시기가 10년 이상 남았다면 변액유니버셜
보험도 괜찮다. 하지만 투자 위험을 감수하고 싶지 않거나 자녀의 대
학 입학 시기가 향후 3년 미만이라면 채권형인 적금 등에 투자해야
하며, 꼭 주식형펀드에 투자하고 싶다면 투자 금액의 절반 이상은 원
금이 보장되는 적금이나 투자 위험이 상대적으로 낮은 채권형펀드 등
에 분산 투자해야 한다.

　노후 자금 마련을 위한 투자의 경우는, 매월 저축할 수 있는 돈의
최소 20%를 할애한다. 자녀 대학 자금보다 노후 자금에 투자 비중
을 더 두는 이유는 자녀의 교육은 당신이 직업을 갖고 수입을 유지하
는 동안에 끝날 가능성이 높지만, 노후 생활은 당신의 수입이 중단된
이후에 시작되며, 사망하기 전까지 끝나지 않을 것이기 때문이다. 더
큰 문제에 대비해 더 많은 준비를 해야 하는 것은 당연하다.

　사실 노후 자금을 충분히 준비하기 위해서는 전체 수입의 20% 이
상은 투자를 해야 한다. 따라서 내가 제시한 비율은 반드시 지켜야
할 최소 비율로 생각하는 게 좋다.

처한 상황에 따라서 노후 자금의 비율은 바뀔 수 있다. 만약 당신이 독신주의자이기 때문에, 또는 어떤 이유로든 노후를 혼자 보내게 될 가능성이 높다면 매월 저축할 수 있는 돈의 30% 이상을 노후 자금 마련을 위해 투자하라. 이는 최소 비율이다. 당신의 노후는 다른 사람들에 비해 좀 더 무거운 주제가 될 수 있다. 당신이 이미 40대 중반을 넘었다면 노후 문제는 이제 현실이라고 생각해야 한다. 하지만 공교롭게도 자녀의 교육을 위해 가장 많은 돈을 지출해야 하는 시기이므로 투자 비율을 지키기 위해서는 좀 더 큰 노력과 구체적인 고민이 필요할 것이다.

노후 자금은 장기적인 계획으로 투자할 수 있으므로 주식형에 투자하되 변액연금보험에 투자한다. (만약 투자 위험을 감수하고 싶지 않다면 채권형인 금리형 연금보험에 투자하는 것도 괜찮다.) 변액연금보험은 납입 보험료를 펀드에 투자하는 연금보험으로 이때 펀드는 주식과 채권에 함께 투자하는 혼합형펀드의 성격을 가지고 있다. 그리고 투자 수익률이 좋지 않아 원금 손실이 생겨도 연금 수령 시점까지 유지만 하면 그동안 납입한 보험료 원금을 기준으로 계산된 연금액을 지급한다. 이를 '최저연금적립금 보증제도'라고 하는데, 쉽게 말하면 투자 실적 악화 때에도 원금이 보장된다는 뜻이다. 단, 이를 위해 보험사는 매년 별도의 수수료를 펀드에서 차감하며, 연금 수령 시점이 되기 전에 해지하면 원금은 보장되지 않는다.

현재 노후 자금 마련을 목적으로 다른 종류의 연금상품이나 연금

전환이 가능한 저축성 보험 등에 투자하고 있다면 굳이 이런 상품을 해지하고 변액연금보험으로 갈아탈 필요는 없다. 왜냐하면 연금상품을 갈아타려면 그동안 소득공제로 돌려받았던 세금을 반납해야 하거나 사업비에 의한 원금 손실 등으로 인해 많은 비용이 발생될 수 있으며, 이렇게 지출된 비용을 새로운 상품에 가입하여 다시 수익으로 메우려면 상당히 오랜 시간이 걸리기 때문이다.

물론 장기적으로 보면 기존에 투자하던 상품을 정리하고 다른 상품에 투자를 시작하는 게 오히려 더 유리한 경우도 있다. 하지만 이런 결정은 충분히 검토한 후 스스로 확신이 설 때에만 해야 한다. '세상에서 가장 좋은 금융상품'이란 없다. 자신의 투자 계획과 투자 목적에 적합하다면 그것이 곧 가장 좋은 금융상품이다.

다만, 노후 자금 마련을 목적으로 투자할 금융상품을 선택할 때 꼭 고려해야 하는 조건이 있다. '종신연금 수령이 가능한가'하는 점이다. 종신연금이란 살아 있는 동안 기간에 제한 없이 그동안 투자하여 모은 돈(납입보험료+연금수령직전까지의 수익)을 분할하여 연금으로 지급한다는 뜻으로, 생명보험사의 연금보험이 가지고 있는 전통적인 기능이기도 하다.

인간의 수명을 예측하기는 어렵기 때문에, 노후에 돈이 바닥나지 않고 사망 직전까지 연금을 받을 수 있다는 점은 매우 큰 의미를 갖는다. 이런 점에서만 본다면 국민연금이나 공무원연금과 같은 공적연금에 강제로 가입하여 불입하는 돈을 아깝다고만 생각해서도 안 된다. 왜냐하면 공적연금은 일정 기간 이상 가입되어 보험료를 꾸준히 납입했다면 노후에 종신연금을 지급하고 이때의 연금액은 물가 등에 연동하여 매년 조정되기 때문에 물가 상승에 따른 연금액의 실질 가치도 어느 정도 유지할 수 있기 때문이다. 따라서 적은 돈이라도 변액연금보험에 장기간 투자하여 노후에 종신연금을 수령할 수 있다면 공적연금에서 지급하는 종신연금과 함께 노후 생활에 필요한 최소 생계비 정도는 확보할 수 있을 것이다.

변액연금보험도 투자한 돈이 전부 펀드에 투입되는 것은 아니기 때문에 10년 이상 유지해야만 비용 대비 충분한 수익을 얻을 수 있다. 따라서 은퇴(또는 퇴직) 시기가 임박했거나 어떤 이유로든 충분한 투자 기간을 확보하기 어렵다면 펀드나 적금 등 다른 금융상품에 투자하여 노후 자금을 마련해야 한다. 그리고 이렇게 모은 돈으로 일시납즉시연금보험에 가입하면 종신연금을 수령할 수 있다. 일시납즉시연금보험이란 목돈을 일시에 납입하면 다음 달부터 바로 종신연금을 지급하는 상품이다.

나는 은퇴 전까지 점차적으로 연금보험의 투자 비중을 늘려나갈 것이며, 은퇴 후에는 자산의 상당 부분을 연금 자산의 형태로 보유할 것이다. 왜냐하면 판단력이 흐려지고, 마음이 약해지는 노후에는 많은 자산을 처분 가능한 형태로 가지고 있기보다는 적은 돈이라도 정기적인 소득을 평생 유지할 수 있는 형태로 보유하는 게 안전하다고 믿기 때문이다.

특히 연금보험에 가입한 후 일단 종신연금을 수령하기 시작하면 본인을 포함한 어느 누구도 중도에 해지하여 해약환급금을 찾아 갈 수 없다. 따라서 노후에 있을지 모를 주변 사람들의 금전 요구나 돈을 노리고 접근하는 사기꾼들로부터 은퇴 자산을 보호할 수 있으며, 내가 연금을 수령하던 중 일찍 사망하면 최소 보증 지급 기간이 있기 때문에 아내와 딸이 나 대신 남은 기간의 연금을 수령할 수 있다. 이처럼 노후에도 바닥나지 않는 평생소득의 꿈은 나의 노력으로 얼마든지 현실이 될 수 있다.

한편, 매월 저축할 수 있는 돈 중에서 자녀 대학 자금과 노후 자금을 마련하기 위한 30%를 제외한 나머지 70%는 '채권형:주식형 = 50:50'의 비율로 배분하여 투자하는 것을 권한다. 내가 이 비율을 기준으로 제시하는 이유는 투자 위험과 투자 수익간의 균형을 유지하기에 가장 무난한 비율이라고 생각하기 때문이다.

예를 들어 집에서 직장까지 자동차를 운전하여 출근하는 경우를 생각해보자. 만약 자동차에 브레이크 페달은 없고 가속 페달만 있다면, 안전하게 목적지까지 도착할 수 없을 것이다. 중간중간 반복적으로 브레이크 페달을 밟아줘야만 앞 차와의 충돌도 피하고, 횡단보도를 지나는 사람도 피해갈 수 있다. 즉 브레이크 페달은 운전 때 발생할 수 있는 사고 위험을 없애거나 줄여주는 역할을 한다. 반대로 가속 페달은 없고 브레이크 페달만 있다면, 출발조차 할 수 없기 때문에 목적지까지 도착하는 것은 아예 불가능하다. 따라서 브레이크 페달과 가속 페달을 번갈아가며, 균형 있게 밟아주어야만 안전하게 목적지까지 도착할 수 있다.

이를 투자에 비유하면 채권형은 브레이크 페달, 주식형은 가속 페달의 역할을 하게 된다. 즉 안정성이 강한 채권형은 모든 돈을 주식형에만 투자했을 때 발생할 수 있는 투자 위험을 줄이는 역할을 하며, 수익성이 강한 주식형은 투자 수익을 높이는 역할을 한다. 따라서 '채권형:주식형 = 50:50'의 투자 비율을 유지하면 투자 위험과 투자 수익 간의 균형을 적절히 유지할 수 있게 된다.

이 비율을 기준으로 투자 위험을 줄이는 게 더 중요하다고 생각하는 사람(보수적인 투자 성향)은 채권형의 투자 비중을 높이고(60:40, 70:30 등), 높은 투자 수익을 얻는 게 더 중요하다고 생각하는 사람(공격적인 투자 성향)은 주식형의 투자 비중을 높이면(40:60, 30:70 등) 된다.

이때 주의할 것은 자녀 대학 자금과 노후 자금 마련을 위해 매월 저축할 수 있는 돈의 30%를 우선 주식형에 투자할 경우, 나머지 돈을 50:50으로 나누어 투자하더라도 전체적인 주식형의 투자 비율은 이미 65%에 이르게 된다는 점이다. 따라서 주식형의 투자 비중을 높이려 한다면 이 점을 고려해서 결정한다.

하지만 1~2년 이내에 주택을 구입할 계획이거나 전세금을 올려줘야 하는 등 가까운 미래에 많은 돈을 사용할 계획이 있다면 투자

성향에 관계없이 채권형의 투자 비중을 높이고, 주식형의 투자 비중을 낮추어야 한다.

왜냐하면 돈을 사용해야 하는 시기가 다가올수록 투자 수익보다는 필요한 돈을 제때에 정확히 회수하는 게 훨씬 더 중요하기 때문이다. 돈이 필요한 시점이 코앞에 다가왔는데, 주식형의 투자 비중이 높은 상태에서 주가가 큰 폭으로 하락하면 필요한 자금을 조달하는 데 어려움이 생길 수 있다.

자동차를 운전하다가 목적지에 이르면 가속 페달에서 발을 떼고, 서서히 브레이크 페달을 밟아줘야 하는 것과도 같은 이치다. 설령 주식형에 투자된 돈에 손실이 생긴 상태라도 이런 경우에는 원금 회복에 대한 미련을 버리는 게 좋다. 그렇지 않고 버티다가 더 큰 손실이 생기면 돈이 필요한 시점에 낭패를 볼 수 있기 때문이다.

자녀 대학 자금과 노후 자금 마련을 위해 투자하는 돈도 마찬가지다. 자녀가 대학에 입학할 시기가 다가오거나 본인이 은퇴(또는 퇴직)할 시기가 다가오면 채권형의 투자 비중을 높이고, 주식형의 투자 비중을 낮추어서 그동안 자란 열매를 수확하기 위한 준비를 해야 한다.

특히 은퇴 시기가 임박했거나 이미 은퇴했다면 수익성보다는 안정성에 무게를 두고 투자를 해야 한다. 따라서 이런 경우에는 채권형의 투자 비중을 최소 70% 이상으로 유지해야 한다.

구체적으로는 다음과 같다. 매월 저축할 수 있는 돈은 '1년 만기

● 모으고, 묶고, 굴리고

'정기적금:주식형펀드 = 50:50'의 비율로 배분하여 투자하고, 현재 보유 중인 목돈도 '1년 만기 정기예금:주식형펀드 = 50:50'의 비율로 배분하여 투자한다.

그리고 1년 뒤 정기적금의 만기일에 받게 되는 목돈은 정기예금에 다시 투자함과 동시에 새로운 기간을 정하여 정기적금의 투자를 계속한다. 이를 위해 가급적 정기적금과 정기예금의 만기일을 일치시키는 게 돈을 관리하기에 편리하다(정기적금 대신 MMF나 CMA에 매월 일정한 금액을 적립하는 것도 좋은 방법이다). 주식형펀드에 투자된 돈은 계속 쌓여나갈 것이므로 투자 비율을 조정해야 하는 경우 외에는 같은 방법으로 매월 투자를 계속한다.

그리고 이런 식의 투자 행위를 매년 반복한다. 즉 1년 동안 돈을 모으고, 1년 후 모인 돈을 묶어서 굴리는 투자를 반복하는 것이다.

이때 주의해야 할 점은 모은 돈을 묶어서 다시 정기예금에 투자하기 전, 향후 1년 이내에(정기예금의 다음 만기가 돌아오기 전에) 많은 돈을 사용할 계획이 있다면 그때 필요한 돈은 MMF(또는 CMA)에 따로 옮겨놓는다.

또한 그 사이 예비자금을 많이 지출하여 예비 통장의 잔액이 부족해졌다면 예비자금을 보충한다. 그렇게 하지 않으면 정기예금이나 정기적금을 중도에 해지해야 하는 문제가 생길 수 있다. 이를 방지하기 위해 정기예금은 1개의 계좌로 가입하기보다는 2개 이상의 계좌로 나누어서 가입해 예상치 못한 일이 생겼을 때 이자 손실을 줄이도록 한다.

예를 들어 2000만 원을 1개의 정기예금 계좌에 묶어두었는데, 1000만 원을 급하게 사용할 일이 생기면 부분 해지가 되지 않기 때문에 2000만 원 전체에 대해 약정된 이자를 받지 못한다. 하지만 1000만 원씩 2개의 계좌로 나누어서 가입했다면 나머지 한 개의 계좌는 계속 유지할 수 있으므로 1000만 원에 대한 이자 손실만 발생한다. 물론 부분 해지 또는 인출이 가능한 정기예금도 있지만 만기 전에 인출이 가능하다는 생각을 하게 되면 필요할 때마다 손을 대고 싶은 게 사람 마음이다. 따라서 일단 돈을 묶어두기로 결정했다면 부가적 기능보다는 투자 목적을 달성하는 데 집중하기 바란다.

현재 비과세 장기적금(장기주택마련저축)이나 청약통장 등에 투자하고 있다면 이런 상품들을 해지하거나 바꿀 필요는 없다. 다른 투자와 병행하면 된다.

투자 비율의 조정

채권형과 주식형의 투자 비율을 결정하고, 이에 맞추어 투자를 하더라도 시간이 경과하면서 두 개의 비율은 자연적으로 변하게 된다. 왜냐하면 채권형은 자산 가치의 변동폭이 크지 않지만 주식형은 자산 가치의 변동폭이 매우 크기 때문에 주가가 상승하면 자연적으로 주식형의 투자 비중이 높아지고, 반대로 주가가 하락하면 주식형의 투자 비중이 낮아지기 때문이다.

예를 들어 2002년 초부터 2004년 말까지 1000만 원을 '정기예금(1년 만기):주식형펀드(종합주가지수) = 50:50'의 비율로 투자했다면, 2002년 말에는 비율이 '54:46', 2003년 말에는 '48:52', 2004년 말에는 '47:53'으로 바뀌었을 것이다. 따라서 처음에 결정한 투자 비율을 장기간 유지하기 위해서는 정기적으로 변화된 비율을 '50:50'으로 되돌릴 필요가 있다.

이처럼 변화된 투자 비율을 본래의 비율로 되돌리는 행위를 리밸런싱(rebalancing)이라고 한다. 리밸런싱은 주가가 상승했을 때 주식형에서 발생된 수익을 일부 실현하여 안전한 채권형으로 옮기는 결과를 가져오며, 주가가 하락했을 때는 채권형에 투자된 돈의 일부를 주식형으로 옮김으로써 하락한 주가가 향후 상승하게 될 때 좀 더 높은 수익을 기대할 수 있도록 해준다.

하지만 리밸런싱을 너무 자주 실시하면 주가 상승기에는 충분한

● 2002년부터 1000만 원을 '정기예금:주식형펀드＝50:50'의 비율로 투자했다면

구분	최초 비율	2002년 초	2002년 말	2003년 말	2004년 말
정기예금	50.0%	5,000,000	5,247,500	5,470,519	5,682,228
주식형펀드	50.0%	5,000,000	4,523,569	5,843,304	6,457,402

(단위 : 원)

수익을 얻지 못하게 되며, 주가 하락기에는 조정하기 전보다 더 많은 손실이 생길 수도 있기 때문에 1년에 한두 번 정도만 실시할 것을 권한다.

리밸런싱을 하는 목적은 일관된 자산 배분 전략을 유지하기 위한 것이지 단기적인 고수익을 얻기 위한 게 아니다. 따라서 주식시장의 전망을 예측하면서 투자 비율을 적극적으로 조정하는 행위는 투자 위험을 증가시키므로 권하고 싶지 않다. 또한 자녀 대학 자금과 노후 자금 등을 마련하기 위해 투자하는 돈에 대해서는 리밸런싱의 대상에 포함시키기보다는 꾸준히 투자를 계속한다.

투자 비율의 조정은 리밸런싱을 하기 위해서뿐만 아니라 투자 비율 자체를 변경해야 할 필요가 있을 때에도 실시한다. 예를 들어 처음에는 투자 비율을 '채권형:주식형 = 50:50'으로 결정하고 투자를 시작했지만, 이 비율을 60:40 또는 70:30 등으로 변경해야 할 필요가 있을 때에도 할 수 있다는 뜻이다.

이처럼 투자 비율의 변경에 대해 검토해야 할 때는 크게 세 가지의

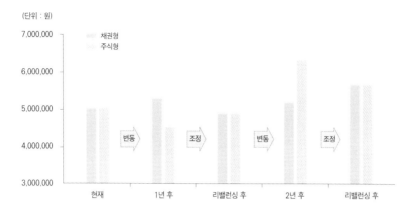

● 투자 비율의 조정 사례, 채권형:주식형=50:50

(단위 : 원)

현재 / 변동 / 1년 후 / 조정 / 리밸런싱 후 / 변동 / 2년 후 / 조정 / 리밸런싱 후

경우로 나누어 볼 수 있다.

① 많은 돈을 회수해야 하는 시기가 다가올 때

　→ 채권형의 투자 비중을 높여야 한다.

② 금리 인상으로 채권형의 기대 수익률이 증가했을 때

　→ 채권형의 투자 비중을 높이는 것에 대해 고려해 볼 수 있다.

③ 금리 하락으로 채권형의 기대 수익률이 감소했을 때

　→ 주식형의 투자 비중을 높이는 것에 대해 고려해 볼 수 있다.

투자 비율을 결정하고 조정하는 행위에 관해서는 명확한 기준이 존재하지 않는다. 또한 이렇게 하면 반드시 좋은 결과를 얻을 수 있다는 법칙도 존재하지 않는다. 다만 금융 시장의 변화를 예측하고 이에 따라 채권형과 주식형을 오가는 게 생각만큼 쉬운 일이 아니기 때문에, 장기간 복리 투자를 지속하기 위해서는 금융 시장의 단기적 변화에 흔들리지 말고 일관된 자산 배분 전략을 유지하는 게 중요하다.

나만의 포트폴리오

투자 목적에 따른 금융상품의 선택과 관련하여 지금까지 말했던 내용을 정리하면 다음과 같다.

현재 당신에게 1000만 원의 목돈이 있고, 매월 평균 100만 원을 투자할 수 있다고 가정해보자. 이 경우에는 다음과 같이 한다.

- 매월 10만 원(이상)은 자녀 대학 자금 마련을 위해 주식형펀드에 투자한다.
- 매월 20만 원(이상)은 노후 자금 마련을 위해 변액연금보험에 투자한다. 단, 변액연금보험은 일단 가입하면 보험료를 조정하기 어렵기 때문에 가입 금액을 결정하는 데 신중해야 한다.
- 매월 70만 원은 다른 목적을 위해 투자하되, 절반인 35만 원은 1년 만기 정기적금이나 MMF(또는 CMA)에 투자하고, 나머지 절반인 35만 원은 주식형펀드에 투자한다.

- 목돈 1000만 원 중 절반인 500만 원은 1년 만기 정기예금에, 나머지 절반인 500만 원은 주식형펀드에 투자한다. 이때 주식형 펀드에 투자하는 돈 500만 원은 한 번에 넣지 말고, 매월 일정한 금액으로 나누어서 투자한다(예, 매월 50만 원씩 10회).

- 매월 35만 원씩 정기적금이나 MMF에 투자하면 1년 뒤에는 420만 원 이상의 목돈이 되어 있을 것이다. 또한 정기예금에 투자한 목돈도 1년 뒤 이자가 붙어 500만 원 이상의 돈이 되어 있을 것이다. 따라서 이 돈을 묶으면 920만 원 이상의 목돈이 된다. 이 돈을 정기예금에 다시 투자함과 동시에 다음 1년 동안 다시 정기적금이나 MMF에 투자를 계속한다.

- 매월 35만 원씩 주식형펀드에 투자하는 돈은 계속 쌓여나갈 것이므로 투자 비율을 조정해야 하는 경우 외에는 같은 방법으로 계속 투자한다.

- 1년에 한 번 정도는(정기예금의 만기일에 맞추어) 리밸런싱을 실시하며, 필요한 경우에는 투자 비율을 변경한다.

- 투자 성향이 보수적인 사람과 중단기적으로 많은 돈을 사용해야 하는 사람은 정기적금과 정기예금의 투자 비중을 60 또는 70 이상으로 유지해야 한다. 은퇴(또는 퇴직)시기가 얼마 남지 않은 경우에도 마찬가지이다.

- 어떤 이유로든 많은 돈을 사용해야 하는 시기가 다가오면 주식형펀드에 투자된 돈을 서서히 MMF(또는 CMA)로 옮겨야 하며,

경우에 따라서는 주식형펀드의 투자를 중단하고, 이미 주식형펀드에 투자된 돈도 전부 MMF로 옮겨야 한다.
- 매년 저축할 수 있는 돈의 액수가 달라지더라도 결정된 투자 비율을 꾸준히 유지한다.

이렇게 투자를 하면 전체적인 돈 관리 시스템은 다음 페이지의 그림과 같은 형태를 갖추게 된다. 이 시스템이 갖고 있는 일련의 규칙을 이해하고, 이에 따라 돈 관리를 한다면 저축액을 늘리고 복리 투자를 지속하는 데 많은 도움이 된다.

덧붙여서, 많은 사람들이 고민을 많이 하는 '자녀를 위한 대학 자금'과 '노후 자금'과 관련해서는 다음 장에서 단계별 투자 계획을 수립하고 마련하는 내용을 별도로 추가해 상세히 짚어보도록 하겠다.

참고로 나의 경우 내 딸의 대학 자금 마련을 위해 매월 일정액을 주식형펀드에 자동이체 방식으로 투자하고 있으며, 여윳돈이 생긴 달에는 추가 입금 방식을 이용해 평소보다 많은 돈을 투자하기도 한다. 그리고 노후 자금 마련을 위해서는 변액연금보험에 투자하고 있으며, 역시 추가 입금 방식을 이용해 때로는 많은 돈을 투자하기도 한다. 또한 조기 사망에 대비하여 가입한 종신보험을 노후에는 연금으로 전환하여 종신연금을 수령할 것이다.

기타 다른 목적의 투자를 위해서는 다음과 같이 투자하고 있다.

● 돈 관리 시스템

구분		금융상품	투자목적
30%	주식형	주식형펀드1	자녀교육자금
		변액연금보험	노후 자금
70%	채권형	정기적금 (또는 MMF)	기타 목적자금
		정기예금	
	주식형	주식형펀드2	

　　돈을 모으는 목적으로는 CMA(매월 직접 이체 방식으로 적립)와 KOSPI200 지수 ETF에 주로 투자하고 있다(ETF는 적립식펀드처럼 자동이체 방식으로 투자할 수 없고, 증권사의 위탁계좌를 이용해 주식처럼 직접 매입해야 한다). 정기적금이나 적립식펀드처럼 자동이체 방식으로 투자하지 않고, 매월 직접 이체하거나 직접 매입하기 때문에 불편한 점은 있지만 이미 습관이 되었기 때문에 나에게는 매우 쉬운 작업이다.

묶은 돈을 굴리는 목적으로는 상호저축은행의 1년 만기 정기예금(만기지급식, 확정금리형)과 KOSPI200지수 ETF에 주로 투자하고 있다. 그리고 정기예금 만기일에 맞추어 1년에 한 번 리밸런싱을 실시하고 있으며, 필요한 경우 투자 비율을 변경한다.

나는 '정기예금:주식형펀드(ETF)'의 투자 비율을 다음과 같은 기준에 의해 결정하고 있다.

① 1년 만기 정기예금의 수익률이 연 4% 미만이면 주식형펀드의 투자 비율을 40 이상으로 유지한다.
② 1년 만기 정기예금의 수익률이 연 4% 이상이면 '60:40'의 투자 비율을 유지한다.
③ 1년 만기 정기예금의 수익률이 연 5% 이상이면 '70:30'의 투자 비율을 유지한다.
④ 1년 만기 정기예금의 수익률이 연 6% 이상이면 주식형펀드의 투자 비율을 20 이하로 유지한다.

즉 정기예금의 수익률이 1%포인트 오르면 정기예금의 투자 비중도 10% 올리는 식이다.

이처럼 금리 변화에 따라 투자 비율을 변경하려는 나의 투자 전략에는 소극적이나마 주가의 변화에 대응해보려는 의도가 반영되어 있다. (반드시 그렇지는 않지만) 금리가 상승하면 주가는 하락하고, 금리가 하락하면 주가는 상승하는 경향을 보인다. 즉 오늘 새로 가입하는 정기예금의 수익률이 1년 전에 비해 상승한 상태라면 향후 주가가 하락할 수 있다는 것을 뜻하며, 반대의 상황이라면 향후 주가가 상승할 수 있다는 것을 뜻한다. 이는 지난 1년 동안 금리가 꾸준히 상승했거나 하락했다는 뜻도 되기 때문에 주가의 하락 또는 상승 추세가 이미 진행 중일 수도 있다.

따라서 정기예금의 수익률이 상승하면 향후 주가 하락에 대비해 주식 투자의 비중을 줄이고, 반대의 상황이라면 향후 주가 상승을 기대하며 주식 투자의 비중을 늘리려는 것이다.

금리는 주가처럼 단기적인 변동성이 심하지는 않기 때문에 외환위기와 같은 급격한 시장 충격이 있지 않다면 어느 날 갑자기 정기예금의 수익률이 1%포인트씩 상승하거나 하락하기는 어렵다. 따라서 투자 비율을 변경해야 할 일이 자주 생기지는 않는다.

다만 딸의 대학 자금과 나와 아내의 노후 자금 마련을 위해 매월 투자하는 돈은 금리 변화에 관계없이 장기간 주식을 조금씩 사 모은다는 생각으로 꾸준히 투자해나갈 것이다.

나는 정기예금 만기일을 전후로 돈을 관리하기 위해 가장 많은 시간을 투자하며, 때로는 하루 종일 계산기만 두드릴 때도 있다. 이때 가장 중요하게 확인하는 것은 1년간 총 얼마를 저축했으며, 지난해에 비해 순자산이 얼마나 늘었는지를 확인하는 일이다. 1년간의 저축액과 순자산의 증가율은 나와 아내가 지난 한 해 동안 얼마나 열심히 살았는지를 보여주는 성적표이기도 하다.

또한 재투자를 하기에 앞서 향후 1년 이내에, 그리고 2~3년 이내에 특별히 많은 돈을 지출할 일이 있는지 아내와 상의한다. 다시 한 번 강조하건대, 단기간에 많은 돈을 사용할 계획이 있다면 재투자하기 전에 필요한 자금을 미리 떼어두어야 하며, 묶어서 굴리는 돈의 대부분을 지출해야 할 만큼 많은 돈이 필요한 계획이라면 주식형펀드에 투자된 돈을 전부 MMF로 옮기거나 단계적으로 옮겨야 한다.

투자의 계절은 순환한다

겨울이 싫어 봄을 기다리는 사람은 곧 봄이 온다는 사실을 알고 있기 때문에 겨울이 그다지 절망적이지 않다. 겨울을 좋아하는 사람도 지금의 겨울이 지나면 1년 뒤 다시 찾아온다는 사실을 알고 있기 때문에 잠시 겨울의 손을 놓아줄 수 있다. 이렇듯 계절은 순환한다. 영원한 봄도, 영원한 겨울도 없다.

투자의 계절도 마찬가지다. 주식시장에 따스한 봄(상승기)이 오면, 언젠가 뜨거운 여름(과열기)이 되고, 어느새 가을(하강기)이다 싶으면 곧 찬바람 쌩쌩 부는 겨울(냉각기)이 온다. 실제 계절의 순환과 다른 점이 있다면 언제 계절이 바뀔지 좀처럼 알기 어렵다는 사실뿐이다.

주식시장만 놓고 본다면 한겨울에 투자를 시작해서 한여름에 투자를 끝내는 사람은 최고의 수익률을 얻는다. 이런 사람들은 극히 소수에 불과하다. 봄에 투자를 시작해서 가을이 오기 전에 투자를 끝내는 사람도 많은 수익을 가져간다. 이런 사람들도 많지는 않다. 하지만 여름에 투자를 시작해서 가을에 투자를 끝내는 사람은 손해를 보며, 가을에도 끝내지 못하고 겨울에 끝내는 사람은 많은 것을 잃는다.

대부분의 사람들은 한참 뜨거운 여름에 투자를 시작해서 가을과 겨울에 투자를 끝낸다. 그래서 항상 손해만 보며, 그들이 잃은 돈은 다른 누군가의 계좌에 쌓인다. 그리고 이런 순환은 계속된다.

자신이 결정한 투자 원칙과 전략 그리고 계획에 의한 장기 투자를 하는 사람은 최고의 수익률을 얻지는 못하더라도 한여름에 투자를 시작해서 가을과 겨울에 끝내는 오류를 범하지는 않을 것이다.

사람들은 전문가가 내놓는 주식시장의 전망에 귀를 기울인다. 하지만 전망에 대해 말하는 전문가 중 상당수는 자신의 전망에 근거해 많은 투자 수익을 얻기보다는 그 전망 자체를 파는 데에서 돈을 번다. 그리고 수시로 말을 바꾸어 자신의 논리를 상황에 맞춘다. 예전에 모 경제 TV에 주식 전문가가 출연하여 주가 전망에 대해 이야기한 후, 개인 투자자들에게 전화 상담을 해주는 방송을 본 적이 있다. 전화를 건 사람들은 어떤 종목을 가지고 있는데, 지금 팔아야 하는지 좀 더 가지고 있어야 하는지 등을 그에게 묻는다. 그리고 방송이 끝난 후 주식 투자할 돈을 신속히 빌려준다는 광고가 나온다. 코미디를 보는 느낌이 들어 웃고 말았다.

나는 2007년 10월 종합주가지수가 최고점을 찍고 하락하기 직전에 주식형펀드에 투자된 돈의 상당 부분을 정기예금으로 옮겼다.

내가 주식시장의 여름이 끝나간다는 사실을 미리 알았을까? 절대로 'NO'다. 만약 그랬다면 주식형펀드에 투자된 돈을 전부 뺐을 것이다. 정기예금 만기일이 10월이었고, 나의 규칙에 의해 투자 비율을 변경했을 뿐이다. 그 이후에 주가가 큰 폭으로 하락했기 때문에 주식형펀드에 남아 있는 돈과 매월 추가로 투자한 돈의 수익률은 마이너스를 기록했지만, 그 정도는 이전에 수년간 얻어둔 수익이 조금 줄어든 것에 지나지 않는다. 이후 수년 동안은 겨울이 가기를 기다리며 조금씩 그리고 꾸준히 가격이 떨어진 주식을 사 모았다.

주가를 미리 알 수 있는 방법은 없다. 또한 내가 애쓴다고 주가가 오르지도 않는다. 그렇기 때문에 장기적인 주가 상승을 기대하며, 나 스스로 정한 투자 원칙과 전략을 일관되게 실행해나갈 뿐이었다.

다만 나에게는 주식을 선별하고 운용하는 데 필요한 지식과 경험이 부족했기 때문에 이런 일을 생업으로 하고 있는 펀드매니저에게 돈을 맡겼다. 그런데 언제부터인가 내 의지와는 상관없이 펀드매니저가 주식을 고르고 매매하는 것이 싫어졌고, 그런 고민을 줄이기 위해 투자하고 있던 주식형펀드를 전부 인덱스펀드로 바꾸었다. 인덱스펀드를 운용하는 펀드매니저는 해당 인덱스를 구성하는 주식 외에 다른 주식을 마음대로 고를 수 없으며, 적극적으로 사고팔지 못한다. 그의 1차적인 임무는 해당 인덱스의 수익률과 동일한 수익률을 얻는 것이기 때문이다.

2007년 당시 주식시장에 겨울이 왔다면 금리시장에는 여름이 왔었다. 부자들은 금융회사를 돌아다니며 금리 쇼핑을 즐겼고, 빚이 많은 사람은 늘어나는 이자 부담 때문에 점점 더 빚에 쪼들렸다. 나는 그때 정기예금에 재투자할 돈의 일부를 떼어 만기가 3년 이상 남은 확정금리 채권에 투자할 계획을 세웠다. 그동안 거들떠도 안 봤던 채권이 금리가 많이 올랐을 때는 매력적으로 느껴졌다. 이후 금리 시장에 다시 겨울이 오면 여름에 사둔 채권은 내게 확정 수익과 함께 가격 상승에 따른 매매 차익까지 돌려주게 될 것이기 때문이었다(채권 매입 후 금리가 하락하면 채권 가격은 상승한다). 물론 채권에 투자한 후 금리가 더 오르면 원금손실이 생길 수 있지만 채권은 만기일까지 쥐고만 있으면 발행기관으로부터 투자 원금과 확정 수익을 전부 돌려받는다. 따라서 국공채나 신용도가 높은 기업이 발행한 채권을 매입하여 만기일까지 보유한다는 생각으로 투자했다.

영원히 여름일 듯하던 주식시장에 찬바람이 불 때가 오고, 영원히 별 볼 일 없을 듯하던 금리시장이 뜨거워진 것처럼, 그 계절은 또 바뀔 게 분명하다. 하지만 계절의 전환점을 예측하는 일은 나를 포함한 대부분의 사람들에게는 무척이나 어려운 일이다. 경제학 박사나 특정 분야의 전문가라고 해서 예외는 아니다. 많이 아는 것과 미래를 예측하는 것은 전혀 다른 문제다.

따라서 세상에는 나만큼 모르는 사람과 나보다 더 모르는 사람만 존재한다고 생각하면 마음이 편해진다. 그러면 남에게 묻기보다는 자신의 판단에 의해 투자 결정을 할 수 있다. 도무지 모르겠다면 저축만 열심히 해도 괜찮다. 그리고 조금씩 알아가는 노력을 하면 된다. 매일 8시간 이상 땀 흘려 번 소중한 돈을 투자하면서 그 결정권을 남에게 넘길 것인가 아니면 자신이 쥐고 있을 것인가? 나는 내가 쥐고 있어야 한다고 생각한다.

제6장

미래를 위한
자금 마련 계획

5단계 자녀 대학 자금 마련 계획

1단계: 투자 계획의 수립과 실행방법

자녀의 대학 자금을 미리 마련하는 일이 왜 중요할까?

혹시 자녀를 꼭 대학에 보내야 하느냐고 생각하는 독자들이 있을지 모르겠다. 하지만 자녀들이 대학에 안 가든, 못 가든 대학 자금으로 모아둔 돈이 있다면, 자녀의 특기와 적성을 살려줄 수 있는 다른 성격의 공부를 하는 데 지원해주거나 자립 밑천으로 제공해줄 수도 있기 때문에 문제를 꼭 대학 교육에 한정 지을 필요는 없겠다. 핵심은, 미래에 겪게 될지 모를 난처한 상황을 피해가기 위해 최소한의 대비를 하자는 것이다.

그러면 지금부터 아이의 대학 자금을 마련하기 위해 투자 계획을 수립하고, 실행하는 과정에 대해 안내하겠다. 그다음으로는 부모의 노후 자금 마련 계획에 관해서도 이어서 이야기할 것이다.

　나는 이 두 가지 목돈 마련 계획은 반드시 함께 계획되고, 실행되어야 한다고 생각한다. 많은 사람들이 자신보다는 자녀들을 위해 돈을 쓰고, 모으지만, 부모의 노후준비도 결국은 자녀들을 위한 것이라는 생각을 좀처럼 하지 못한다. 부모가 노후에 돈 걱정 때문에 시름에 잠긴다면 이를 바라보는 자녀들의 마음이 편할 리 없다. 따라서 자녀들을 위해 쓰는 비용을 줄여서라도 평소 부모의 몫을 조금씩 챙겨두어야 한다. 멀리 보면 이것 역시 자녀들을 위한 일이다.

　투자목적이 무엇이든 목돈 마련을 위해 투자 계획을 수립하고, 실행하는 방법은 크게 두 가지 형태로 구분할 수 있다. 첫 번째 방법은 일정 기간 돈을 모으고, 이렇게 만든 종잣돈으로 투자에 나서는 것이다. 예를 들어 매월 100만 원을 저축할 수 있다면 1년 동안 적금에 들어 1200만 원을 모은 뒤, 이것을 종잣돈 삼아 경기변동과 투자환경 변화에 대응하면서 주식, 채권, 부동산 그리고 다양한 금융상품 등을 오가면서 투자하는 식이다.

　위험 관리를 위해 골고루 분산투자를 할 수도 있을 것이다. 투자전문가들이나 재테크전문가들이 주로 이런 식의 투자를 권한다. 고수익을 얻거나 재테크를 통해 큰돈을 벌고 싶다면 이런 방법 위주로 장기간 반복해서 투자해야 한다. 시기마다 적절한 투자대상을 선정하고, 매입과 매도 타이밍을 잘 맞추기만 한다면 고수익을 얻게 되지만 판단이 잘못될 경우 크게 손해 볼 수 있다. 따라서 투자지식과 경험이 많지 않은 사람들에게는 권하기 어려운 투자 방법이다.

두 번째 방법은 앞장에서 이미 언급했던 것처럼, 삶의(지출) 계획에 맞추어 다양한 투자목적을 정하고, 목적별로 돈을 나누어서 꾸준히 투자하는 것이다.

매월 100만 원을 저축할 수 있다면 자녀 대학 자금 마련을 위해 10만 원, 노후 자금 마련을 위해 20만 원, 주택자금 마련을 위해 70만 원을 투자하는 식이다. 즉, 목적별로 투자기간, 투자금액 등을 결정한 뒤 목표한 자금이 마련될 때까지 또는 애초 계획한 투자기간이 끝날 때까지 지속적으로 투자해나가는 방법이다.

재무설계전문가들이 주로 이런 식의 투자를 권한다. 큰돈(수익)을 벌 수 있는 방법은 아니지만, 목돈이 필요한 시기를 예상하고, 그 시기에 맞추어 돈을 모아가는 방식이기 때문에 원리를 이해하고, 기본적인 투자지식만 갖춘다면 실행해나가기에 어렵지 않다.

또한 단기적인 경기변동이나 투자환경의 변화에 민감하게 대응하지 않는 것을 전제로 하기 때문에 투자지식과 경험이 많지 않은 대부분의 사람들에게 권할 수 있는 투자방법이다. 여기에서는 두 번째 방법에 의해 투자 계획을 수립하고 실행하는 과정에 대해서 자세히 안내할 것이다.

2단계: 투자 계획의 우선순위

　본론으로 들어가기 전에 고민해볼 문제가 하나 있다. 투자 계획의 우선순위에 관한 것이다.

　우리에게는 돈 걱정을 한 아름 안겨주는 3대 걱정거리가 있는데, 자녀교육 걱정, 노후 걱정, 집 걱정이 바로 그것이다. 만약 이 3가지 문제를 국가에서 완전히 해결해준다면 우리가 하는 돈 걱정의 무게는 획기적으로 줄어들 것이다.

　이 3대 걱정거리는 돈 먹는 하마들과도 같아서 일생에 걸쳐 큰 비용을 요구하지만, 어느 것 하나 외면하기 어렵다는 게 큰 문제다. 그래서 사람들에게 돈 걱정을 가득 안겨주는 것이다. 이에 대응하는 가장 좋은 방법은 이 하마들을 먹이는 데 필요한 자금을 마련하기 위해 일찍부터 하나둘 준비해나가는 것임은 두말할 것도 없다.

　그렇게 해서 준비를 한다면 문제를 완전히 해결하지는 못하더라도 언젠가 하마들이 굶주린 채 나를 덮치게 될 큰 위험은 피해갈 수 있을 것이다. 이 3대 걱정거리에 대응하기 위해 아이의 대학 자금 마련, 노후 자금 마련, 주택자금 마련, 이렇게 3가지 목적을 정하여 투자한다고 생각해보자.

　이들 중에서 현재 당신의 입장에서 중요한 정도를 기준으로 투자 계획의 우선순위를 정한다면 어떤 게 1순위라고 생각하는가? 그다음 2순위, 3순위는 어떤 것이라고 생각하는가?

답을 정했는가?

어린 자녀, 특히 취학 전 자녀를 둔 독자들이라면 아마 주택자금 마련이 1순위라고 생각하는 경우가 가장 많을 것이라고 본다. 이미 주택을 소유한 경우 대출금 상환이나 주거여건 또는 교육환경 등이 좀 더 좋은 집으로 옮겨가기 위해 필요한 자금도 주택자금의 범위에 포함된다.

이번에는 같은 질문이지만 형태만 바꿔서 다시 질문해보겠다.

지금 당신 앞에 '지니'가 나타나서 소원을 들어준다고 상상해보자. 알라딘과 요술램프 이야기에 등장하는 램프의 요정을 말하는 것이다. 지니가 당신을 위해 들어줄 수 있는 소원은 다음의 3가지다.

- 첫째, 궁전 같은 집을 평생 무상으로 제공한다.
- 둘째, 아이의 교육을 무기한 책임져준다.
- 셋째, 노후에 필요한 생활비와 의료비를 평생 책임져준다.

그런데 모든 소원을 들어주는 게 아니라 이 중 딱 1개만 들어준다. 하나를 선택하는 순간 다른 2개의 소원은 영원히 포기해야 한다. 그렇다면, 어떤 소원을 들어달라고 하겠는가?

답을 정했는가?

그렇다면, 만약 소원을 1개 더 들어준다면 다음은 어떤 것을 선택하겠는가? 역시 남게 되는 1개의 소원은 영원히 포기해야 한다.

답을 정했는가?

그렇다면, 당신이 정한 투자 계획의 우선순위는 1순위가 첫 번째 고른 소원일 것이고, 2순위는 두 번째 고른 소원일 것이다. 남은 1개의 소원은 자연히 3순위가 될 것이다. 이렇게 정한 우선순위와 앞서 정한 우선순위가 일치하는가? 만약 일치하지 않는다면 뒤에서 정한 것이 당신에게 진정한 우선순위일 가능성이 크다.

내가 젊은 엄마 아빠들에게 첫 번째 방식으로 질문을 해보면 1순위 주택자금, 2순위 아이의 대학 자금, 3순위 노후 자금이라고 대답하는 경우가 가장 많다. 그리고 이때의 우선순위는 자금이 필요한 시간 순서와도 일치한다.

하지만 두 번째 방식으로 다시 질문을 해보면 첫 번째 소원은 아이의 교육이라고 말하는 경우가 가장 많다. 설령 다른 건 전부 포기하더라도 아이의 교육만큼은 포기하기 어렵다고 생각하기 때문이다. 그리고 두 번째 소원은 일단 집을 선택하는 사람들이 가장 많다. 돈 안 들이고, 궁전 같은 집에서 평생 살 수 있다면 얼마나 좋겠는가? 당연한 선택일 수 있다. 자연히 노후가 마지막에 남는다.

하지만 다시 생각해보자. 나는 또다시 질문을 던진다. 집을 선택하는 순간 노후의 생활비와 의료비를 영원히 포기해야 하는데, 집 걱정 없이 지내는 게 더 중요한지 아니면 노후에 돈 걱정 없이 지내는 게 더 중요한지 한 번만 더 신중히 판단해보라고 말이다. 그러면 이

때는 한참 고민하는 사람들이 생긴다. 그리고 전부는 아니지만, 그중 많은 사람들이 두 번째 소원은 노후를 선택하겠다고 생각을 바꾼다.

이런 사례를 일반화하기는 어렵지만, 사람들이 생각하는 투자 계획의 우선순위는 이처럼 자신이 그렇다고 여기는 것과 실제로는 다른 경우가 많다.

어차피 모두 중요한 일들인데, 우선순위를 정하는 게 무슨 의미가 있느냐고 생각하는 독자들이 있을 것이다. 하지만 이는 매우 중요한 문제다. 사람들은 대게 급하다고 생각하는 일에 몰두하기 마련이다. 그래서 중요한 일이라도 급하지 않다고 생각되면 소홀히 하는 경향이 있다. 그러면서 시간 순서대로 하나씩 문제를 해결해나가면 된다고 생각한다.

당연할 수 있지만 나는 돈과 관련된 계획을 세우고, 투자해나가는 데 있어서는 그렇지 않다고 생각한다. 급하지 않은 일도 언젠가는 급한 일이 될 게 분명하고, 피해갈 수도 없기 때문에 중요한 정도를 기준으로 우선순위를 세우고, 여의치 않더라도 준비를 병행해나갈 필요가 있다.

물론 발등에 불 떨어진 일이라면 당장 서둘러서 해결해야 하지만 그렇지 않은 일의 경우 단순히 시간 순서대로 우선순위를 정하게 되면 나중 일은 나중에 생각하자는 식이 되기 때문에 장기적인 투자 계획을 수립하고, 실행해나가는 데 도움이 되지 않는다. 눈앞에 보이는 높은 봉우리 뒤에 가려진 또 다른 여러 개의 높은 봉우리들을 넘기 위해 체력을 분배해야 할 필요가 있다.

사실 내가 이런 주장을 하는 이유는 집 문제 때문이다. 주택자금 마련 계획은 많은 사람이 1순위라고 생각하지만, 답을 구하기 가장 어려운 문제이기도 하다. 짧게는 수년에서 길게는 10년 넘게 돈을 쏟아부어도 결국 은행의 도움 없이는 내 집 마련이 어려운 실정이기 때문이다.

특히 서울과 수도권 지역에 거주하는 사람들은 집을 구입하는 데 10년 이상, 대출금 갚는 데 10년 이상을 들인다. 이렇게 내 집 마련을 위해 20년 이상 시간을 들여야 하는 경우가 흔하다. 2007년 이후로도 매해 집값은 계속해서 올랐다. 주택자금 마련은 그 자체로도 어려운 일이지만, 다른 투자 계획을 실행하는 데도 큰 걸림돌이 된다.

아이의 대학 자금이나 노후 자금 마련은 적은 돈이라도 아이가 어릴 때부터 일찍 투자를 시작한다면 나중에 하게 될 돈 걱정의 무게를 크게 줄일 수 있다. 하지만 많은 사람들이 집에 돈을 쏟아붓느라 이런 귀중한 시기를 놓치고 있다.

현재 40대 이상인 사람들을 보면 30대 때는 시간이 많이 남았다는 생각 때문에 아이의 대학 자금과 노후 자금 마련 준비를 미룬 경우가 많다. 그리고 지금은 자녀들의 사교육비 증가와 가계의 지출규모가 커져서 당장 쓸 돈도 부족하기 때문에 미루는 경우가 많다. 앞에서 미루고, 뒤에서도 미루면 결국 언젠가는 준비 없이 때를 맞아야 한다.

집을 팔아서 작은 집이나 전세로 옮긴 뒤 남게 되는 돈으로 자녀들을 대학에 보내고, 노후 자금으로 쓰는 것도 좋은 생각일 수 있다. 하지만 그 사이 집값이 오르지 않거나 많이 하락하면 어쩔 것인가? 아니면 뜻대로 되지 않아 내 집 마련을 못하고, 다른 준비도 미루다 못했다면 그때는 어떻게 할 것인가?

나는 집값이 오르든 떨어지든 쓰러져 가는 초가집이라도 오랫동안 마음 편히 눌러 살 수 있는 내 집이 있어야 한다고 생각하는 사람이다. 그렇기 때문에 다른 사람들에게 주택자금 마련 계획이 다른 계획에 비해 중요하지 않다고 말해본 적은 없다. 미혼인 사람들에게는 결혼자금 마련 계획의 주된 목표를 내 집 마련에 둘 것을 권하기도 한다. 지금도 이와 다른 말을 하려는 건 아니다.

다만, 대부분의 사람들에게 아이의 대학 자금, 노후 자금, 주택자금을 마련하는 일은 모두 수십 년, 짧게 봐도 10년 이상의 세월을 필요로 하기 때문에 시간 순서대로 하나씩 문제를 해결해나가기가 어렵다. 그래서 힘들더라도 병행해서 준비를 해나가야 한다고 주장하는 것이다.

누구나 다 경험이 있듯이 학생 때 수학시험을 보는데 좀처럼 풀기 어려운 문제가 나오면 일단 다음 문제로 넘어가야 한다. 시험 시간이 한정되어 있기 때문이다. 그리고 끝까지 다 풀고 시간이 남으면 다시 그 문제로 돌아와야 한다. 그렇지 않고 어려운 한 문제만 붙잡고 끙끙거리고 있으면 종 칠 때까지 다음 문제들을 풀 수 없기 때문에 결국 시험을 망치게 된다. 몇 달 또는 몇 년 동안 잠을 못 자고 코피를 쏟아가며 공부했더라도 전부 헛일이 되는 것이다.

나는 돈을 관리하고 투자해나가는 과정도 이와 크게 다르지 않다고 생각한다. 한 가지 어려운 문제에만 매달려 있으면 다음 문제를 풀지 못하게 된다. 그리고 문제를 풀 수 있는 시간은 제한돼 있기 때문에 나중에 후회해도 시간을 되돌릴 수 없다.

사람들은 흔히 선택과 집중이라는 말을 하기도 한다. 그러면서 주택자금 마련에 집중해서 하루라도 빨리 내 집을 마련한다면 그다음 아이의 대학 자금이나 노후 자금을 마련해나가는 일도 한결 쉬워지리라 생각하는 사람들이 많다. 맞는 말이다. 첫 아이가 초등학교에 입학하기 전에 은행의 도움 없이 내 집을 마련하거나 대출금을 전부 갚아버릴 수 있다면 나 역시 그렇다고 생각한다. 백 번 양보해도 첫 아이가 중학교에 들어가기 전에 끝낼 수 있다면 그럴 수도 있으리라 생각한다. 단, 이후에는 돈을 더 들여서 다른 지역으로 이사하거나 집을 넓혀 갈 계획도 없어야 한다.

이처럼 아이들의 사교육비가 증가하는 시기 이전에 집 문제를 완전히 해결할 수 있다면 그다음에 다른 준비를 시작해도 그리 늦지 않을 것이다. 아니면 독하게 마음먹고, 대학 입학 전에는 아이들의 사교육비를 지출하지 않을 수 있다면 문제가 될 게 없을 수도 있다.

하지만 이도 저도 어렵다면 이런 식의 선택과 집중 전략은 '모 아 니면 도' 식의 위험한 전략이 될 수 있다. 현재 자녀들을 전부 출가시킨 60대 이상의 노인세대들이 젊었을 때는 이런 고민이 필요 없었는지 모른다. 하루하루 열심히 살면서 내 집 마련에 매달리고, 그 다음 자녀교육에 매달리고, 노후에는 여러 자식들에게 손을 벌릴 수 있다면 말이다. 젊어서 어디든 집 한 채 사서 눌러 살거나 큰 집으로 한두 번 갈아타다 보면 은퇴할 때쯤에는 집값과 땅값이 몇 곱절로 오르기도 했다.

하지만 지금의 젊은 세대는 이들과 다른 입장이다. 소득 대비 집과 자녀교육에 들이는 비용이 이전 세대 때와는 비교할 수 없을 만큼 많아졌다. 또한 애써 내 집을 어렵게 마련해도 집값이 예전처럼 큰 폭으로 오르기는 어려워지는 환경이 되었다. 이런 상황에서 다른 준비를 미룬 채 내 집 마련과 대출금 상환에만 매달리는 것은 매우 위험하다고 생각한다.

예를 들어 '집 한 채에 의지해서 노후까지 어떻게 되겠지'라는 생각을 하다가 뭔가 잘못됐다는 느낌이 든다면, 그때는 이미 시간이 한참 지난 뒤일 것이기 때문에 상황을 되돌리기 어려울 것이다. 이런 위험을 조금이라도 줄이기 위해서는 주택자금 마련 외의 다른 중요한 계획을 위해서도 일찍부터 투자를 병행해나갈 필요가 있다.

만약 이에 동의하지 않더라도 나는 당신을 설득할 생각이 없다. 어차피 판단의 결과는 시간이 지나봐야 알 수 있는 문제니 말이다. 다만, 앞서 말했듯 아이의 대학 자금과 부모의 노후 자금을 마련하는 일은 적은 돈이라도 아이가 어릴 때부터 일찍 투자를 시작하면 나중에 하게 될 돈 걱정을 크게 줄일 수 있다.

하지만 시기를 미루면 미룰수록 투자를 시작하는 것조차 엄두가 나지 않을 만큼 그 부담이 크게 자란다. 나는 당신이 이 귀중한 시기를 집에 매달리느라 무심코 흘려보내지 않기를 바랄 뿐이다.

3단계: 투자 계획 수립의 필수과정

아이의 대학 자금과 부모의 노후 자금을 마련하기 위한 투자 계획을 수립할 때 공통으로 거치는 과정이 있다. 재무목표를 설정하고, 목표자금을 마련하기 위해 지금부터 매월 얼마를 투자할 것이지 결정하는 과정이 바로 그것이다. 이는 투자목적이 무엇이든 목돈 마련 계획을 수립할 때 거치게 되는 공통과정이기도 하다.

1. 재무목표 설정
2. 투자금액 결정

따라서 목적별 투자 계획을 수립하기 전에 이 공통된 과정에 대해 먼저 이해할 필요가 있다.

여기서 나는 어떻게 내 딸의 대학등록금 마련을 위해 재무목표를 설정했는지, 아이의 통장에 매월 얼마씩 돈을 넣기로 결정했는지 그 과정을 자세히 설명해보고자 한다. 오늘이 내 딸이 출생한 지 100일째 되는 날이라고 가정하고, 현재 시점을 기준으로 그 과정을 설명하겠다.

1. 재무목표 설정

아이의 대학 자금 마련을 위한 재무목표 설정 시 특정 대학, 특정 학과, 대학원, 해외유학, 어학연수 등 구체적인 진학 목표와 계획을 세운 경우에는 필요한 교육자금을 조사하여 투자 계획에 반영해야 한다. 하지만 이처럼 구체적인 진학 목표가 없는 경우에는 국내 4년제 대학교육에 필요한 통상적인 교육자금을 기준으로 재무목표를 설정할 수밖에 없다. 여기서는 보편적인 경우를 다룰 것이기 때문에 후자에 관해서만 논하겠다.

또한 대학 자금의 범위를 등록금에 한정할 것인지 아니면 전공 외의 교육비나 생활비 등을 포함할 것인지에 따라 재무목표가 크게 달라질 것인데, 여기서는 등록금만 고려하겠다. 그리고 대학교육을 위해 필요한 등록금은 연간 1000만 원으로 가정하겠다. 현재 사립대학교의 일부 계열과 학과를 제외하면 각 대학의 평균적인 등록금은 이보다 낮은 수준이다. 하지만 입학금과 다른 비용을 전혀 고려하지 않을 것이고, 재학기간 중에도 등록금은 계속 오를 것이라고 가정하고 평균적인 등록금 수준보다는 높게 가정해서 투자 계획을 세울 필요가 있다(국공립대학교를 기준으로 재무목표를 설정한다면, 사립대학교 등록금의 60~70% 수준에서 결정해도 될 것이다).

그리고 장기적인 관점에서 향후 등록금 인상률은 지난 20년간의 경향을 고려해 보수적으로 생각해서 연평균 7%로 가정했다(2010년 이후로는 등록금 인상률이 많이 낮아졌기 때문에 5% 이하로 가정해도 무방할 것이라고 본다).

사실 앞으로 등록금이 얼마나 오를지는 알 수 없기 때문에 가정치와 실제치 사이에 큰 차이가 날 수도 있다. 그리고 이는 시간이 한참 지나서야 확인할 수 있는 일이다. 그럼에도 불구하고 이런 가정을 하는 이유는 필요한 자금을 대략이라도 예상하지 않고서는 구체적인 투자 계획을 수립할 수 없기 때문이다. 활을 쏠 때 목표물까지의 거리를 정확히 측정할 수 없다면 눈대중으로라도 가늠해보고 활 시위를 당겨야 적중할 가능성이 커진다. 그렇지 않으면 눈을 감고 쏘나 뜨고 쏘나 마찬가지의 결과가 될 것이다. 100발을 쏘면 99발은 빗나갈 것이란 뜻이다.

이제 내 아이의 대학 자금 마련을 위한 재무목표를 설정해보겠다. 이를 위해서는 미래에 예상되는 등록금을 계산해봐야 하는데, 조금 번거롭기는 하지만 일반 전자계산기로도 쉽게 계산해볼 수 있다.

아이가 출생한 지 이제 100일이므로(만 0세) 대학에 입학하기까지

약 19년이 남았다. 나는 현재의 등록금은 연간 1000만 원으로 가정했고, 해마다 전년대비 7%씩 인상될 것으로 가정했다.

따라서 1년 뒤의 등록금은 현재의 등록금에서 7%가 오른 1070만 원(= 1,000만 원 × 1.07)이 될 것이고, 2년 뒤의 등록금은 1년 뒤의 등록금에서 다시 7%가 오른 1145만 원(= 1,070만 원 × 1.07)이 될 것이다. 내친김에 3년 뒤의 것까지 계산해보면 2년 뒤의 등록금에서 또다시 7%가 오른 1225만 원(= 1,145만 원 × 1.07)이 될 것이다. 이때 1년 뒤의 등록금은 현재의 등록금 1000만 원에 1.07을 1번 곱한 값이고, 2년 뒤의 등록금은 1.07을 2번 곱한 값이다. 그리고 3년 뒤의 등록금은 1.07을 3번 곱한 값이다.

- 현재의 등록금 1000만 원
- 1년 뒤 예상 등록금 1070만 원 = 1000만 원 × 1.07
- 2년 뒤 예상 등록금 1145만 원 = 1000만 원 × 1.07 × 1.07
- 3년 뒤 예상 등록금 1225만 원 = 1000만 원 × 1.07×1.07 × 1.07

왜 1.07을 곱하는지 헷갈려 하는 독자들을 위해 잠시 설명하겠다. 알다시피 백분율 7%를 분수로 표현하면 7/100이고, 이를 다시 소수로 표현하면 0.07이다.

따라서 1년 뒤의 등록금 = 현재의 등록금 + 인상분 = 1000만 원 + 0.07×1000만 원 = 1000만 원×(1 + 0.07) = 1000만 원×1.07이 되며,

2년 뒤의 등록금은 여기에 다시 1.07을 곱한 것이 된다.

등록금이 해마다 전년대비 7%씩 인상되는 것으로 가정했기 때문에 매 1년이 경과할 때마다 이처럼 1.07을 한 번씩 곱해주면 미래에 예상되는 등록금이 얼마인지 계산해볼 수 있다. 따라서 아이가 대학에 입학할 시기인 19년 뒤 예상 등록금을 계산하려면 현재의 등록금 1000만 원에 1.07을 19번 곱해주면 된다는 뜻이다. 잠시 전자계산기를 꺼내 계산해보기 바란다. 휴대전화기의 전자계산기 기능을 이용해도 된다(귀찮더라도 꼭 한번 해보기 바란다).

〈19년 뒤 예상 등록금〉

1000만 원 × 1.07 × 1.07 × 1.07 × ~ (1.07을 19회 곱함) = 3617만 원

결과는 3,617만 원(실제 값은 36,165,275원으로 만 단위에서 올림)이다. 따라서 여기에 4를 곱하면 4년간의 예상 등록금은 약 1억 4468만 원이 되는데(이를 현재의 물가를 기준으로 환산해보면 물가상승률을 연 3.5%로 가정할 경우 대략 현재의 7500만 원과 같은 돈이다), 조금 더 보태서 1억 4500만 원이 필요하다고 가정하겠다. 그러면 다음과 같이 재무목표를 설정할 수 있다.

향후 19년 동안 아이 대학 자금 1억 4500만 원 마련

계산 원리가 매우 단순하기 때문에 쉽게 이해했을 것으로 생각한
다. 그러면 이번에는 전자계산기 대신 아래의 〈등록금 환산표〉를 이
용해서 미래에 예상되는 등록금을 다시 계산해보겠다. 다음의 〈등록
금 환산표〉는 등록금 인상률별 환산계수를 보여준다. 표를 보면 등
록금 인상률이 연 7%일 때 경과기간 19년에 해당하는 환산계수는
3.62이다.

이는 등록금 인상률을 연평균 7%로 가정할 경우 현재의 등록금
1000만 원에 환산계수 3.62를 곱하면 19년 뒤 예상 등록금이 된다
는 뜻이다. 결과는 3620만 원이다.

〈등록금 환산표〉

경과 기간	등록금 인상률(연간, 전년대비)							
	3%	4%	5%	6%	7%	8%	9%	10%
17년	1.65	1.95	2.29	2.69	3.16	3.70	4.33	5.05
18년	1.70	2.03	2.41	2.85	3.38	4.00	4.72	5.56
19년	1.75	2.11	2.53	3.03	3.62	4.32	5.14	6.12
20년	1.81	2.19	2.65	3.21	3.87	4.66	5.60	6.73

〈19년 뒤 예상 등록금〉

1000만 원(현재의 등록금) × 3.62(등록금 환산계수) = 3620만 원

먼저 계산한 값과 약간의 차이가 있지만, 재무목표를 설정하는 데 영향을 주지는 않는다. 3620만 원에 다시 4를 곱하면 4년간의 예상 등록금은 약 1억 4500만 원이 된다. 앞으로도 이와 같은 계산 과정이 몇 번 더 나올 것이다. 그때마다 매번 전자계산기를 이용하기는 번거롭기 때문에 앞으로는 이처럼 환산표 등을 이용해 계산하겠다.

〈등록금 환산표〉

경과기간	등록금 인상률(연간, 전년대비)							
	3%	4%	5%	6%	7%	8%	9%	10%
1년	1.03	1.04	1.05	1.06	1.07	1.08	1.09	1.10
2년	1.06	1.08	1.10	1.12	1.14	1.17	1.19	1.21
3년	1.09	1.12	1.16	1.19	1.23	1.26	1.30	1.33
4년	1.13	1.17	1.22	1.26	1.31	1.36	1.41	1.46
5년	1.16	1.22	1.28	1.34	1.40	1.47	1.54	1.61
6년	1.19	1.27	1.34	1.42	1.50	1.59	1.68	1.77
7년	1.23	1.32	1.41	1.50	1.61	1.71	1.83	1.95
8년	1.27	1.37	1.48	1.59	1.72	1.85	1.99	2.14
9년	1.30	1.42	1.55	1.69	1.84	2.00	2.17	2.36
10년	1.34	1.48	1.63	1.79	1.97	2.16	2.37	2.59
11년	1.38	1.54	1.71	1.90	2.10	2.33	2.58	2.85
12년	1.43	1.60	1.80	2.01	2.25	2.52	2.81	3.14
13년	1.47	1.67	1.89	2.13	2.41	2.72	3.07	3.45
14년	1.51	1.73	1.98	2.26	2.58	2.94	3.34	3.80
15년	1.56	1.80	2.08	2.40	2.76	3.17	3.64	4.18

16년	1.60	1.87	2.18	2.54	2.95	3.43	3.97	4.59
17년	1.65	1.95	2.29	2.69	3.16	3.70	4.33	5.05
18년	1.70	2.03	2.41	2.85	3.38	4.00	4.72	5.56
19년	1.75	2.11	2.53	3.03	3.62	4.32	5.14	6.12
20년	1.81	2.19	2.65	3.21	3.87	4.66	5.60	6.73

2. 투자금액 결정

재무목표를 설정했으면, 이제 목표자금 1억 4500만 원을 마련하기 위해 지금부터 매월 얼마를 투자해야 하는지 계산해봐야 한다. 이는 일반 계산기로 직접 계산할 수 없기 때문에 아래 〈투자금액 계산표〉를 이용해보겠다.

〈투자금액 계산표〉는 수익률별로 1000만 원을 마련하기 위해 지금부터 매월 얼마를 투자해야 하는지 보여준다. 이것을 활용해 목표자금을 마련하는 데 필요한 투자금액을 대략적으로 계산해볼 수 있다. 예를 들어, 표를 보면 수익률이 연평균 4%일 때 투자기간 19년에 해당하는 투자금액은 2만 9481원이다.

〈투자금액 계산표〉

(단위: 원)

투자 기간	수익률(세후, 연복리)									
	3%	4%	5%	6%	7%	8%	9%	10%	11%	12%
17년	37,684	34,424	31,405	28,616	26,044	23,677	21,504	19,512	17,689	16,024

18년	35,024	31,809	28,846	26,122	23,624	21,338	19,251	17,349	15,620	14,050
19년	32,650	29,481	26,573	23,914	21,488	19,281	17,277	15,464	13,825	12,347
20년	30,519	27,395	24,542	21,947	19,592	17,462	15,541	13,812	12,261	10,871

이는 수익률을 연평균 4%로 가정할 경우 19년 동안 1000만 원을 마련하려면 지금부터 매월 2만 9481원을 투자해야 한다는 뜻이다. 따라서 목표자금이 1000만 원의 14.5배인 1억 4500만 원이니까 이를 마련하기 위해 매월 투자해야 하는 돈은 대략 43만 원이다.

〈19년 동안 1억 4500만 원을 마련하기 위해 요구되는 매월 투자금액〉

14.5(목표자금 배수) × 2만 9481원(단위 투자금액) = 42만 7475원

같은 방식으로 수익률을 연평균 7%로 가정할 경우 매월 32만 원(31만 1576원 = 14.5 × 2만 1488원)을 투자해야 하고, 수익률을 연평균 10%로 가정할 경우 매월 23만 원(22만 4228원 = 14.5 × 1만 5464원)을 투자하면 아이가 대학에 입학할 때쯤에는 4년간의 등록금을 전부 마련할 수 있다는 계산이 나온다.

다음 페이지의 〈투자금액 계산표〉는 목표자금 1000만 원을 마련하기 위해 요구되는 수익률별 투자금액을 투자기간 1년부터 19년까지 전부 표시한 것이다.

〈투자금액 계산표〉

* 목표자금 1000만 원을 마련하기 위해 요구되는 매월 투자금액

(단위: 원)

투자 기간	수익률(세후, 연복리)									
	3%	4%	5%	6%	7%	8%	9%	10%	11%	12%
1년	820,067	815,764	811,519	807,329	803,194	799,112	795,083	791,106	787,178	783,300
2년	403,974	399,884	395,863	391,907	388,016	384,189	380,423	376,717	373,070	369,481
3년	265,317	261,329	257,421	253,590	249,835	246,153	242,544	239,005	235,534	232,130
4년	196,018	192,104	188,282	184,548	180,902	177,340	173,860	170,460	167,139	163,893
5년	154,463	150,612	146,864	143,217	139,668	136,214	132,852	129,581	126,397	123,299
6년	126,780	122,986	119,307	115,741	112,283	108,931	105,682	102,533	99,481	96,523
7년	107,024	103,284	99,671	96,181	92,812	89,558	86,418	83,387	80,462	77,639
8년	92,222	88,533	84,984	81,569	78,285	75,128	72,094	69,177	66,376	63,685
9년	80,722	77,084	73,597	70,256	67,056	63,993	61,061	58,257	55,576	53,013
10년	71,535	67,946	64,519	61,250	58,133	55,162	52,332	49,638	47,074	44,636
11년	64,029	60,488	57,122	53,924	50,888	48,008	45,277	42,691	40,241	37,924
12년	57,784	54,291	50,984	47,856	44,900	42,109	39,476	36,995	34,657	32,457
13년	52,509	49,063	45,815	42,756	39,879	37,176	34,639	32,260	30,032	27,946
14년	47,996	44,597	41,407	38,417	35,618	33,001	30,558	28,279	26,157	24,181
15년	44,092	40,740	37,608	34,685	31,963	29,431	27,080	24,899	22,880	21,011
16년	40,684	37,378	34,303	31,447	28,801	26,352	24,091	22,006	20,086	18,321
17년	37,684	34,424	31,405	28,616	26,044	23,677	21,504	19,512	17,689	16,024
18년	35,024	31,809	28,846	26,122	23,624	21,338	19,251	17,349	15,620	14,050
19년	32,650	29,481	26,573	23,914	21,488	19,281	17,277	15,464	13,825	12,347
20년	30,519	27,395	24,542	21,947	19,592	17,462	15,541	13,812	12,261	10,871

투자 기간	수익률(세후,연복리)									
	3%	4%	5%	6%	7%	8%	9%	10%	11%	12%
21년	28,597	25,517	22,719	20,187	17,902	15,848	14,007	12,361	10,893	9,588
22년	26,855	23,819	21,076	18,605	16,390	14,410	12,646	11,079	9,693	8,468
23년	25,269	22,278	19,587	17,179	15,031	13,123	11,435	9,946	8,636	7,488
24년	23,821	20,873	18,236	15,887	13,806	11,969	10,354	8,939	7,704	6,629
25년	22,493	19,588	17,003	14,715	12,699	10,931	9,387	8,044	6,880	5,875
26년	21,271	18,410	15,877	13,647	11,695	9,995	8,520	7,246	6,150	5,210
27년	20,144	17,326	14,844	12,673	10,783	9,148	7,740	6,533	5,502	4,625
28년	19,102	16,326	13,895	11,781	9,953	8,382	7,038	5,895	4,925	4,108
29년	18,136	15,402	13,021	10,963	9,195	7,686	6,405	5,323	4,413	3,650
30년	17,237	14,545	12,215	10,212	8,503	7,054	5,833	4,809	3,955	3,246
31년	16,400	13,750	11,468	9,520	7,869	6,479	5,316	4,348	3,547	2,887
32년	15,620	13,010	10,777	8,883	7,287	5,954	4,847	3,933	3,183	2,569
33년	14,889	12,321	10,136	8,294	6,753	5,475	4,422	3,560	2,857	2,287
34년	14,205	11,677	9,540	7,749	6,262	5,038	4,036	3,223	2,565	2,037
35년	13,563	11,076	8,985	7,245	5,810	4,637	3,686	2,919	2,304	1,815
36년	12,960	10,513	8,468	6,777	5,394	4,271	3,367	2,645	2,071	1,617
37년	12,393	9,985	7,985	6,344	5,009	3,935	3,077	2,397	1,861	1,441
38년	11,858	9,489	7,534	5,940	4,655	3,627	2,813	2,173	1,673	1,284
39년	11,353	9,023	7,113	5,566	4,327	3,344	2,573	1,971	1,504	1,145
40년	10,876	8,585	6,718	5,217	4,023	3,085	2,353	1,787	1,353	1,021

〈아이의 대학 자금을 마련하기 위해 요구되는 매월 투자금액〉

목표자금	투자기간	수익률 (세후, 연복리)	투자금액 (매월)	투자원금 총액 (19년 누계)
1억 4500만 원	19년	4.0%	43만 원	9800만 원
		7.0%	32만 원	7300만 원
		10.0%	23만 원	5200만 원

이렇게 목표자금을 마련하기 위해 요구되는 투자금액을 계산해봤다면, 이제 실제로는 매월 얼마를 투자할 것인지 결정해야 한다.

사실 큰 고민은 여기서부터 시작된다. 1~2년 투자하고 끝날 일이 아니다. 아이가 성장하는 동안 내내 투자해야 한다. 그렇기 때문에 무리해서 투자를 시작하기보다는 장기간 투자를 지속하는 데 어려움이 없는 수준에서 얼마를 투자할 것인지 결정해야 한다.

만약 내가 매월 43만 원을 투자할 수 있는 여건이 된다면 고민할 게 많지 않다. 원리금이 보장되는 은행의 적금과 정기예금에만 열심히 돈을 넣어도 목표자금을 마련하게 될 가능성이 있기 때문이다.

하지만 당시 나는 그만 한 여건이 되지 않았다. 물론 다른 목적들을 위해 투자하고 있던 돈을 줄이거나 중단하면 가능했을 수도 있지만 그럴 생각은 없었고 투자를 미루고 싶지도 않았다. 이런 상황에서 내가 할 수 있는 선택으로는 크게 다음의 3가지를 고려하는 것이었다.

• 하나, 위험이 증가하더라도 높은 수익률을 기대하고 투자한다.

- 둘, 적은 돈으로 투자를 시작하되 향후 투자금액을 늘려나간다.
- 셋, 재무목표를 낮추고, 향후 부족한 자금은 다른 방법으로 조달한다.

이 중 하나를 반영할 수도 있고, 3가지 전부를 반영할 수도 있다. 하나씩 살펴보겠다.

필요한 자금의 규모는 큰 데 반해 투자할 수 있는 돈이 적은 경우, 낮은 수익률을 기대하고 투자하면 목표자금을 마련하게 될 가능성은 전혀 없다고 봐야 한다. 따라서 내가 1억 4500만 원을 전부 마련하고 싶지만 매월 43만 원보다 적은 돈을 투자할 수밖에 없는 상황이라면 연평균 4%보다 높은 수익률을 기대하고 투자해야 한다.

나는 채권형금융상품의 기대수익률은 연 4%, 주식형금융상품의 기대수익률은 연 10%로 가정하여 투자 계획을 세웠다.

투자금액 전부를 채권형금융상품에만 투자해서는 연평균 4%보다 높은 수익률을 기대하기 어렵다고 가정한다면, 투자금액의 일부라도 고수익을 기대할 수 있는 주식형금융상품에 투자해야만 목표를 달성하게 될 가능성이 생긴다. 그 대신 위험이 증가한다.

수익률을 연평균 7%로 가정할 경우, 매월 32만 원을 투자하면 된다. 여전히 적지 않은 부담이지만 43만 원에 비하면 한결 가벼운 금액이다. 연 7%는 채권형금융상품의 기대수익률을 연 4%, 주식형금융상품의 기대수익률을 연 10%로 가정했을 때 각각 5:5의 비율로 투자하면 기대해볼 수 있는 수익률이다.

즉, 32만 원 중 16만 원은 채권형금융상품에, 나머지 16만 원은 주식형금융상품에 나누어서 투자할 때의 기대수익률이 연 7%라는 뜻이다. 하지만 나는 당시 매월 32만 원을 투자할 수 있는 여건도 되지 않았다.

내가 부담을 느끼지 않고, 당장 투자를 시작할 수 있는 금액은 수익률을 연평균 10%로 가정할 경우 투자해야 하는 금액인 23만 원의 절반 정도였다. 결국, 내가 목표자금을 전부 마련하기 위해서는 연평균 10%보다도 더 높은 수익률을 기대하고 투자해야 한다는 뜻이다.

그런데 단기적인 고수익을 노리고 투자하는 경우라면 모를까, 나는 투자금액 전부를 주식형금융상품에 투자하더라도 10년 이상 장기간 투자를 하면서 연평균 10%보다 높은 수익률을 기대하기는 어렵다고 생각한다. 그뿐만 아니라 연평균 10%도 결코 쉽게 얻을 수 있는 수익률이 아니라고 생각한다. 따라서 그 이상의 수익률을 기대하고 투자 계획을 세우는 건 나에게 별 의미가 없는 일이다.

그러면 이제 두 가지 선택이 남는다. 적은 돈으로 투자를 시작하되 투자금액을 늘려나가는 것과 재무목표를 낮추고 향후 부족한 자금은 다른 방법으로 조달하는 것에 대해 고려해야 한다.

나는 가급적 필요한 자금을 전부 마련하는 것에 목표를 두었기 때문에 재무목표를 낮추는 것에 대해서는 고려하지 않았다. 그래서 적은 돈이라도 연평균 10%의 수익률을 기대하고, 주식형펀드에 일단 투자를 시작하되 육아휴직 중이던 아내가 복직하여 다시 정상적인 급여를 받게 되면 이후 시기를 봐서 자동이체 금액을 요구되는 투자 금액 이상으로 늘리는 것을 목표로 삼았다.

그리고 그전에 부족한 돈을 메우기 위해 아이 돌잔치 때 받은 축의금, 근로소득 연말정산 후 환급받은 소득세 등 여윳돈이 생길 때는 물론 푼돈이라도 수시로 추가 입금을 해왔다. 재무목표를 분명히 설정하고, 수익률별 요구되는 투자금액을 계산해보면 이처럼 내가 처한 여건에서 어떻게 행동해야 목표에 근접해갈 수 있는지 판단해볼 수 있다. 똑같은 돈을 투자하더라도 이런 과정을 거쳐 투자하는 것과 그렇지 않은 것과의 사이에는 질적인 차이가 존재하며, 재무목표를 달성하게 될 가능성에도 큰 차이가 생긴다.

예를 들어 당신이 아이의 대학 자금 마련을 위해 지금부터 매월 10만 원을 펀드에 투자한다고 가정해보자. 이때 아이가 대학에 진학할 때쯤에는 2년치 등록금 정도를 준비할 수 있을 것이라는 예상을 하면서 투자하는 경우와 목표와 계획 없이 무작정 투자하는 경우가 내용적인 면에서 똑같다고 생각되지는 않을 것이다.

전자는 필요한 자금과 준비 가능한 자금 사이의 차이를 인식하는 경우이기 때문에 그 간격을 좁히기 위해서는 지출을 절제하거나 소득을 늘리는 등의 노력을 통해 투자금액을 늘려나가야 한다는 목표의식을 가져오게 된다. 그리고 의식대로 행동하면 재무목표에 한 뼘이라도 가까이 다가서게 될 것은 당연하다. 하지만 후자는 투자목적은 분명하더라도 목표 자체가 없는 경우이기 때문에 재무목표를 달성하는 일은 순전히 운에 맡겨야 하는 상황이 된다. 달성할 목표가 없는데, 나의 의지에 의해 목표에 다가설 수는 없다.

따라서 이왕 투자를 할 생각이라면 구체적인 투자 계획을 먼저 세우고 시작하는 게 여러모로 유익하다. 하지만 구체적인 투자 계획을 세우지 않은 채 이미 투자를 시작했더라도 걱정할 건 없다. 현재 시점을 기준으로 투자 계획을 세워보고, 필요하다면 투자금액이나 포트폴리오를 수정해주는 등의 작업을 하면 되기 때문이다.

마지막으로, 재무목표를 낮추는 것에 대해서도 생각해보자. 만약 현재 나의 재무적인 여건으로는 4년간의 등록금을 전부 마련하기가 현실적으로 어렵다고 생각된다면 재무목표를 낮추는 것에 대해 고려해야 한다.

돈과 관련해서는 한 가지 문제에 대한 답이 하나뿐인 경우는 거의 없다. 고민해보고 찾으려고 노력하면 여러 개의 답을 찾아낼 수 있다. 예를 들어 내가 4년이 아닌 2년간의 등록금을 마련하는 것으로 계획을 바꾼다면 다음과 같이 재무목표를 설정할 수 있다.

향후 19년 동안 아이의 대학 자금 7200만 원 마련

재무목표를 절반으로 낮추었기 때문에 이때는 4년간의 등록금을 마련하기 위해 요구되는 투자금액의 절반을 투자하면 된다. 수익률을 연평균 10%로 가정할 경우 23만 원의 절반인 매월 12만 원 정도를 투자하면 목표자금을 마련할 가능성이 있다는 뜻이다.

실제로 재무목표를 달성하게 되면 다른 어려운 일이 있더라도 등록금과 관련해서는 크게 걱정할 일이 없을 것이다. 왜냐하면 특별한 문제가 없는 한 나는 아이가 대학에 다니는 동안에도 소득 활동을 계속하고 있을 것이기 때문이다.

예를 들어 아이가 대학에 진학할 때인 19년 뒤 나의 연간 소득이 7600만 원이라고 가정해보겠다. 이는 현재 연간 소득이 3000만 원인 사람이 소득상승률을 연 5%로 가정했을 때 기대해볼 수 있는 미래의 소득(현재의 소득 3000만 원에 1.05를 19번 곱해준 값)이다. 즉, 19년 뒤 현재의 소득 가치로 연간 3000만 원을 번다는 뜻이다.

만약 내가 연간 소득 7600만 원 중 20% 정도인 1500만 원을 아이의 등록금으로 매년 지출할 수 있다면 미리 준비해둔 자금에 4년 동안 6000만 원 이상을 더 보탤 수 있다. 따라서 아이의 등록금을 해결해주는 데 큰 문제가 없을 것이다. 만약 이마저도 어려운 상황이라면 다음과 같이 1년간의 등록금을 마련하는 것으로 재무목표를 더 낮춰야 할 것이다.

향후 19년 동안 아이의 대학 자금 3600만 원 마련

재무목표를 다시 절반으로 낮추었기 때문에 이때는 2년간의 등록금을 마련하기 위해 요구되는 투자금액의 절반을 투자하면 된다. 수익률을 연평균 10%로 가정할 경우 12만 원의 절반인 매월 6만 원 정도를 투자하면 목표자금을 마련할 가능성이 있다는 뜻이다. 향후 부족한 자금은 역시 미래의 소득으로 해결하면 될 것이다.

하지만 그게 여의치 않아 학자금 대출을 받아야 하거나 아이에게 스스로 해결하라고 맡겨야 하는 상황이 되더라도 첫해에 필요한 등록금을 미리 준비해둔다면 일단 급한 불은 쉽게 끌 수 있기 때문에 전혀 준비하지 못한 것에 비해서는 부담이 훨씬 적을 것이다.

또한 돈이 부족할 것에 대해 벌써부터 걱정할 일도 아니라고 생각한다. 왜냐하면 나는 아직 젊고, 아이의 대학 진학까지는 19년이라는 긴 시간이 남아 있으므로 이를 만회할 충분한 기회가 있기 때문이다. 따라서 투자할 돈이 없다고 걱정만 하고 앉아 있기보다는 재무목표를 정하고 적은 돈이라도 일단 투자를 시작하는 게 중요하다. 무슨 일이든 시작을 해야 끝을 볼 수 있는 법이다.

지금까지 내 딸의 대학 자금 마련 계획을 예로 들어 재무목표를 설정하고, 투자금액을 결정하는 과정에 대해 설명했다. 이는 아이의 대학 자금과 부모의 노후 자금 마련을 위한 투자 계획을 수립할 때 거치게 되는 공통 과정이다. 모양새만 조금 다를 뿐이다.

이제부터 이를 기초로 두 가지 목돈 마련 계획을 수립하고 실행하는 과정에 대해 안내하겠다.

4단계: 우리 아이 대학 자금 마련 계획

이 과정에 대해서는 내 딸의 경우를 예로 들어 대부분 설명했기 때문에 더 이상 길게 할 말은 없다.

대신 만 4세, 만 1세가 된 두 아이를 둔 홍길동 씨의 경우를 예로 들어 재무목표를 설정하고, 투자금액을 결정하는 과정을 설명하겠다. 내가 제시하는 순서대로 당신의 아이를 위한 투자 계획도 세워보기 바란다.

아이가 둘인 경우 투자목적을 큰아이의 대학 자금 마련, 작은아이의 대학 자금 마련 이렇게 둘로 나누어서 투자 계획을 세울 필요가 있다. 아이들이 대학에 입학하는 시기가 서로 다르므로 아이별로 재무목표도 달라지기 때문이다. 아이가 셋 이상이라면 역시 아이별로 투자목적을 구분해줘야 한다.

먼저, 현재 만 4세인 큰아이의 대학 자금 마련을 위한 재무목표를 설정해보자.

마찬가지로 현재의 등록금은 연간 1000만 원, 등록금 인상률은 연평균 7%로 가정하겠다. 홍길동 씨의 큰아이가 대학에 입학할 때까지는 약 15년이 남았다.

다음 페이지의 〈등록금 환산표〉를 보면 등록금 인상률이 연평균 7%일 때 경과기간 15년에 해당하는 환산계수는 2.76이다.

〈등록금 환산표〉

경과 기간	등록금 인상률(연간, 전년대비)							
	3%	4%	5%	6%	7%	8%	9%	10%
13년	1.47	1.67	1.89	2.13	2.41	2.72	3.07	3.45
14년	1.51	1.73	1.98	2.26	2.58	2.94	3.34	3.80
15년	1.56	1.80	2.08	2.40	2.76	3.17	3.64	4.18
16년	1.60	1.87	2.18	2.54	2.95	3.43	3.97	4.59
17년	1.65	1.95	2.29	2.69	3.16	3.70	4.33	5.05

따라서 15년 뒤 예상 등록금은 연간 2760만 원이 된다.

〈15년 뒤 예상 등록금〉

1000만 원(현재의 등록금) × 2.76(등록금 환산계수) = 2760만 원

여기에 4를 곱하면 4년간의 예상 등록금은 약 1억 1000만 원이 된다. 따라서 다음과 같이 재무목표를 설정할 수 있다.

향후 15년 동안 큰아이의 대학 자금
1억 1000만 원 마련

이번에는 〈투자금액 계산표〉를 보자. 수익률을 연평균 4%로 가정

할 경우 15년 동안 1000만 원을 마련하기 위해서는 지금부터 매월 4만 740원을 투자해야 한다.

〈투자금액 계산표〉

(단위: 원)

투자 기간	수익률(세후, 연복리)									
	3%	4%	5%	6%	7%	8%	9%	10%	11%	12%
13년	52,509	49,063	45,815	42,756	39,879	37,176	34,639	32,260	30,032	27,946
14년	47,996	44,597	41,407	38,417	35,618	33,001	30,558	28,279	26,157	24,181
15년	44,092	40,740	37,608	34,685	31,963	29,431	27,080	24,899	22,880	21,011
16년	40,684	37,378	34,303	31,447	28,801	26,352	24,091	22,006	20,086	18,321

따라서 목표자금이 1000만 원의 11배인 1억 1000만 원이니까 이를 마련하기 위해 매월 투자해야 하는 돈은 대략 45만 원이다.

〈15년 동안 1억 1000만 원을 마련하기 위해 요구되는 매월 투자금액〉

11(목표자금 배수) × 4만 740원(단위 투자금액) = 44만 8140원

같은 방식으로 수익률을 연평균 7%로 가정할 경우 매월 35만 원 (35만 1593원=11×3만 1963원)을 투자해야 하고, 수익률을 연평균 10% 로 가정할 경우 매월 27만 원(27만 3889원=11×2만 4899원)을 투자하면

큰아이가 대학에 입학할 때쯤에는 4년간의 등록금을 전부 마련할 수 있다는 계산이 나온다.

〈큰아이의 대학등록금을 마련하기 위해 요구되는 매월 투자금액〉

목표자금	투자기간	수익률 (세후, 연복리)	투자금액 (매월)	투자원금 총액 (15년 누계)
1억 1000만 원	15년	4.0%	45만 원	8100만 원
		7.0%	35만 원	6300만 원
		10.0%	27만 원	4860만 원

그렇다면 이제 현재 만 1세인 작은아이의 대학 자금 마련을 위한 재무목표를 설정해보자. 작은아이가 대학에 입학할 때까지는 약 18년이 남았다.

〈등록금 환산표〉에서 등록금 인상률이 연평균 7%일 때 경과기간 18년에 해당하는 환산계수는 3.38이다. 따라서 18년 뒤 예상 등록금은 연간 3380만 원이 되고, 4년간의 예상 등록금은 약 1억 3500만 원이 된다. 따라서 다음과 같이 재무목표를 설정할 수 있다.

향후 18년 동안 작은아이의 대학 자금
1억 3500만 원 마련

그리고 〈투자금액 계산표〉를 이용해 계산해보면 목표자금을 마련하기 위해 지금부터 매월 투자해야 하는 금액은 수익률을 연평균 4%로 가정할 경우 43만 원, 수익률을 연평균 7%로 가정할 경우 32만 원, 수익률을 연평균 10% 가정할 경우 24만 원이다.

〈작은아이의 대학등록금을 마련하기 위해 요구되는 매월 투자금액〉

목표자금	투자기간	수익률 (세후, 연복리)	투자금액 (매월)	투자원금 총액 (18년 누계)
1억 3500만 원	18년	4.0%	43만 원	9300만 원
		7.0%	32만 원	6900만 원
		10.0%	24만 원	5200만 원

따라서 홍길동 씨가 두 아이를 위해 매월 투자해야 하는 금액을 수익률별로 살펴보면 다음의 표와 같다.

〈두 아이의 대학등록금을 마련하기 위해 요구되는 매월 투자금액〉

수익률 (세후, 연복리)	투자금액 (매월)
4.0%	88만 원
7.0%	67만 원
10.0%	51만 원

이쯤에서 '헉' 소리를 내는 독자들이 분명히 있을 것이다. 맞벌이를 하더라도 아이 둘을 키우면서 순수하게 한 가지 목적만을 위해 매월 50만 원 이상 투자하는 건 무척 부담스러운 일이다. 그것도 1~2년이 아니라 15년 이상 투자해야 하기 때문에 큰 마음먹고, 한번 해보겠다고 나서기조차 쉬운 일이 아닐 것이다. 외벌이 가정이나 아이들이 셋 이상인 가정은 한숨만 나올 수도 있다.

나는 독자들에게 겁을 주고 싶은 마음은 털끝만큼도 없다. 그렇다고 내가 사실이라고 생각하는 것을 사실이 아니라고 말할 마음도 없다. 이렇게 미래에 겪게 될 큰 부담을 조금이라도 덜기 위해서는 적은 돈이라도 아이들이 어릴 때부터 대학 자금 마련을 시작해야 한다. 이를 위해 평소 계획적으로 돈을 쓰고 관리함으로써 절제된 지출습관을 유지하고, 저축액을 늘리기 위한 노력을 해야 한다.

그리고 필요하다면(어렵더라도) 아이들을 양육하면서 들이는 비용과 사교육비 등 아이와 관련된 지출을 줄이기 위한 노력도 함께해야 할 것이다. 하지만 상황이 여의치 않다고 벌써부터 지나친 걱정을 할 필요는 없다고 생각한다. 준비된 자금이 부족하더라도 일부는 미래의 소득으로 충당할 수 있을 것이고, 일부는 다른 보유 자산으로 충당할 수 있을 것이다. 그뿐만 아니라 자녀들도 부모의 부담을 덜어주기 위해 노력할 것이다.

주변을 둘러보면 장학금을 받기 위해 열심히 공부하고 방학 때마다 아르바이트를 하는 대학생들이 많다. 부모가 땀 흘려 버는 돈의 가치가 얼마나 값진 것인지 어려서부터 가르치고, 부모에게 지나치게 의존하지 않도록 자립심을 키워준다면 자녀들도 부모의 고충을 이해하고 문제 해결을 위해 함께 노력하게 될 것이다. 나 역시 내 아이를 그렇게 가르치고 키울 것이다.

재무목표별로 두 아이의 대학 자금 마련을 위해 홍길동 씨가 지금부터 투자해야 하는 금액을 정리하면 다음과 같다.

〈두 아이의 대학등록금을 마련하기 위해 요구되는 매월 투자금액〉

수익률 (세후, 연복리)	재무목표			
	4년간 등록금	3년간 등록금	2년간 등록금	1년간 등록금
4.0%	88만 원	66만 원	44만 원	22만 원
7.0%	67만 원	50만 원	34만 원	17만 원
10.0%	51만 원	38만 원	26만 원	13만 원

따라서 홍길동 씨는 자신의 위험성향과 투자기간, 저축여력 등을 고려해 재무목표와 기대수익률을 정하고, 매월 얼마를 투자할 것인지 최종적으로 결정해야 한다.

이때 아이의 대학 자금뿐만 아니라 노후 자금, 주택자금 이외에도 중·단기적으로 목돈을 지출해야 할 계획들이 있을 것이므로 이들을 종합해서 투자금액을 결정해야 한다. 왜냐하면 제한된 수입에서 지출도 하고 투자도 해야 하므로 여러 목적의 투자 계획에 균형 있게 투자금액을 배분해주지 않으면 어느 것 하나 투자를 지속해나가기가 어렵기 때문이다.

만약 투자할 수 있는 돈이 재무목표 달성에 요구되는 투자금액에 훨씬 못 미치더라도 실망하여 투자를 미루기보다는 일단 시작한 뒤 투자금액을 조금씩 늘려나가기 위한 노력을 하는 편이 훨씬 낫다. 상황이 도저히 안 된다면 어쩔 수 없겠지만, 오늘 사정이 있어 미루면 내일 또 미뤄야 하는 사정이 생기기 마련이다. 그렇게 한 해 두 해 미루다 보면 아이가 커가면서 돈 걱정도 함께 커갈 것이다.

TIP 현재 준비된 자금이 있는 경우

현재 자녀의 대학 자금 중 일부를 마련해둔 상태라면 이 또한 투자 계획 수립 때 반영해야 한다. 예를 들어 홍길동 씨가 2년 전부터 큰아이의 대학 자금 마련을 위해 주식형펀드에 적립식 투자를 해왔고, 현재 펀드 평가액이 500만 원이라고 가정해보자.

만약 홍길동 씨가 향후 주식형펀드의 수익률을 연평균 10%로 기대한다면 준비된 자금 500만 원은 15년 뒤 수익이 더해져 대략 2100만 원이 될 것으로 기대해볼 수 있다. 이는 500만 원에 1.1을 15번 곱한 값이며, 〈등록금 환산표〉를 응용하여 계산하면 인상률 연 10%(= 수익률로 간주), 경과기간 15에 해당하는 환산계수 4.18을 곱한 것과도 동일한 값이다. 따라서 홍길동 씨는 목표자금에서 이를 제외한 자금을 추가로 마련하기 위한 투자 계획을 세우면 된다. 즉, 앞서 큰아이의 대학 자금 마련을 위한 목표자금이 1억 1000만 원이었으니까 여기서 2100만 원을 빼면 부족한 자금은 8900만 원이 되는데, 이 부족한 자금을 추가로 마련하기 위해 매월 얼마를 투자해야 하는지 계산하여 투자 계획에 반영하면 된다는 뜻이다.

금융상품(투자대상) 선택

투자금액을 결정했다면 투자 계획에 적합한 금융상품을 선택해서 실행에 옮겨야 한다. 금융상품은 기본적으로 채권형금융상품과 주식형금융상품으로 구분할 수 있다.

채권형금융상품으로는 적금, 정기예금, 채권형펀드, 저축성보험(금리연동형) 등이 있는데, 원금이 보존되거나 손실 가능성이 작고, 시장금리 수준의 수익률을 기대할 수 있다. 주식형금융상품으로는 주식형펀드, 변액유니버셜보험 등이 있는데, 위험이 큰 대신 높은 수익률을 기대할 수 있다.

적금은 만기가 5년 이하인 상품들이 대부분이기 때문에 만기 연장(재예치)이 가능한 일부 상품들을 제외하면 장기적인 계획을 갖고 투자하기에는 적합하지 않다. 하지만 적금 만기가 도래할 때마다 새로운 만기를 정하여 투자를 계속하고, 만기가 되어 찾은 돈은 정기예금에 투자를 반복하는 식으로 운용해나갈 수 있기 때문에 조금만 신경 써서 관리한다면 장기간 투자하는 데 문제 될 것은 없다. 적금과 정기예금은 대부분 가입 당시에 수익률(이자율)이 확정되기 때문에 금리가 낮은 시기에 만기를 길게 설정하면 향후 금리가 오르더라도 그 혜택을 얻지 못한다.

따라서 가입 당시 수익률(이자율)이 기대에 못 미치거나 향후 금리 인상을 기대한다면 가급적 만기를 1년 이하로 짧게 설정하여 금리 인상에 대비할 필요가 있다. 반대로 가입 당시 수익률이 기대 이상이거나 향후 금리 인하를 예상한다면 만기를 길게 설정하여 금리 인하에 따른 수익률 하락에 대비할 필요가 있다.

만약 적금과 정기예금의 만기를 1년 단위로 설정하여 매년 투자를 반복한다면 전체 투자기간 동안 금리 변동에 따른 평균적인 수익률을 얻을 수 있는데, 이처럼 일정주기를 만기로 설정하여 기계적으로 투자를 반복하는 것도 좋은 방법이라 생각한다. 적금과 정기예금은 만기 전에 해지할 경우 약정 이자를 전부 받지 못하게 되는 불이익이 따른다.

채권형펀드는 채권투자에 따른 실적을 배당하는 상품이다. 금리뿐만 아니라 채권의 신용등급, 만기 등에 따라 위험과 수익률 등이 달라지는데, 정부, 지방자치단체, 공기업, 은행, 우량 대기업 등 파산 가능성이 없거나 매우 낮은 기관들이 발행한 채권에 주로 투자하는 펀드가 마음 편히 장기간 투자하는데 적합할 것이다.

저축성보험(금리연동형)은 은행의 예·적금 금리보다 다소 높은 수준에서 형성되는 공시이율(은행의 이자율과 유사한 개념)에 의해 이자가 발생하며 1개월, 3개월, 1년 등 정기적으로 적용 공시이율이 변동되는 상품들이 대부분이다. 그리고 대부분의 상품이 금리가 아무리 하락해도 일정 수준 이상의 공시이율을 최저 보증해준다. 또한 10년 이상 유지 시 이자에 대한 소득세가 비과세 되는 혜택도 있다. 하지만 사업비가 지출되기 때문에 조기에 해지하면 원금도 전부 돌려받지 못하게 될 수 있으며, 10년 이내에 해지하면 이자에 대한 소득세를 납부해야 하는 등 여러 불이익이 따른다. 따라서 처음 가입할 때 보험료와 납입기간 등을 장기간 변함없이 유지하는 데 어려움이 없도록 신중히 결정해야 한다.

주식형펀드는 국내 종합주가지수 시가총액 상위에 속하는 대형주에 주로 투자하는 펀드나 KOSPI200지수를 추종하는 인덱스펀드 등 대체로 국내 주식시장의 흐름을 따라가는 주식형펀드가 장기간 투자하는 데 적합할 것이다. 다만, 좀 더 적극적으로 투자한다면 특정 산업 또는 기업군의 주식에 집중적으로 투자하는 펀드나 해외펀드 등에 투자금액의 일부를 분산 투자하는 것도 고려해볼 수 있다.

변액유니버셜보험은 상품 내에서 채권형펀드, 국내 주식형펀드, 해외 주식형펀드 등 다양한 펀드를 선택할 수 있기 때문에 자신의 위험성향과 기대수익률 등을 고려해 원하는 펀드를 선택해서 투자할 수 있으며, 복수의 펀드를 선택해 분산 투자할 수도 있다. 그리고 10년 이상 유지 시 수익에 대한 소득세가 비과세 되며, 사망보장 등의 부가적인 기능을 제공한다.

다만, 다른 저축성보험과 마찬가지로 사업비가 지출되기 때문에 수익률이 높더라도 조기에 해지하면 원금도 전부 돌려받지 못하게 될 수 있으며, 10년 이내에 해지하면 수익에 대해 소득세를 납부해야 하는 등 여러 불이익이 따른다. 따라서 최소 10년 이상 납입하는 데 어려움이 없는 선에서 보험료를 결정해야 한다.

이외에도 여러 가지 금융상품들이 있지만(사실 너무 많다), 방금 소개한 금융상품들만 활용해도 아이의 대학 자금 마련 계획뿐만 아니라 다른 목적의 목돈 마련 계획을 실행하는 데도 문제가 없을 것이다.

만약 금융상품을 선택하는 데 어려움을 느끼고, 다양한 금융상품들을 접하고 싶다면 혼자 고민하기보다는 은행, 증권사, 보험사, 재무설계회사 등에서 근무하는 여러 전문가를 직접 만나서 그들이 추천하는 금융상품에 대한 설명을 듣고, 상품의 장단점과 추천 사유 등을 묻고 따져보는 과정을 통해 학습하기를 권하고 싶다.

내가 아는 한 대부분의 금융업 종사자들은 구매 여부와는 관계없이 사람들에게 자신이 판매하는 상품에 대해 설명하거나 조언을 하는 데 인색하지 않다. 재테크 책과 인터넷 등을 통해 상품 정보를 접하고, 공부하고, 비교하는 등의 노력도 중요하지만, 사람을 직접 만나서 듣고, 묻고 따져보는 것보다 더 좋은 학습 방법은 없다고 생각한다. 여러 사람을 만나다 보면 나의 입장을 이해하고, 상품 판매 목적을 앞세우기보다는 나에게 도움을 주려고 노력하는 사람들을 분명히 만날 수 있을 것이다. 상대방이 어떤 태도로 나를 대하고 있는지는 굳이 말과 행동으로 드러나지 않더라도 마음으로 느낄 수 있는 법이다.

특히 CFP(국제공인재무설계사), AFPK(공인재무설계사) 등 전문자격을 보유하고, 4~5년 이상의 경력을 가진 사람들을 만나보는 게 좋을 것으로 생각한다. 각 금융회사의 영업점을 방문하면 이런 자격을 보유한 직원들이 한두 명 이상은 꼭 근무를 하고 있기 때문에 조금만 적극적으로 찾아보면 도움을 받을 수 있다. 보험사나 재무설계회사 등의 영업점에 연락하면 그쪽에서 사람이 직접 찾아와주기도 한다. 대신 그들에게 구체적으로 도움을 요청하는 게 좋다.

예를 들면 '아이의 대학 자금 마련이 가능한 상품을 추천해달라'라는 식으로 말하기보다는 '5세인 우리 아이의 대학 자금을 마련하기 위해 매월 10만 원을 투자할 계획인데, 어떤 펀드를 추천해주겠는가?' 또는 '3세인 우리 아이의 대학 자금 마련을 위해 연평균 7% 정도의 수익률을 기대하고 투자할 계획인데, 어떤 상품을 추천해주겠는가?'라는 식으로 말하는 게 좋다는 뜻이다.

자신이 무엇을 원하는지 상대방에게 구체적으로 알려야 원하는 답을 듣게 될 가능성이 커진다. 그리고 상품의 장단점과 추천사유 등 궁금한 점이 있다면 의문이 풀릴 때까지 따지고 물어야 한다. 자신이 직접 금융상품을 선택하는 데 어려움을 느낀다면 시간이 오래 걸리더라도 이런 노력을 거친 뒤에 투자할 상품을 최종 선택할 것을 권한다.

몇 가지 사족을 덧붙이면, 아이의 대학 자금을 마련한다고 해서 꼭 어린이 전용 상품이나 '우리아이, 교육자금, 학자금' 등의 명칭이 붙은 금융상품을 선택할 필요는 없다. 각 금융회사에서 내놓는 이런 특성화 상품에 가입하면 금리우대, 어린이 경제교육, 상해보험 무료가입 등 부가혜택을 얻게 되는 경우가 많지만 이에 앞서 대학 자금 마련 계획을 실행하기에 적합한 상품인지를 먼저 따져봐야 한다.

예를 들어 어린이 적금에 가입하여 금리우대를 받지 않더라도 더 나은 금리를 제공하는 다른 적금상품이 있을 수 있으며, 어린이 펀드의 경우 대부분 운용 규모가 작고, 다른 비슷한 유형의 펀드에 비해 과거의 운용성과가 저조한 경우도 많다. 어린이 보험상품(저축성보험, 교육보험 등)의 경우 아이의 진학 단계별로 학자금 명목의 보험금을 만기 전에 분할해서 지급하거나 부가적인 보험 혜택을 제공하는 등의 장점이 있지만, 투자목적이 아이의 대학 자금 마련이라면 대학에 진학하기 전에 미리 돈을 인출하지 않는 게 좋을 것이기 때문에 꼭 필요한 기능이라고 볼 수 없다.

이와 같은 금융상품들에 문제가 있다고 말하는 게 아니라 아이를 위해 돈을 모은다고 해서 꼭 어린이 전용 상품에 집착할 필요가 없다는 점을 말하는 것이다. 부가혜택보다는 재무목표를 달성하기에 적합한지, 자신의 위험성향과 기대수익률을 충족할 수 있는 상품인지 등을 우선 따져봐야 한다.

5단계: 우리 아이 대학 자금 마련 계획 세우기

이 과정에 의해 산출된 결과로 불확실한 미래의 상황을 정확히 예측할 수는 없다. 독자들이 직접 투자 계획을 수립하는 데 어려움이 없도록 계산 과정을 최대한 단순화했으며, 결과에 영향을 미치는 일부 변수의 값을 제한된 조건 하에(결과가 크게 왜곡되지 않는 범위 내에서) 별도의 설명 없이 저자가 임의로 적용했음을 먼저 밝혀둔다.

〈홍길동 씨 사례 예시〉

	이름	홍영재
①	이름	홍영재
②	현재 나이 (만)	4세
③	대학진학까지 남은 기간 (19 - ②현재 나이)	15년
④	현재의 등록금 (본인 예상)	연 1000만 원
⑤	등록금 인상률 (본인 예상)	연평균 7.0%
⑥	등록금 환산계수 (〈등록금 환산표〉 이용)	2.76
⑦	예상 등록금 (④현재의 등록금 ×⑥등록금 환산계수)	연 2760만 원
⑧	목표자금 (4년간 예상 등록금)	1억 1000만 원
⑨	기대 투자수익률 (본인 예상)	연평균 7.0%
⑩	1,000만 원 당 단위 투자금액 (〈투자금액 계산표〉이용)	매월 3만 1963원
⑪	목표자금 배수 (⑧목표자금 ÷ 1,000만 원)	11
⑫	목표자금 마련을 위한 투자금액 (⑪목표자금 배수 ×⑩단위 투자금액)	매월 35만 1593원
⑬	재무 목표별 매월 투자 금액	4년간 등록금 마련	35만 1593원
		3년간 등록금 마련	26만 3695원
		2년간 등록금 마련	17만 5797원
		1년간 등록금 마련	8만 7898원

〈등록금 환산표〉

경과 기간	등록금 인상률(연간, 전년대비)		
	6%	7%	8%
14년	2.26	2.58	2.94
15년	2.40	2.76	3.17
16년	2.54	2.95	3.43

1000만 원(현 등록금) × 2.76(등록금 환산계수)

2760만 원(예상 등록금) > 4년

〈투자금액 계산표〉

투자 기간	수익률(세후, 연복리)		
	6%	7%	8%
14년	38,417	36,618	33,001
15년	34,685	31,963	29,431
16년	31,447	28,801	26,352

1억 1000만 원(목표자금) ÷ 1000만 원

11(목표자금 배수) × 3만 1963원(단위 투자금액)

<우리 아이 대학 자금 마련 계획 세우기>

	구분	자녀 1	자녀 2	자녀 3
①	이름			
②	현재 나이(만)	세	세	세
③	대학진학까지 남은 기간 (19 − ②현재 나이)	년	년	년
④	현재의 등록금 (본인 예상)	연 만 원	연 만 원	연 만 원
⑤	등록금 인상률 (본인 예상)	연평균 %	연평균 %	연평균 %
⑥	등록금 환산계수 (<등록금 환산표> 이용)			
⑦	예상 등록금 (④현재의 등록금 × ⑥등록금 환산계수)	연 만 원	연 만 원	연 만 원
⑧	목표자금 (4년간 예상 등록금)	만 원	만 원	만 원
⑨	기대 투자수익률 (본인 예상)	연평균 %	연평균 %	연평균 %
⑩	1000만 원 당 단위 투자금액 (<투자금액 계산표> 이용)	매월 원	매월 원	매월 원
⑪	목표자금 배수 (⑧목표자금÷1000만 원)			
⑫	목표자금 마련을 위한 투자금액 (⑪목표자금 배수 × ⑩단위 투자금액)	매월 원	매월 원	매월 원
⑬	재무 목표별 매월 투자 금액 4년간 등록금 마련	원	원	원
	3년간 등록금 마련	원	원	원
	2년간 등록금 마련	원	원	원
	1년간 등록금 마련	원	원	원

※ 표의 내용을 자동으로 계산해볼수 있는 엑셀시트 자료를 다산북스 홈페이지(www.dasanbooks.com) 지식자료실에 올려두었으니 필요하다면 활용해보기 바란다.

〈등록금 환산표〉

경과 기간	등록금 인상률(연간, 전년대비)							
	3%	4%	5%	6%	7%	8%	9%	10%
1년	1.03	1.04	1.05	1.06	1.07	1.08	1.09	1.10
2년	1.06	1.08	1.10	1.12	1.14	1.17	1.19	1.21
3년	1.09	1.12	1.16	1.19	1.23	1.26	1.30	1.33
4년	1.13	1.17	1.22	1.26	1.31	1.36	1.41	1.46
5년	1.16	1.22	1.28	1.34	1.40	1.47	1.54	1.61
6년	1.19	1.27	1.34	1.42	1.50	1.59	1.68	1.77
7년	1.23	1.32	1.41	1.50	1.61	1.71	1.83	1.95
8년	1.27	1.37	1.48	1.59	1.72	1.85	1.99	2.14
9년	1.30	1.42	1.55	1.69	1.84	2.00	2.17	2.36
10년	1.34	1.48	1.63	1.79	1.97	2.16	2.37	2.59
11년	1.38	1.54	1.71	1.90	2.10	2.33	2.58	2.85
12년	1.43	1.60	1.80	2.01	2.25	2.52	2.81	3.14
13년	1.47	1.67	1.89	2.13	2.41	2.72	3.07	3.45
14년	1.51	1.73	1.98	2.26	2.58	2.94	3.34	3.80
15년	1.56	1.80	2.08	2.40	2.76	3.17	3.64	4.18
16년	1.60	1.87	2.18	2.54	2.95	3.43	3.97	4.59
17년	1.65	1.95	2.29	2.69	3.16	3.70	4.33	5.05
18년	1.70	2.03	2.41	2.85	3.38	4.00	4.72	5.56
19년	1.75	2.11	2.53	3.03	3.62	4.32	5.14	6.12
20년	1.81	2.19	2.65	3.21	3.87	4.66	5.60	6.73

〈투자금액 계산표〉

* 목표자금 1000만 원을 마련하기 위해 요구되는 매월 투자금액

(단위: 원)

투자기간	수익률(세후, 연복리)									
	3%	4%	5%	6%	7%	8%	9%	10%	11%	12%
1년	820,067	815,764	811,519	807,329	803,194	799,112	795,083	791,106	787,178	783,300
2년	403,974	399,884	395,863	391,907	388,016	384,189	380,423	376,717	373,070	369,481
3년	265,317	261,329	257,421	253,590	249,835	246,153	242,544	239,005	235,534	232,130
4년	196,018	192,104	188,282	184,548	180,902	177,340	173,860	170,460	167,139	163,893
5년	154,463	150,612	146,864	143,217	139,668	136,214	132,852	129,581	126,397	123,299
6년	126,780	122,986	119,307	115,741	112,283	108,931	105,682	102,533	99,481	96,523
7년	107,024	103,284	99,671	96,181	92,812	89,558	86,418	83,387	80,462	77,639
8년	92,222	88,533	84,984	81,569	78,285	75,128	72,094	69,177	66,376	63,685
9년	80,722	77,084	73,597	70,256	67,056	63,993	61,061	58,257	55,576	53,013
10년	71,535	67,946	64,519	61,250	58,133	55,162	52,332	49,638	47,074	44,636
11년	64,029	60,488	57,122	53,924	50,888	48,008	45,277	42,691	40,241	37,924
12년	57,784	54,291	50,984	47,856	44,900	42,109	39,476	36,995	34,657	32,457
13년	52,509	49,063	45,815	42,756	39,879	37,176	34,639	32,260	30,032	27,946
14년	47,996	44,597	41,407	38,417	35,618	33,001	30,558	28,279	26,157	24,181
15년	44,092	40,740	37,608	34,685	31,963	29,431	27,080	24,899	22,880	21,011
16년	40,684	37,378	34,303	31,447	28,801	26,352	24,091	22,006	20,086	18,321
17년	37,684	34,424	31,405	28,616	26,044	23,677	21,504	19,512	17,689	16,024
18년	35,024	31,809	28,846	26,122	23,624	21,338	19,251	17,349	15,620	14,050
19년	32,650	29,481	26,573	23,914	21,488	19,281	17,277	15,464	13,825	12,347
20년	30,519	27,395	24,542	21,947	19,592	17,462	15,541	13,812	12,261	10,871

투자 기간	수익률(세후,연복리)									
	3%	4%	5%	6%	7%	8%	9%	10%	11%	12%
21년	28,597	25,517	22,719	20,187	17,902	15,848	14,007	12,361	10,893	9,588
22년	26,855	23,819	21,076	18,605	16,390	14,410	12,646	11,079	9,693	8,468
23년	25,269	22,278	19,587	17,179	15,031	13,123	11,435	9,946	8,636	7,488
24년	23,821	20,873	18,236	15,887	13,806	11,969	10,354	8,939	7,704	6,629
25년	22,493	19,588	17,003	14,715	12,699	10,931	9,387	8,044	6,880	5,875
26년	21,271	18,410	15,877	13,647	11,695	9,995	8,520	7,246	6,150	5,210
27년	20,144	17,326	14,844	12,673	10,783	9,148	7,740	6,533	5,502	4,625
28년	19,102	16,326	13,895	11,781	9,953	8,382	7,038	5,895	4,925	4,108
29년	18,136	15,402	13,021	10,963	9,195	7,686	6,405	5,323	4,413	3,650
30년	17,237	14,545	12,215	10,212	8,503	7,054	5,833	4,809	3,955	3,246
31년	16,400	13,750	11,468	9,520	7,869	6,479	5,316	4,348	3,547	2,887
32년	15,620	13,010	10,777	8,883	7,287	5,954	4,847	3,933	3,183	2,569
33년	14,889	12,321	10,136	8,294	6,753	5,475	4,422	3,560	2,857	2,287
34년	14,205	11,677	9,540	7,749	6,262	5,038	4,036	3,223	2,565	2,037
35년	13,563	11,076	8,985	7,245	5,810	4,637	3,686	2,919	2,304	1,815
36년	12,960	10,513	8,468	6,777	5,394	4,271	3,367	2,645	2,071	1,617
37년	12,393	9,985	7,985	6,344	5,009	3,935	3,077	2,397	1,861	1,441
38년	11,858	9,489	7,534	5,940	4,655	3,627	2,813	2,173	1,673	1,284
39년	11,353	9,023	7,113	5,566	4,327	3,344	2,573	1,971	1,504	1,145
40년	10,876	8,585	6,718	5,217	4,023	3,085	2,353	1,787	1,353	1,021

6단계 노후 자금 마련 계획

1단계: 노후 자금, 얼마나 필요할까

노후 자금은 대체 얼마나 필요할까? 언론 보도나 금융회사의 안내 자료 등을 보면 은퇴 전에 최소 5억 원은 마련해둬야 한다는 말도 있고, 10억 원 이상 필요하다는 말도 있는데 정말 그렇게 많은 돈이 필요한 것일까?

당신도 아마 이런 생각을 한 번쯤은 해봤을 것이다. 아이의 대학 자금이나 주택자금 등은 등록금, 주택시세 등 당장 눈에 보이는 숫자가 있기 때문에 얼마가 필요할지 짐작이라도 해보겠지만, 노후 자금에 대해서는 좀처럼 감을 잡기 어렵다고 말하는 사람들이 많다. 노후 문제가 너무 불확실하기 때문에 그만큼 답을 구하기 어렵다는 뜻일 것이다.

노후의 불확실성은 사람들에게 막연한 불안감을 안겨준다. 금융회사들은 사람들의 이런 불안감을 마케팅에 활용한 지 이미 오래다. 그중 하나가 자장면 마케팅이다. 부부가 노후에 하루 세끼를 3000원짜리 자장면만 먹고 살아도, 하루에 1만 8000원이 들고, 20년이면 1억 원이 넘게 든다는 것이다. 그러니 연금상품이나 펀드에 꾸준히 투자해 돈을 모아야 한다는 논리다.

사실 노후 자금으로 최소 5억 원이 필요하다거나 자장면만 먹고 살아도 많은 돈이 필요하다는 말은 아주 과장된 말은 아니다. 그렇기 때문에 나 역시 사람들에게 일찍부터 노후 자금 마련을 위해 투자를 시작해야 한다고 말한다. 그런데 한 가지 의문이 생긴다. 나의 아버지는 5억 원은 고사하고 자장면만 드시며 살기에도 돈이 부족할 판인데, 어떻게 남은 노후의 비용 문제를 해결할 것인가?

나의 아버지는 나를 포함해 아들이 셋이다. 아내의 부모님은 딸이 넷이다. 현재 당신들께서 가진 돈은 얼마 없지만, 자식들이 십시일반 생활비와 의료비 등을 보태고 있으며, 틈틈이 허드렛일도 하시기 때문에 생계를 유지하고 검소한 생활을 하시는 데 큰 어려움이 없다. 비록 풍요롭게 지내지는 못하더라도 여생 동안 여러 자식들의 도움을 받을 수 있다.

나의 부모 세대인 60대 이상의 노인들은 이처럼 자식들을 여럿 낳아 열심히 키우고, 은퇴 후 자식들로부터 부양받을 수 있는 마지막 세대일 것이다. 그들은 다 같이 못 배우고, 못 살던 시절에 젊은 시기를 보냈다. 그러면서도 자식들만큼은 잘 배우고 잘살아야 한다는 소망을 갖고, 하루하루 고된 삶을 이겨내신 분들이 많다. 어려운 환경에서도 가장이 혼자 돈을 벌어서 자녀들은 물론 부모, 조부모까지 2~3대를 부양하는 경우도 많았다.

반면에 현재 젊은 세대는 노인 세대 때와는 비교할 수 없을 만큼 풍족한 환경에서 젊은 시기를 보내고 있다. 하지만 과거와는 달리 학력과 빈부의 차이가 심한 환경에서 치열한 경쟁을 하면서 살아야 한다. 소득대비 주거와 자녀 교육에 들이는 비용이 너무 커져서 부부가 함께 돈을 벌어도 한 가족 먹고살기가 벅찬 세상이 되었다.

게다가 기대수명은 늘고 있는 데 반해 직장에 다닐 수 있는 기간은 짧아졌고 고용불안도 심하다. 또한 노후에 자식 한둘에게 손을 벌릴 수 있을 것이라 기대하는 사람은 찾아보기 어렵다. 이전 세대에 비해 삶의 질은 나아졌겠지만 감내해야 하는 삶의 무게는 오히려 더 무거워졌을지 모른다.

나는 이런 여러 가지 이유 때문에 지금의 젊은 세대가 겪게 될 노후 문제는 과거나 현재에 비해 대단히 심각할 가능성이 크다고 생각한다. 따라서 넉넉하면 넉넉한 대로, 부족하면 부족한 대로 젊어서부터 노후 자금 마련 계획을 세우고 꾸준히 실행에 옮길 필요가 있다. 그렇다고 크게 걱정할 것까지는 없다고 생각한다.

55세나 60세에 은퇴해 한가로이 골프나 해외여행을 즐기면서 노후를 보내겠다는 환상만 갖지 않는다면 쉽게 풀릴 수도 있는 문제라고 생각하기 때문이다.

노후 자금 마련 계획은 다른 목적의 투자 계획과는 다른 관점에서 바라볼 필요가 있다. 다른 목적의 투자 계획은 일시에 또는 단기간에 지출하게 될 목돈을 마련하기 위한 것이라면, 노후 자금 마련 계획은 은퇴한 뒤부터 사망하기 직전까지 수십 년에 걸쳐 지출하게 될 생활 자금을 마련하기 위한 것이기 때문이다. 따라서 노후 자금 마련 계획은 목돈 마련 계획이라기보다는 소득 마련 계획이라고 표현하는 게 더 적절하다.

노후에 소득을 얻는 방법은 여러 가지가 있겠지만 직접 일해서 얻게 되는 소득을 제외하면 보유자산에서 얻게 되는 소득이 대표적이다. 보유자산에서 얻게 되는 소득은 두 종류로 나누어볼 수 있다.

하나는 임대소득, 이자소득, 배당소득 등 자산운용을 통해 얻게 되는 소득이고, 또 다른 하나는 자산을 분할하여 얻게 되는 소득이다. 예를 들어 현금 1억 원을 정기예금에 넣어두고 매년 500만 원을 이자로 받는다면 이는 자산운용을 통해 얻게 되는 소득이고, 연금상품 등에 넣어두고 원금과 이자를 분할하여 매년 1000만 원을 연금으로 받거나 인출한다면 이는 자산을 분할하여 얻게 되는 소득이다.

전자의 경우 원금은 보존되지만, 물가상승 때문에 원금과 이자의 실질가치는 시간이 가면서 계속 감소한다. 만약 1억 원을 정기예금이 아닌 부동산이나 주식 등의 형태로 보유하고 있다면 부동산 임대

소득이나 주식 배당금 등 자산운용을 통해 얻게 되는 소득 외에도 자산 가격의 상승을 기대할 수 있지만, 반대로 자산 가격이 하락하게 될 위험도 함께 존재한다.

후자의 경우 원금이 계속 줄어 언젠가 소진된다. 이는 보유자산을 생존기간 동안 조금씩 나누어서 쓰는 개념이기 때문에 엄밀히 말하면 소득을 얻는다기보다 소득 효과를 얻는 것이라 말할 수 있다. 국민연금, 퇴직연금 등도 젊어서 소득의 일부를 적립하고, 은퇴 후 원금과 이자를 분할하여 연금을 받는 것이기 때문에 후자의 경우라 볼 수 있다.

이 책에서는 후자, 즉 자산을 분할하여 얻게 되는 소득을 고려한 노후 자금 마련 계획에 대해 안내할 것이다. 많은 사람들이 자산운용을 통해 얻게 되는 소득만으로 노후생활을 하고 싶어 하지만 이는 쉽지 않은 일이다. 대부분의 사람들은 은퇴 후 생존기간 동안 보유자산을 전부 소진하면서 생활하더라도 풍족한 노후를 보내기 어려운 게 현실이기 때문이다.

내가 이렇게 주장하는 이유를 군이 설명하지 않더라도 책을 읽다 보면 느낄 수 있을 것으로 생각한다. 그러면 지금부터 국민연금에 관한 내용을 시작으로 노후 자금 마련을 위한 투자 계획을 수립하는 과정에 대해 안내하겠다. 국민연금은 누가 뭐라 해도 가장 우선적으로 고려해야 하는 노후소득원이다.

따라서 자신이 향후 받게 될 국민연금이 얼마가 될지 예상해보는 일은 노후 자금 마련 계획 때 가장 먼저 해야 할 일이다. 그리고 최근 기업과 직장인들 사이에 많은 이슈가 되고 있는 퇴직연금에 대해서도 살펴보겠다.

2단계: 국민연금, 얼마나 도움이 될까

국민연금은 우리의 노후에 얼마나 도움이 될까? 말도 많고 탈도 많지만, 국민연금을 빼놓고 노후준비에 관해 논하기는 어렵다. 충분한 노후소득을 기대하기는 어렵더라도 대부분의 사람들에게 국민연금은 가장 기본적인 노후소득원이 될 것이기 때문이다. 특히 소득이 적은 사람들일수록 노후에 국민연금과 기초노령연금 등 사회보장제도에 대한 의존도가 높을 게 분명하다.

따라서 국민연금을 주춧돌 삼아 그 위에 기둥을 세우고, 지붕을 올린다는 생각으로 노후 자금 마련 계획을 세워야 한다. 그러면 국민연금이 실질적으로 노후에 얼마나 도움이 될지 살펴보자.

국민연금은 만 18세 이상 만 60세 미만인 사람들이 소득활동을 하는 동안 보험료를 내고, 만 60세부터 수령하도록 되어 있지만 1969년 이후에 출생한 사람들은 만 65세부터 수령하게 된다. 다음 페이지의 표를 보자.

〈국민연금 수급 연령〉

출생연도	수급개시연령
1953~1956년생	61세
1957~1960년생	62세
1961~1964년생	63세
1965~1968년생	64세
1969년생 이후	65세

출처: 국민연금공단 홈페이지 www.nps.or.kr

국민연금은 얼마나 받을 수 있을까?

이는 국민연금공단의 홈페이지에서 가입자 개인이 지금까지 납부한 국민연금보험료와 예상가입기간 등을 고려한 '예상연금 조회' 또는 여러 조건 값을 직접 입력하여 계산해보는 '예상연금 모의계산' 등을 통해 추정해볼 수 있다.

이를 통해 현재의 물가를 기준으로 계산된 예상 연금액을 확인할 수 있으며, 연금을 받게 될 시기의 미래 가치로 환산된 예상 연금액도 확인해볼 수 있다. 자신이 향후 국민연금을 얼마나 수령하게 될지 알고 싶다면 현재로서는 국민연금공단의 홈페이지 등을 통해 조회해보는 게 가장 좋은 방법이다. 따라서 직접 계산하는 방법까지 알 필요는 없다.

하지만 이렇게 조회된 예상 연금액을 전부 받게 될 것인가에 대해서는 한 번쯤 고민해볼 문제이기 때문에 국민연금 급여액 산정 방식

과 제도의 특징 등에서는 대략이라도 알아두는 것이 아무래도 도움
이 될 것이다.

혹시 국민연금의 소득대체율에 대해 알고 있는가? 이는 가입자 개
인의 국민연금 가입기간 중 평균소득대비 연금액의 비율을 말하는
데, 연금액 산출의 기초가 된다. 국민연금 급여액 산정 방식은 다소
복잡하지만, 다음과 같이 단순하게 표현해볼 수 있다.

연금액
= 가입자 개인의 국민연금 가입기간 중
평균소득 × 소득대체율

국민연금의 소득대체율은 가입기간 40년을 기준으로 1998년까
지는 70%였는데, 1999년부터 60%로 바뀌었고, 2008년에 다시
50%로 바뀌었다. 그리고 2009년부터 매년 0.5%포인트씩 줄어들
어 2028년부터는 40%를 적용한다.

〈국민연금 소득대체율의 변화, 가입기간 40년 기준〉

	1988~1998년	1999~2007년	2008~2027년	2028년 이후
소득대체율	70%	60%	50% (매년 0.5%p씩 감소)	40%

출처: 국민연금공단 홈페이지 www.nps.or.kr

현재 국민연금에 가입되어 있는 사람도 최초 가입 당시의 소득대체율을 계속 적용받는 것이 아니라 변경된 이후의 가입기간에 대해서는 변경된 소득대체율이 적용된다.

그리고 이 소득대체율은 가입기간이 40년인 경우를 기준으로 정해진 것이기 때문에 가입기간이 40년 미만인 경우에는 당연히 이보다 낮은 비율이 적용된다.

예를 들어 소득대체율 40%가 적용되는 2028년에 직장생활을 시작하면서 처음 국민연금에 가입하는 사람이 있다고 가정해보자. 만약 그가 국민연금 가입기간 중에 월평균 100만 원을 번다고 한다면, 그 40%에 해당하는 40만 원(소득대체율의 개념을 설명하기 위해 단순 계산했으며, 실제 예상 연금액은 이와 다르다)을 65세부터 매월 수령하게 될 것이다.

40년 동안 국민연금에 가입한 경우에 그렇다는 뜻이므로 가입기간이 30년이면 30만 원, 20년이면 20만 원, 10년이면 10만 원을 수령하게 된다고 보면 된다. 가입기간이 10년(120개월) 미만인 경우에는 연금을 받지 못하고, 정기예금 이자율로 계산된 이자를 더하여 일시금으로 받게 된다.

또한 이 소득대체율은 전체 가입자의 평균소득에 맞추어 정해진 값이기 때문에 가입자들 개개인의 평균소득에 일률적으로 적용되지 않는다. 가입자 개인의 평균소득이 전체 가입자의 평균소득에 비해 높다면 이보다 낮은 소득대체율이 적용되고, 반대인 경우는 이보다 높은 소득대체율이 적용된다.

즉, 전체 가입자의 평균소득을 기준으로 이보다 소득이 많은 사람들에게는 덜 주고, 소득이 적은 사람들에게는 더 준다는 뜻으로 이해하면 된다.

그러면 현재 35세인 홍길동 씨의 경우를 예로 들어 국민연금을 얼마나 받게 될지 구체적으로 알아보자. 2018년 현재의 국민연금 급여액 산정 방식에 의해 대략 계산해보겠다. 세부적인 계산 과정은 생략하고, 상황별로 결과 값만 제시할 것이다.

홍길동 씨

- 2018년 현재 만 35세
- 2010년 국민연금 최초 가입
- 현재의 급여: 월평균 250만 원(기준소득월액)
- 국민연금 보험료: 월 22만 5000원(기준소득월액의 9%, 회사부담 4.5%, 본인부담 4.5%)

홍길동 씨는 국민연금의 소득대체율이 50%였던 2010년에 국민연금에 최초 가입했고, 이후 2028년까지 매년 0.5%포인트씩 감소한다. 40년 동안 가입하는 경우를 가정하여 홍길동 씨에게 적용될 소득대체율을 계산해보면 대략 43.1%가 된다.

이제 홍길동 씨가 오늘 65세가 되었고, 과거 40년 동안 국민연금보험료를 한 번도 거르지 않고 납부했다고 가정해보자. 미래에 수령하게 될 연금액을 현재의 물가를 기준으로 파악하기 위해 오늘 국민연금 수급 연령이 된 것으로 가정해보는 것이다. 그리고 현재 홍길동 씨의 소득이 월 250만 원이니까 과거 40년 동안 홍길동 씨의 평균소득도 월 250만 원이라고 가정해보겠다.

이런 가정하에 계산해보면 홍길동 씨는 다음 달부터 대략 매월 107만 원(250만 원 × 43.1%)을 수령하게 되며, 향후 연금액은 물가상승률(소비자물가지수의 변동률)을 반영해 매년 인상(변동)될 것이다.

눈치 빠른 독자들은 여기서 한 가지 의문이 들 것이다.

홍길동 씨의 과거 40년 동안의 평균소득이라고 가정하면 250만 원보다는 훨씬 적을 것이다. 왜냐하면 홍길동 씨의 소득은 40년 전부터 꾸준히 인상되어 현재 250만 원이 되었을 것이므로 평균을 구하면 이보다 훨씬 적을 것이기 때문이다. 하지만 평균소득을 계산할 때는 과거소득을 현재(국민연금 수급 연령 당시)의 소득가치로 환산해서 계산해준다.

예를 들어 홍길동 씨가 실제로 2018년에 국민연금 수급 연령이 되었고, 이때를 기준으로 과거 40년 동안의 평균소득을 계산할 경우 1988년의 소득이 41만 원이었다면 6.063배인 248만 원으로, 1998년의 소득이 142만 원이었다면 1.801배인 256만 원으로 환산해서 계산해주는 식이다.

이때 6.063, 1.801 등의 환산계수를 '재평가율'이라고 한다.

〈2010년 현재 연도별 소득(기준소득월액) 재평가율〉

재평가연도	1988	1989	1990	1991	1992	1993	1994	1995	1996	1997	1998
재평가율	4.785	4.23	3.683	3.079	2.672	2.366	2.084	1.924	1.764	1.595	1.421
재평가연도	1999	2000	2001	2002	2003	2004	2005	2006	2007	2008	2009
재평가율	1.388	1.409	1.384	1.357	1.268	1.196	1.143	1.106	1.068	1.023	1

출처: 국민연금공단 홈페이지 www.nps.or.kr

이 점을 고려해 국민연금 가입기간 중 홍길동 씨의 소득은 그 실질가치가 변함이 없었던 것으로 간주하여 평균소득을 250만 원으로 가정해본 것이다.

그런데 앞서 제시한 국민연금의 소득대체율은 전체 가입자의 평균소득에 맞추어 정해진 값이며, 가입자들 개개인의 평균소득에 일률적으로 적용되는 게 아니라고 했다. 소득에 따라 달리 적용된다. 국민연금은 가입자 개인의 노후소득 보장뿐만 아니라 소득 재분배의 기능도 함께 하기 때문에 소득이 적은 사람들에게는 낸 돈에 비해 상대적으로 많이 주고, 소득이 많은 사람들에게는 낸 돈에 비해 상대적으로 적게 주는 방식으로 연금을 지급한다. 소득이 많은 사람들은 낸 돈보다 적게 받는다는 게 아니라 받게 될 몫이 일부 줄어든다는 뜻이며, 그만큼 소득이 적은 사람들에게 분배된다.

2018년 현재는 월 227만 원(2,270,516원)을 기준으로 이보다 평균소득이 높을수록 소득대체율이 감소하고, 반대의 경우 소득대체율이 증가한다. 여기서 월 227만 원은 국민연금 수급 전 3년간 전체 가입자의 평균소득을 말한다.

〈연도별 국민연금 전체 가입자 평균소득의 변화〉

1990.3월 ~ 1991.2월	1991.3월 ~ 1992.2월	1992.3월 ~ 1993.2월	1993.3월 ~ 1994.2월	1994.3월 ~ 1995.2월	1995.3월 ~ 1996.2월
423,569원	486,449원	581,837원	670,540원	757,338원	859,838원
1996.3월 ~ 1997.2월	**1997.3월 ~ 1998.2월**	**1998.3월 ~ 1999.2월**	**1999.3월 ~ 2000.2월**	**2000.3월 ~ 2001.2월**	**2001.3월 ~ 2002.2월**
931,293원	1,015,544원	1,123,185원	1,260,611원	1,290,803원	1,271,595원
2002.3월 ~ 2003.2월	**2003.3월 ~ 2004.2월**	**2004.3월 ~ 2005.2월**	**2005.3월 ~ 2006.2월**	**2006.3월 ~ 2007.2월**	**2007.3월 ~ 2008.2월**
1,294,723원	1,320,105	1,412,428원	1,497,798원	1,566,567원	1,618,914원
2008.3월 ~ 2009.2월	**2009.3월 ~ 2010.2월**	**2010.3월 ~ 2011.2월**	**2011.3월 ~ 2012.2월**	**2012.3월 ~ 2013.2월**	**2013.3월 ~ 2014.2월**
1,676,837원	1,750,959원	1,791,955원	1,824,108원	1,891,771	1,935,977
2014.3월 ~ 2015.2월	**2015.3월 ~ 2016.2월**	**2016.3월 ~ 2017.2월**	**2017.3월 ~ 2018.2월**	**2018.3월 ~ 2019.2월**	
1,981,975원	2,044,756원	2,105,482원	2,176,483원	2,270,516원	

출처: 국민연금공단 홈페이지 www.nps.or.kr

* 전체 가입자의 평균소득이란 연금 수급 전 3년간 전체 가입자의 평균소득월액을 현재가치로 재평가한 소득의 평균액을 말하며, 여기서 평균소득월액이란 매년 12월 31일 현재 사업장가입자 및 지역가입자 전원의 기준소득월액의 평균액을 말한다.

만약 홍길동 씨의 국민연금 가입기간 중 평균소득이 국민연금 수급 전 3년간 전체 가입자의 평균소득과 동일한 217만 원이라면 앞서 계산한 43.1%의 소득대체율이 그대로 적용되지만, 홍길동 씨의 평균소득은 이보다 많다.

따라서 소득 차이를 고려하지 않고 계산된 연금액 107만 원을 전부 받지 못하며, 평균소득 250만 원 대비 39% 정도인 97만 원을 받게 될 것이다. 하지만 2010년 국민연금에 처음 가입한 홍길동 씨는 60세가 될 때까지 보험료를 쉬지 않고 납부하더라도 총 가입기간은 33년이다(65세까지 납부하더라도 38년이다).

따라서 가입기간 40년을 기준으로 산출된 예상 연금액 97만 원도 전부 받지 못할 것이다. 이 점을 고려해 국민연금 가입기간을 30년으로 가정하면 홍길동 씨는 평균소득 대비 29% 정도인 73만 원(731,970원)을 받게 될 것이다.

그런데 실제로 홍길동 씨가 65세가 될 때는 이마저도 전부 못 받게 될 가능성이 충분히 있다. 아니면 동일한 연금을 받기 위해 더 많은 국민연금보험료를 납부하게 될지 모른다. 왜냐하면 그동안 국민연금의 적자 시기를 늦추기 위해 여러 번 제도가 수정되었고, 앞으로도 그렇게 될 가능성이 크기 때문이다.

2003년부터 5년마다 국민연금기금의 안정성을 평가해서 보험료율과 소득대체율 등을 조정할 수 있게 되어 있는데, 젊은 인구에 비해 노인 인구의 증가 속도가 빠른 상황에서 기금의 안정성을 높이려면 연금액을 인하하거나 보험료를 인상하는 방법 외에는 뾰족한 수가 없다. 물론 연금액과 보험료에 손을 대지 않고, 운용수익률을 높이는 게 가장 좋은 방법이겠지만 수익과 위험은 비례하기 때문에 사적 기금이 아닌 국민연금이 고수익을 추구하는 데는 많은 제약이 따를 수밖에 없다.

이런 이유 때문에 최초에는 국민연금보험료가 급여(기준소득월액)의 3%였지만 꾸준히 인상되어 현재는 9%를 내고 있다. 물론 직장인들은 회사에서 절반을 내주기 때문에 실질적으로는 4.5%를 내는 것이지만 급여가 오르면 그만큼 비례해서 보험료를 더 내야 하기 때문에 적은 인상률이라고 말하기는 어렵다.

이에 반해 최초 70%였던 소득대체율이 지금은 50% 아래로 하향 조정되었고, 현재 60세인 국민연금 수급 연령은 늦춰져 1969년 이후에 출생한 사람들은 65세부터 연금을 받게 된다.

조금 전 가입기간 30년, 가입기간 중 평균소득을 250만 원으로 가정했을 때 홍길동 씨의 예상 연금액이 73만 원이라고 말했지만, 모든 조건을 동일하게 주고 2008년 이전의 국민연금 급여액 산정 방식으로 계산해보면 97만 원이 되고, 1999년 이전의 방식으로 계산해보면 110만 원이 된다. 그냥 보기에도 연금액이 눈에 띄게 많이 줄었다.

반면에 그동안 보험료율은 올랐고, 연금 수급 연령은 뒤로 늦춰졌기 때문에 실질적인 연금액은 눈에 보이는 것보다 훨씬 더 많이 줄어든 것이다. 현재 대한민국은 고령화 진행 속도가 전 세계에서 가장 빠른 국가 중 한 곳임을 생각하면 이런 식의 제도 변화는 앞으로도 계속 논의될 가능성이 매우 크다.

또한 국민연금보험료를 납부하지 못한 기간은 연금액 결정 때 가입기간 산정에서 제외되는데, 직장인들이 회사를 몇 번 옮겨 근무를 계속하더라도 50대 중반 이전에는 직장생활을 청산할 가능성이 크다고 보면 홍길동 씨가 30년 이상 가입기간을 채우지 못하게 될 가능성도 큰 게 사실이다.

50대에 퇴직하여 재취업을 하거나 자영업을 하더라도 그 이전의 급여만큼 소득을 유지하기란 쉬운 일이 아닐 것이기 때문에 국민연금보험료도 그 이전보다 낮은 소득을 기준으로 납부하게 될 가능성이 크다. 따라서 현재 연금 수급 연령이 얼마 남지 않은 은퇴자들이나 은퇴예정자들은 신경 쓸 일이 별로 없지만 향후 20~30년 뒤에나 국민연금을 수령하게 될 젊은 사람들은 국민연금에 대해 보수적으로 기대하는 게 좋을 것이다.

구체적으로 말하면 나는 이런 여러 상황을 고려했을 때 국민연금공단 홈페이지의 '예상연금 조회'나 '예상연금 모의 계산' 등에 의해 추정해볼 수 있는 예상 연금액의 70% 수준에서 연금액을 기대하는 게 적절하다고 생각한다.

홍길동 씨의 경우 가입기간을 30년으로 가정하면 예상 연금액은

73만 원이지만 그 70% 수준인 51만 원 정도를 기대하는 게 적절할 것이라는 뜻이다.

물론 실제로는 이보다 많이 받게 될 수도 있기 때문에 단정적인 주장을 하는 건 아니다. 홍길동 씨 개인의 직업과 소득의 안정성, 국민연금을 바라보는 시각 등에 따라 달리 판단될 문제이기는 하지만 적게 예상하고 좀 더 신경 써서 노후준비를 하는 것이 넉넉하게 기대하고 소홀히 지내는 것보다 나을 것이다.

맞벌이를 하는 경우 부부가 함께 국민연금을 받을 수 있지만, 대한민국에서 여성인 배우자가 30년 이상 소득활동을 하기란 쉬운 일이 아니다. 다른 이유는 제쳐두더라도 아이들 때문에 10년 이상 직장을 다니지 못하는 경우가 흔하다. 이는 그만큼 여성들이 국민연금 가입기간을 오랫동안 채우기가 어렵다는 말이다. 물론 전업주부가 되어서도 본인이 희망할 경우 국민연금보험료를 계속 납부할 수 있지만, 일부러 높은 소득을 기준으로 하여 많은 보험료를 내기는 부담스러운 일이다. 따라서 여성의 경우 남성보다 더 보수적인 수준에서 연금액을 기대하는 게 좋으리라 생각한다.

이쯤 되면 '국민연금보험료를 왜 납부해야 하는가?'라고 생각하는 독자들이 있을지 모르겠다. 하지만 꼭 그렇게 부정적으로 생각할 일만은 아니다. 그동안 보험료를 올리고 연금액을 낮추었다 하더라도 여전히 낸 돈에 비해 많은 돈을 받게 되어 있기 때문에 연금액이 많고 적고를 따질 때도 자신이 납부하는 보험료와 비교해서 따져볼 필요가 있다.

앞의 예에서 홍길동 씨는 현재 매월 22만 5000원을 국민연금보험료로 납부하고 있다. 향후 보험료와 연금액의 실질가치가 변하지 않는다고 가정하면 홍길동 씨는 매월 22만 5000원씩 30년 동안 납부하고, 15년 동안 매월 45만 원씩(월 22만 5000원×30년=월 45만 원×15년)만 받아도 손해 보는 것은 없다.

직장인의 경우 회사에서 보험료의 절반을 내주는 점을 고려하면 사실 적지 않은 수익을 얻게 된다. 특히 소득이 적은 사람일수록 낸 돈에 비해 받는 돈의 비율이 상대적으로 커지기 때문에 소득이 많은 사람에 비해 상대적인 이익을 보게 된다. 간혹 국민연금을 용돈연금이라고 말하는 경우가 있는데, 이는 국민연금에 대한 불신을 표현한 말이지만 다른 한편에서 보면, 낸 돈은 생각하지 않고 받을 돈이 적다고만 생각하기 때문에 나오는 말이기도 하다.

현재 연금상품을 포함한 어떤 금융상품도 국민연금처럼 물가상승에 따른 연금액의 실질가치를 법으로 보장해주는 것은 없다고 봐야 한다. 주식형펀드나 변액보험 등의 금융상품에 비해 기대수익률은 낮을지 몰라도 가입자가 직접 투자위험을 감수할 일이 없기 때문에 위험대비 국민연금의 기대수익률은 결코 낮다고 볼 수 없다. 게다가 80세든, 90세든 생존하는 동안 평생 연금을 지급할 것을 국가에서 보증한다.

나는 이 3가지 이유(즉, 물가상승에 따른 연금액의 실질가치 보존, 위험 대비 기대수익률, 종신연금 지급)만으로도 국민연금은 제 기능을 하게 될 것이라 기대한다. 물론 연금을 오래 못 받고 사망하면 손해를 볼 수 있지만, 반대로 오래 살수록 그렇지 못한 사람들에 비해 혜택을 더 많이 보는 것이므로 이런 점도 함께 생각해봐야 할 것이다. 용돈이라는 표현도 그렇다. 젊어서는 마트에 가서 일주일치 장을 보면 돈 10만 원쯤 쉽게 써버릴 수 있을지 몰라도 노후에 특별한 소득원이 없다면 10만 원이 한 달치 생활비가 될 수도 있다. 같은 돈이라도 젊어서 느끼는 가치와 노후에 느끼는 가치 사이에는 분명히 큰 차이가 존재한다.

결론적으로 내가 하고 싶은 말은 국민연금이 충분한 노후소득을 보장해주지는 못하더라도 대부분의 사람들에게 없어서는 안 될 중요한 제도라는 사실이다. 소득이 적은 사람들에게는 특히 중요한 제도다. 그런데 현재 많은 사람들이 국민연금을 불신하고 있으며, 심지어 폐지를 주장하는 사람들도 있다. 향후 국민연금 보험료가 더 인상되거나 연금액이 더 줄게 되면 이러한 불신은 더욱 커질 게 분명하다.

처음 시행할 때 낸 돈에 비해 터무니없이 많은 돈을 주겠다고 거짓말을 한 게 근본적인 문제이기 때문에 불신받는 것은 당연한 일일 수도 있다. 뿐만 아니라 보험료 체납을 이유로 하루하루 살기에도 급급한 사람들의 재산을 압류하는 등 제도적으로 개선되어야 할 문제들이 있는 것도 사실이다. 하지만 나는 국민연금제도가 유지되는 한 이와 같은 제도 변화는 필요한 과정이라고 생각한다.

지금처럼 젊은 인구의 비율은 계속 줄고, 노인인구의 비율만 늘게 되면 우리 아이들 세대 때는 국민연금보험료나 소득세 명목으로 급여의 30%를 떼게 될지 40%를 떼게 될지 아무도 알 수 없다. 그러지 않기를 바라지만 국민연금제도의 저부담 고급여 체제가 변화되지 않으면 충분히 있을 수 있는 일이다.

왜냐하면 현재의 국민연금제도는 금융회사에서 판매하는 연금상품처럼 개인의 계좌로 관리되다가 노후에 자기 돈을 찾아가는 방식이 아니라 국가에서 기금을 통째로 관리하면서 가입자들에게 약속한 연금을 지급하고, 기금이 부족해지면 젊은 사람들이 낸 보험료를 모아서 노인들에게 바로 전달해주는 방식으로 운용되기 때문이다.

이런 문제 때문에 현재 여러 국가가 국민연금제도를 민영화하여 개인계좌 형태로 관리하는 방안에 대해 검토하고 있기도 하다. 자신이 낸 돈만큼 노후에 돌려받으면 되기 때문에 이런 민영화가 합리적인 방안일 것 같지만 이렇게 되면 국민연금의 소득재분배 기능과 젊은 사람들이 노인들을 부양하는 세대부양 기능이 많이 축소되거나 없어져버릴 것이기 때문에 가난한 사람들은 노후에 기본적인 생계조차 위협받게 될 가능성이 있다. 그러면 국가는 결국 다른 방법으로 국민에게서 돈을 거두어 문제를 해결하려고 할 것이다. 그렇기 때문에 국민연금의 민영화가 전체 국민을 위해 꼭 좋은 것이라고 말하기도 어렵다.

국민연금제도는 첫 단추부터 잘못 끼워진 채 시작됐기 때문에 여러 가지 문제점과 불확실성을 가진 건 분명한 사실이지만 30세 이상 성인 10명 중 4명 이상이 60세 이상의 노인들로 채워질 10년쯤 뒤에는 대부분의 노인들에게 없어서는 안 될 중요한 제도가 될 것으로 생각된다.

따라서 노후 자금 마련을 위한 투자 계획을 수립할 때 자신이 향후 받게 될 국민연금 수령액을 예상해보고, 이를 꼭 투자 계획에 반영해야 한다. 지금 잠시 책을 덮고, 국민연금공단의 홈페이지에 접속하여 향후 자신이 받게 될 예상 연금액을 확인해보기 바란다.

3단계: 퇴직연금, 얼마나 도움이 될까

결론부터 말하면 퇴직연금으로도 충분한 노후소득을 기대하기는 어렵다. 하지만 퇴직연금은 국민연금과의 연장선에서 생각해볼 필요가 있다. 국민연금이 대부분의 사람들에게 가장 기본적인 노후소득원이 될 것이라면, 퇴직연금은 이를 보완해줄 수 있는 좋은 제도이기 때문이다.

퇴직연금제도를 도입한 가장 중요한 이유는 국가가 국민연금만으로는 국민들의 노후소득을 보장해줄 수 없기 때문이다. 무슨 말인가

하면 과거 평생직장이라는 개념이 보편적이었던 시대에는 근로자들이 퇴직금을 주로 퇴직 후 노후생활에 보태 썼다.

하지만 평생직장의 개념이 사라지고 연봉제 확대, 이직률 증가, 비정규직 근로자 증가, 조기퇴직자 증가 등 여러 이유 때문에 퇴직금을 중간 정산하거나 조기에 수령하는 일이 비일비재해졌다. 문제는 대부분의 사람들이 이렇게 받은 퇴직금을 노후 자금 목적으로 관리하기보다는 당장의 생활을 위해 대부분 써버린다는 사실이다. 이대로라면 각 개인의 노후준비가 지금보다 더 부실해질 것이기 때문에 그만큼 국가의 부담도 시간이 가면서 점점 커질 수밖에 없다.

그래서 정부는 관련 법을 신설 또는 개정하여 기업들이 퇴직연금제도를 도입하도록 유도하고, 근로자들에게는 퇴직금을 미리 받아 쓰지 말고 잘 보관해두었다가 노후에 쓰도록 유도하는 것이다. 그리고 퇴직연금제도를 도입한 기업은 근로자들에게 지급할 퇴직금 재원 중 전부 또는 일부를 금융회사에 맡겨둬야 하고, 그 돈에 손을 댈 수 없다.

기업이 도산해서 근로자들이 밀린 임금은 물론 퇴직금조차 지급받지 못하는 사례가 많다는 점을 생각하면 퇴직연금제도를 통해 근로자들의 마지막 보루나 다름없는 퇴직금을 보호하려는 의도도 있다. 그런데 그렇게 해서 근로자들에게 돌아갈 퇴직금 몫이 커지면 모르겠지만, 기업은 그럴 의무가 없기 때문에 퇴직연금으로도 충분한 노후소득을 보장받기는 어렵다고 말하는 것이다.

그러면 이번에도 홍길동 씨의 경우를 예로 들어 퇴직연금을 얼마나 받게 될지 알아보자.

퇴직연금의 예상 연금액은 홍길동 씨 개인의 급여, 급여인상률, 근속연수, 퇴직연금의 운용수익률 등에 의해 차이가 생기기 때문에 정확히 계산할 수는 없다. 따라서 대략적인 추정만 해볼 것이다.

홍길동 씨가 현재의 직장에서 정년까지 근무하는 것으로 가정하고, 그전에 퇴직금을 중간 정산받지 않는다고 가정해보겠다. 그리고 정년퇴직 때 퇴직금을 일시금으로 받는 대신 15년 동안 연금으로 나누어 받는 것으로 가정하겠다. 퇴직연금은 이처럼 퇴직금을 매년 분할해서 연금으로 나누어 받는 개념으로 생각해도 큰 무리가 없다.

홍길동 씨

- 2018년 현재 만 35세
- 2010년 현재의 직장에 입사
- 회사 정년: 만 55세
- 현재의 급여: 월평균 250만 원
- 급여인상률: 연평균 5% 가정
- 물가상승률: 연평균 3.5% 가정
- 퇴직 후 퇴직연금의 운용수익률: 물가상승률과 동일한 것으로 가정

현재 법정퇴직금은 퇴직 당시 월평균 급여에 근속연수를 곱한 금액(퇴직 전 3개월 동안의 30일분 평균임금×근속연수)을 받는다고 생각하면 된다. 장기근속자에게 누진제를 적용하는 경우 누진율을 곱해야 하고, 과거에 퇴직금을 중간 정산받은 일이 있다면 그 이전의 기간은 근속연수에서 제외된다(운용의 책임이 기업에 귀속되는 확정급부형 퇴직연금에서 지급받게 될 퇴직금은 퇴직 당시 급여와 근속연수로 계산되는 법정퇴직금과 큰 차이가 없지만, 운용의 책임이 근로자에게 귀속되는 확정기여형 퇴직연금에서 지급받게 될 퇴직금은 퇴직 전 운용수익률에 따라 법정퇴직금보다 많을 수도, 적을 수도 있다).

현재 홍길동 씨의 급여는 월 250만 원인데, 급여인상률을 연평균 5%로 가정할 경우 20년 뒤 55세 정년 때의 급여는 월 663만 원(250만 원에 1.05를 20번 곱한 값)이 될 것이다.

근속연수는 입사 연도인 2010년부터 계산하면 28년이다. 따라서 정년퇴직 때 받게 될 예상 퇴직금은 약 1억 8,600만 원(663만 원×28년, 퇴직소득세 납부 전)이다. 이를 현재의 물가를 기준으로 환산해보면, 물가상승률을 연 3.5%로 가정할 경우 대략 현재의 9300만 원과 같은 돈이다.

이제 홍길동 씨가 오늘 정년퇴직하면서 퇴직금 9300만 원을 일시금으로 받지 않고, 15년간 나누어서 연금으로 받는다고 가정해보겠다. 미래의 연금액을 현재의 물가를 기준으로 파악하기 위해 오늘 정년퇴직하는 것으로 가정해보자는 것이다. 복잡하게 따질 것 없이 단순하게 계산해보겠다.

9300만 원÷15년=연 620만 원이니까 월 52만 원 정도를 받게 될 것이다. 국민연금 수령액 53만 원(가입기간 30년 예상 연금액의 70% 수준)과 합하면 105만 원 정도가 되겠지만, 국민연금은 65세 때부터 받을 수 있기 때문에 55세부터 64세까지는 퇴직연금으로 52만 원만 받게 될 것이다.

그리고 퇴직연금 지급이 끝나는 70세 이후에는 국민연금 53만 원만 받게 될 것이다. 만약 퇴직연금 지급기간을 10년으로 정할 경우 같은 방식으로 계산해보면 월 78만 원을 받게 된다.

따라서 55세부터 64세까지 10년 동안 퇴직연금을 전부 수령하고, 이후에는 국민연금만 수령하는 식으로 두 가지 연금제도를 연계해서 활용할 수도 있다.

지금까지 살펴본 홍길동 씨의 퇴직연금은 정년인 55세까지 근속하는 경우를 가정한 것이다. 따라서 홍길동 씨가 정년 때까지 근속할 것으로 기대하지 않는다면 예상 연금액은 이보다 보수적으로 기대해야 할 것이다.

여기서 정년이라 함은 반드시 현재의 직장에서 근속하는 것으로 이해할 필요는 없다. 이직하더라도 전 직장에서 받은 퇴직금을 다른 직장의 퇴직연금으로 이전하거나 IRA(Individual Retirement Account, 개인

퇴직계좌: 근로자가 퇴직, 이직, 중간정산 등을 통해 일시금으로 받은 퇴직금을 은퇴 시까지 금융회사에 적립해둘 수 있도록 하는 퇴직연금제도)에 넣어두고 연속해서 운용할 수 있기 때문에 직장을 여러 번 옮기더라도 최종 직장에서 정년 때까지 근무하는 것으로 이해하면 된다.

만약 홍길동 씨가 중간정산, 이직, 조기퇴직 등의 사유로 받은 퇴직금을 은퇴 전에 전부 써버린다면 당연히 퇴직연금은 한 푼도 받지 못할 것이다.

따라서 부득이한 경우라면 어쩔 수 없겠지만, 퇴직금을 조기에 수령하더라도 다른 목적에 쓰지 말고, 가급적 IRA에 넣어두거나 연금상품에 투자하는 등의 방법으로 노후 때까지 지속적인 관리를 해야 할 필요가 있다. 미리 쓰더라도 주택을 구입하는 등 자산을 보유하기 위한 목적이어야지 소비성 지출로 없애버리는 일은 가급적 피해야 할 것이다.

〈홍길동 씨의 퇴직연금 및 국민연금 예상 연금액, 연금소득세 납부 전〉

1. 55세부터 퇴직연금을 수령하는 경우

| 연령 | 퇴직연금 예상연금 월액(현재의 물가기준, 퇴직연금 운용 수익률＝물가상승률 가정) | | | | | |
| | 퇴직연금 55세부터 5년간 수령 | | | 퇴직연금 55세부터 10년간 수령 | | |
	퇴직연금	국민연금	합계	퇴직연금	국민연금	합계
55세	1,550,000	–	1,550,000	780,000	–	780,000
56세	1,550,000	–	1,550,000	780,000	–	780,000
57세	1,550,000	–	1,550,000	780,000	–	780,000
58세	1,550,000	–	1,550,000	780,000	–	780,000
59세	1,550,000	–	1,550,000	780,000	–	780,000
60세	–	–	–	780,000	–	780,000
61세	–	–	–	780,000	–	780,000
62세	–	–	–	780,000	–	780,000
63세	–	–	–	780,000	–	780,000
64세	–	–	–	780,000	–	780,000
65세	–	530,000	530,000	–	530,000	530,000
66세	–	530,000	530,000	–	530,000	530,000
67세	–	530,000	530,000	–	530,000	530,000
68세	–	530,000	530,000	–	530,000	530,000
69세	–	530,000	530,000	–	530,000	530,000
70세	–	530,000	530,000	–	530,000	530,000
71세	–	530,000	530,000	–	530,000	530,000
72세	–	530,000	530,000	–	530,000	530,000
73세	–	530,000	530,000	–	530,000	530,000
74세	–	530,000	530,000	–	530,000	530,000
75세	–	530,000	530,000	–	530,000	530,000
76세	–	530,000	530,000	–	530,000	530,000
77세	–	530,000	530,000	–	530,000	530,000
78세	–	530,000	530,000	–	530,000	530,000
79세	–	530,000	530,000	–	530,000	530,000

연령	퇴직연금 예상연금 월액(현재의 물가기준, 퇴직연금 운용 수익률=물가상승률 가정)					
	퇴직연금 55세부터 15년간 수령			퇴직연금 55세부터 20년간 수령		
	퇴직연금	국민연금	합계	퇴직연금	국민연금	합계
55세	520,000	–	520,000	390,000	–	390,000
56세	520,000	–	520,000	390,000	–	390,000
57세	520,000	–	520,000	390,000	–	390,000
58세	520,000	–	520,000	390,000	–	390,000
59세	520,000	–	520,000	390,000	–	390,000
60세	520,000	–	520,000	390,000	–	390,000
61세	520,000	–	520,000	390,000	–	390,000
62세	520,000	–	520,000	390,000	–	390,000
63세	520,000	–	520,000	390,000	–	390,000
64세	520,000	–	520,000	390,000	–	390,000
65세	520,000	530,000	1,050,000	390,000	530,000	920,000
66세	520,000	530,000	1,050,000	390,000	530,000	920,000
67세	520,000	530,000	1,050,000	390,000	530,000	920,000
68세	520,000	530,000	1,050,000	390,000	530,000	920,000
69세	520,000	530,000	1,050,000	390,000	530,000	920,000
70세	–	530,000	530,000	390,000	530,000	920,000
71세	–	530,000	530,000	390,000	530,000	920,000
72세	–	530,000	530,000	390,000	530,000	920,000
73세	–	530,000	530,000	390,000	530,000	920,000
74세	–	530,000	530,000	390,000	530,000	920,000
75세	–	530,000	530,000	–	530,000	530,000
76세	–	530,000	530,000	–	530,000	530,000
77세	–	530,000	530,000	–	530,000	530,000
78세	–	530,000	530,000	–	530,000	530,000
79세	–	530,000	530,000	–	530,000	530,000

2. 65세부터(국민연금 수급연령) 퇴직연금을 수령하는 경우

(단위: 원)

연령	퇴직연금 예상연금 월액(현재의 물가기준, 퇴직연금 운용 수익률=물가상승률 가정)					
	퇴직연금 65세부터 5년간 수령			퇴직연금 65세부터 10년간 수령		
	퇴직연금	국민연금	합계	퇴직연금	국민연금	합계
55세	–	–	–	–	–	–
56세	–	–	–	–	–	–
57세	–	–	–	–	–	–
58세	–	–	–	–	–	–
59세	–	–	–	–	–	–
60세	–	–	–	–	–	–
61세	–	–	–	–	–	–
62세	–	–	–	–	–	–
63세	–	–	–	–	–	–
64세	–	–	–	–	–	–
65세	1,550,000	530,000	2,080,000	780,000	530,000	1,310,000
66세	1,550,000	530,000	2,080,000	780,000	530,000	1,310,000
67세	1,550,000	530,000	2,080,000	780,000	530,000	1,310,000
68세	1,550,000	530,000	2,080,000	780,000	530,000	1,310,000
69세	1,550,000	530,000	2,080,000	780,000	530,000	1,310,000
70세	–	530,000	530,000	780,000	530,000	1,310,000
71세	–	530,000	530,000	780,000	530,000	1,310,000
72세	–	530,000	530,000	780,000	530,000	1,310,000
73세	–	530,000	530,000	780,000	530,000	1,310,000
74세	–	530,000	530,000	780,000	530,000	1,310,000
75세	–	530,000	530,000	–	530,000	530,000
76세	–	530,000	530,000	–	530,000	530,000
77세	–	530,000	530,000	–	530,000	530,000
78세	–	530,000	530,000	–	530,000	530,000
79세	–	530,000	530,000	–	530,000	530,000

연령	퇴직연금 예상연금 월액(현재의 물가기준, 퇴직연금 운용 수익률＝물가상승률 가정)					
	퇴직연금 65세부터 15년간 수령			퇴직연금 65세부터 20년간 수령		
	퇴직연금	국민연금	합계	퇴직연금	국민연금	합계
55세	–	–	–	–	–	–
56세	–	–	–	–	–	–
57세	–	–	–	–	–	–
58세	–	–	–	–	–	–
59세	–	–	–	–	–	–
60세	–	–	–	–	–	–
61세	–	–	–	–	–	–
62세	–	–	–	–	–	–
63세	–	–	–	–	–	–
64세	–	–	–	–	–	–
65세	520,000	530,000	1,050,000	390,000	530,000	920,000
66세	520,000	530,000	1,050,000	390,000	530,000	920,000
67세	520,000	530,000	1,050,000	390,000	530,000	920,000
68세	520,000	530,000	1,050,000	390,000	530,000	920,000
69세	520,000	530,000	1,050,000	390,000	530,000	920,000
70세	520,000	530,000	1,050,000	390,000	530,000	920,000
71세	520,000	530,000	1,050,000	390,000	530,000	920,000
72세	520,000	530,000	1,050,000	390,000	530,000	920,000
73세	520,000	530,000	1,050,000	390,000	530,000	920,000
74세	520,000	530,000	1,050,000	390,000	530,000	920,000
75세	520,000	530,000	1,050,000	390,000	530,000	920,000
76세	520,000	530,000	1,050,000	390,000	530,000	920,000
77세	520,000	530,000	1,050,000	390,000	530,000	920,000
78세	520,000	530,000	1,050,000	390,000	530,000	920,000
79세	520,000	530,000	1,050,000	390,000	530,000	920,000

252~253쪽의 표와 관련해서 좀 더 알아보자.

물가가 계속 오른다고 가정하면 돈의 가치는 시간이 지날수록 감소하게 된다. 따라서 홍길동 씨가 다음 달부터 국민연금 53만 원을 수령하는데 내년에도 53만 원, 5년 뒤 그리고 10년 뒤에도 53만 원을 수령한다면 연금액은 변함이 없어 보이지만 물가와 비교한 연금액의 실질가치는 시간이 지날수록 감소하는 셈이다.

왜냐하면 물가상승률을 연 3.5%로 가정할 경우 5년 뒤의 53만 원은 현재의 물가를 기준으로 45만 원의 가치를 지니며, 10년 뒤에는 38만 원의 가치밖에 되지 않기 때문이다. 하지만 국민연금은 물가상승에 따른 연금액의 실질가치를 보존해주기 위해 매년 물가상승률만큼 인상(변동)되므로 물가상승률을 연 3.5%로 가정하면 내년에는 55만 원(=53만 원×1.035), 5년 뒤에는 63만 원, 10년 뒤에는 75만 원, 이런 식으로 연금액이 계속 증가할 것이다.

따라서 국민연금의 경우 이론적으로는 물가가 오르더라도 연금액의 실질가치는 시간이 지나도 감소하지 않고, 최초의 연금액 53만 원의 가치에 고정되어 있다고 볼 수 있다. 이 점을 고려해 홍길동 씨가 국민연금에서 전체 기간 동안 변함없이 매월 53만 원(실질가치)을 받는 것으로 가정한 것이다.

경과 기간	국민연금 예상연금 월액(현재의 물가기준, 물가상승률 연 3.5% 가정)			
	연금액 균등 시		연금액 물가상승률만큼 인상 시	
	명목가치(액면가)	실질가치	명목가치(액면가)	실질가치
현재	530,000	530,000	530,000	530,000
1년	530,000	512,077	548,550	530,000
2년	530,000	494,761	567,749	530,000
3년	530,000	478,030	587,620	530,000
4년	530,000	461,864	608,187	530,000
5년	530,000	446,246	629,474	530,000
6년	530,000	431,155	651,505	530,000
7년	530,000	416,575	674,308	530,000
8년	530,000	402,488	697,909	530,000
9년	530,000	388,877	722,336	530,000
10년	530,000	375,727	747,617	530,000
11년	530,000	363,021	773,784	530,000
12년	530,000	350,745	800,866	530,000
13년	530,000	338,884	828,897	530,000
14년	530,000	327,424	857,908	530,000
15년	530,000	316,352	887,935	530,000
16년	530,000	305,654	919,013	530,000
17년	530,000	295,318	951,178	530,000
18년	530,000	285,331	984,469	530,000
19년	530,000	275,683	1,018,926	530,000

한편, 퇴직연금은 퇴직금을 금융회사의 연금상품에 넣어두고 연금을 받는 개념이기 때문에 국민연금처럼 제도적으로 연금액이 물가상

승률만큼 인상되지는 않는다. 퇴직금을 가입자가 희망하는 기간 동안 1/N로 균등하게 나누어서 지급하는 개념으로 볼 수 있다(퇴직연금 제도는 이제 시작 단계이기 때문에 향후 연금 수급 조건이나 수령 방법 등에 다양한 변화가 있을 수 있다). 따라서 국민연금과는 달리 물가와 비교한 연금액의 실질가치는 시간이 지날수록 감소한다. 그런데 홍길동 씨의 사례에서처럼 9300만 원을 단순히 15년으로 나누어 매월 52만 원을 지급하지는 않는다. 왜냐하면 연금을 지급하는 동안 퇴직연금의 잔액은 무엇엔가 계속 투자되어 수익이 발생할 것이기 때문이다.

만약 퇴직연금의 운용수익률이 물가상승률과 동일한 연 3.5%라 가정하고, 운용수익률에 변함이 없다면 홍길동 씨는 다음 달부터 15년 동안 균등하게 매월 65만 원을 받게 된다. 그럼에도 불구하고 전체 기간 동안 매월 52만 원을 받는 것으로 가정한 이유는 물가상승에 따른 연금액의 실질가치를 최초의 연금액의 가치에 고정시키기 위해서다. 즉, 물가상승률을 연 3.5%로 가정하면 첫해에는 52만 원, 1년 뒤에는 54만 원(=52만 원×1.035), 5년 뒤에는 62만 원, 10년 뒤에는 73만 원 이런 식으로 연금액이 매년 물가상승률만큼 증가하는 것으로 가정했기 때문에 내년의 연금액이나 10년 뒤의 연금액이나 물가와 비교한 실질가치는 최초의 연금액 52만 원의 가치에 고정되어 있다는 뜻이다.

이렇게 가정하지 않으면 국민연금과 동등한 기준에서 퇴직연금의 가치를 비교할 수 없다. 물가상승에 따른 국민연금의 실질가치가 변함이 없는 것으로 가정하여, 최초 연금액의 가치에 고정시켰기 때문에 퇴직연금의 실질가치 역시 같은 방식으로 가정하지 않으면, 두 연금액의 가치를 동등한 기준에서 비교할 수 없다. 두 사람의 키를 비교할 때 한 사람은 inch로 측정하고, 다른 한 사람은 cm로 측정했다면, inch든 cm든 단위를 하나로 통일시켜줘야 누구의 키가 더 큰지 비교해볼 수 있는 것과 같은 원리라고 보면 된다.

(단위: 원)

| 경과 기간 | 퇴직연금 예상연금 월액(현재의 물가기준, 운용수익률＝물가상승률＝연 3.5% 가정) | | | |
| | 연금액 균등 시 | | 연금액 물가상승률만큼 인상 시 | |
	명목가치(액면가)	실질가치	명목가치(액면가)	실질가치
현재	650,000	650,000	520,000	520,000
1년	650,000	628,019	538,200	520,000
2년	650,000	606,782	557,037	520,000
3년	650,000	586,263	576,533	520,000
4년	650,000	566,437	596,712	520,000
5년	650,000	547,283	617,597	520,000
6년	650,000	528,775	639,213	520,000
7년	650,000	510,894	661,585	520,000
8년	650,000	493,618	684,741	520,000
9년	650,000	476,925	708,707	520,000
10년	650,000	460,797	733,511	520,000
11년	650,000	445,215	759,184	520,000
12년	650,000	430,159	785,756	520,000
13년	650,000	415,613	813,257	520,000
14년	650,000	401,558	841,721	520,000

4단계: 퇴직연금 예상 연금액 계산

　이 과정에 의해 산출된 결과로 불확실한 미래의 상황을 정확히 예측할 수는 없다. 또한 독자들이 직접 예상 연금액을 계산하는 데 어려움이 없도록 계산 과정을 최대한 단순화했으며, 결과에 영향을 미치는 일부 변수의 값을 제한된 조건하에(결과가 크게 왜곡되지 않는 범위 내에서) 별도의 설명 없이 저자가 임의로 적용했음을 미리 밝혀둔다.

①	현재 나이(만)	35세
②	퇴직 나이(본인 예상)	55세
③	퇴직까지 남은 기간 (②퇴직 나이 − ①현재 나이)	20년
④	현재 급여(월 평균)	월 250만 원
⑤	급여인상률(본인 예상)	연평균 5.0%
⑥	급여 환산계수 (〈급여 환산표〉 이용)	2.65 ◀━
⑦	퇴직 시점 예상 급여 (④현재 급여 ×⑥급여 환산계수)	월 663만 원 ◀┈
⑧	현재까지 근속연수 (퇴직금 중간 정산 받은 경우 그 이후부터 계산)	8년
⑨	총 근속 연수 (③퇴직까지 남은 기간 +⑧현재까지 근속연수)	28년
⑩	예상 퇴직금 (⑦퇴직 시점 예상 급여 × ⑨총 근속연수)	1억 8600만 원 ◀━
⑪	물가상승률(본인 예상)	연평균 3.5%
⑫	물가 환산계수 (〈물가 역산표〉 이용)	0.503 ◀┈
⑬	예상 퇴직금의 현재가치 (⑩예상 퇴직금 × ⑫물가 환산계수)	9350만 원 ◀━
⑭	퇴직연금 예상 연금액의 현재가치 (예상 퇴직금의 현재가치 ÷ 퇴직연금 수령 기간)	20년간 수령 → 연 468만 원
		15년간 수령 → 연 623만 원 ◀━
		10년간 수령 → 연 935만 원
		5년간 수령 → 연 1870만 원

〈급여 환산표〉

경과 기간	급여 인상률(연간, 전년대비)		
	4.5%	5.0%	5.5%
19년	2.31	2.53	2.77
20년	2.41	2.65	2.92
21년	2.52	2.79	3.08

250만 원(현재 급여)×2.65(급여 환산계수)

663만 원(퇴직 시점 예상 급여)×28년(총 근속 연수)

〈물가 역산표〉

경과 기간	물가상승률(연간, 전년대비)		
	3.0%	3.5%	4.0%
19년	0.570	0.520	0.475
20년	0.554	0.503	0.456
21년	0.538	0.486	0.439

1억 8600만 원(예상 퇴직금)×0.503(물가 환산계수)

9350만 원(예상 퇴직금의 현재가치) ÷ 15년

〈퇴직연금 예상 연금액 계산하기〉

①	현재 나이(만)		세
②	퇴직 나이(본인 예상)		세
③	퇴직까지 남은 기간 (②퇴직 나이 - ①현재 나이)		년
④	현재 급여 (월 평균)	월	만 원
⑤	급여인상률 (본인 예상)	연평균	%
⑥	급여 환산계수 (〈급여 환산표〉 이용)		
⑦	퇴직 시점 예상 급여 (④현재 급여 × ⑥급여 환산계수)	월	만 원
⑧	현재까지 근속연수 (퇴직금 중간 정산 받은 경우 그 이후부터 계산)		년
⑨	총 근속 연수 (③퇴직까지 남은 기간 + ⑧현재까지 근속연수)		년
⑩	예상 퇴직금 (⑦퇴직 시점 예상 급여 × ⑨총 근속연수)		만 원
⑪	물가상승률 (본인 예상)	연평균	%
⑫	물가 환산계수 (〈물가 역산표〉 이용)		
⑬	예상 퇴직금의 현재가치 (⑩예상 퇴직금 × ⑫물가 환산계수)		만 원
⑭	퇴직연금 예상 연금액의 현재가치 (예상 퇴직금의 현재가치 ÷ 퇴직연금 수령 기간)	20년간 수령	연	만 원
		15년간 수령	연	만 원
		10년간 수령	연	만 원
		5년간 수령	연	만 원

※ 표의 내용을 자동으로 계산해볼 수 있는 엑셀시트 자료를 다산북스 홈페이지(www.dasanbooks. com) 지식자료실에 올려두었으니 필요하다면 활용해보기 바란다.

〈급여 환산표〉

경과 기간	급여인상률(연간, 전년대비)										
	3.0%	3.5%	4.0%	4.5%	5.0%	5.5%	6.0%	6.5%	7.0%	7.5%	8.0%
1년	1.03	1.04	1.04	1.05	1.05	1.06	1.06	1.07	1.07	1.08	1.08
2년	1.06	1.07	1.08	1.09	1.10	1.11	1.12	1.13	1.14	1.16	1.17
3년	1.09	1.11	1.12	1.14	1.16	1.17	1.19	1.21	1.23	1.24	1.26
4년	1.13	1.15	1.17	1.19	1.22	1.24	1.26	1.29	1.31	1.34	1.36
5년	1.16	1.19	1.22	1.25	1.28	1.31	1.34	1.37	1.40	1.44	1.47
6년	1.19	1.23	1.27	1.30	1.34	1.38	1.42	1.46	1.50	1.54	1.59
7년	1.23	1.27	1.32	1.36	1.41	1.45	1.50	1.55	1.61	1.66	1.71
8년	1.27	1.32	1.37	1.42	1.48	1.53	1.59	1.65	1.72	1.78	1.85
9년	1.30	1.36	1.42	1.49	1.55	1.62	1.69	1.76	1.84	1.92	2.00
10년	1.34	1.41	1.48	1.55	1.63	1.71	1.79	1.88	1.97	2.06	2.16
11년	1.38	1.46	1.54	1.62	1.71	1.80	1.90	2.00	2.10	2.22	2.33
12년	1.43	1.51	1.60	1.70	1.80	1.90	2.01	2.13	2.25	2.38	2.52
13년	1.47	1.56	1.67	1.77	1.89	2.01	2.13	2.27	2.41	2.56	2.72
14년	1.51	1.62	1.73	1.85	1.98	2.12	2.26	2.41	2.58	2.75	2.94
15년	1.56	1.68	1.80	1.94	2.08	2.23	2.40	2.57	2.76	2.96	3.17
16년	1.60	1.73	1.87	2.02	2.18	2.36	2.54	2.74	2.95	3.18	3.43
17년	1.65	1.79	1.95	2.11	2.29	2.48	2.69	2.92	3.16	3.42	3.70
18년	1.70	1.86	2.03	2.21	2.41	2.62	2.85	3.11	3.38	3.68	4.00
19년	1.75	1.92	2.11	2.31	2.53	2.77	3.03	3.31	3.62	3.95	4.32
20년	1.81	1.99	2.19	2.41	2.65	2.92	3.21	3.52	3.87	4.25	4.66
21년	1.86	2.06	2.28	2.52	2.79	3.08	3.40	3.75	4.14	4.57	5.03
22년	1.92	2.13	2.37	2.63	2.93	3.25	3.60	4.00	4.43	4.91	5.44
23년	1.97	2.21	2.46	2.75	3.07	3.43	3.82	4.26	4.74	5.28	5.87
24년	2.03	2.28	2.56	2.88	3.23	3.61	4.05	4.53	5.07	5.67	6.34
25년	2.09	2.36	2.67	3.01	3.39	3.81	4.29	4.83	5.43	6.10	6.85
26년	2.16	2.45	2.77	3.14	3.56	4.02	4.55	5.14	5.81	6.56	7.40
27년	2.22	2.53	2.88	3.28	3.73	4.24	4.82	5.48	6.21	7.05	7.99
28년	2.29	2.62	3.00	3.43	3.92	4.48	5.11	5.83	6.65	7.58	8.63
29년	2.36	2.71	3.12	3.58	4.12	4.72	5.42	6.21	7.11	8.14	9.32
30년	2.43	2.81	3.24	3.75	4.32	4.98	5.74	6.61	7.61	8.75	10.06
31년	2.50	2.91	3.37	3.91	4.54	5.26	6.09	7.04	8.15	9.41	10.87
32년	2.58	3.01	3.51	4.09	4.76	5.55	6.45	7.50	8.72	10.12	11.74
33년	2.65	3.11	3.65	4.27	5.00	5.85	6.84	7.99	9.33	10.88	12.68
34년	2.73	3.22	3.79	4.47	5.25	6.17	7.25	8.51	9.98	11.69	13.69
35년	2.81	3.33	3.95	4.67	5.52	6.51	7.69	9.06	10.68	12.57	14.79
36년	2.90	3.45	4.10	4.88	5.79	6.87	8.15	9.65	11.42	13.51	15.97
37년	2.99	3.57	4.27	5.10	6.08	7.25	8.64	10.28	12.22	14.52	17.25
38년	3.07	3.70	4.44	5.33	6.39	7.65	9.15	10.95	13.08	15.61	18.63
39년	3.17	3.83	4.62	5.57	6.70	8.07	9.70	11.66	13.99	16.79	20.12
40년	3.26	3.96	4.80	5.82	7.04	8.51	10.29	12.42	14.97	18.04	21.72

〈물가 역산표〉

현재 돈의 가치를 1로 보고, 경과 기간별 물가 상승에 따른 돈의 가치 하락 정도를 표시한 것임. 이를 이용해 미래의 화폐가치를 현재의 물가를 기준으로 환산해 볼 수 있음.

경과 기간	물가상승률(연간, 전년대비)						
	2.0%	2.5%	3.0%	3.5%	4.0%	4.5%	5.0%
1년	0.980	0.976	0.971	0.966	0.962	0.957	0.952
2년	0.961	0.952	0.943	0.934	0.925	0.916	0.907
3년	0.942	0.929	0.915	0.902	0.889	0.876	0.864
4년	0.924	0.906	0.888	0.871	0.855	0.839	0.823
5년	0.906	0.884	0.863	0.842	0.822	0.802	0.784
6년	0.888	0.862	0.837	0.814	0.790	0.768	0.746
7년	0.871	0.841	0.813	0.786	0.760	0.735	0.711
8년	0.853	0.821	0.789	0.759	0.731	0.703	0.677
9년	0.837	0.801	0.766	0.734	0.703	0.673	0.645
10년	0.820	0.781	0.744	0.709	0.676	0.644	0.614
11년	0.804	0.762	0.722	0.685	0.650	0.616	0.585
12년	0.788	0.744	0.701	0.662	0.625	0.590	0.557
13년	0.773	0.725	0.681	0.639	0.601	0.564	0.530
14년	0.758	0.708	0.661	0.618	0.577	0.540	0.505
15년	0.743	0.690	0.642	0.597	0.555	0.517	0.481
16년	0.728	0.674	0.623	0.577	0.534	0.494	0.458
17년	0.714	0.657	0.605	0.557	0.513	0.473	0.436
18년	0.700	0.641	0.587	0.538	0.494	0.453	0.416
19년	0.686	0.626	0.570	0.520	0.475	0.433	0.396
20년	0.673	0.610	0.554	0.503	0.456	0.415	0.377
21년	0.660	0.595	0.538	0.486	0.439	0.397	0.359
22년	0.647	0.581	0.522	0.469	0.422	0.380	0.342
23년	0.634	0.567	0.507	0.453	0.406	0.363	0.326
24년	0.622	0.553	0.492	0.438	0.390	0.348	0.310
25년	0.610	0.539	0.478	0.423	0.375	0.333	0.295
26년	0.598	0.526	0.464	0.409	0.361	0.318	0.281
27년	0.586	0.513	0.450	0.395	0.347	0.305	0.268
28년	0.574	0.501	0.437	0.382	0.333	0.292	0.255
29년	0.563	0.489	0.424	0.369	0.321	0.279	0.243
30년	0.552	0.477	0.412	0.356	0.308	0.267	0.231
31년	0.541	0.465	0.400	0.344	0.296	0.256	0.220
32년	0.531	0.454	0.388	0.333	0.285	0.244	0.210
33년	0.520	0.443	0.377	0.321	0.274	0.234	0.200
34년	0.510	0.432	0.366	0.310	0.264	0.224	0.190
35년	0.500	0.421	0.355	0.300	0.253	0.214	0.181
36년	0.490	0.411	0.345	0.290	0.244	0.205	0.173
37년	0.481	0.401	0.335	0.280	0.234	0.196	0.164
38년	0.471	0.391	0.325	0.271	0.225	0.188	0.157
39년	0.462	0.382	0.316	0.261	0.217	0.180	0.149
40년	0.453	0.372	0.307	0.253	0.208	0.172	0.142

5단계: 노후 자금 마련을 위한 투자 계획

국민연금과 퇴직연금에 대해 알아봤으니 이제 노후 자금 마련을 위해 재무목표를 설정하고, 투자금액을 결정하는 과정에 대해 알아볼 차례다.

이를 위해 현재 35세인 홍길동 씨의 경우를 계속 예로 들어 설명할 것인데, 다음과 같이 몇 가지 가정을 하겠다.

홍길동 씨는

- 정년퇴직 후 적은 돈을 벌더라도 소득활동을 계속 하기를 희망한다.
- 국민연금 수급 연령인 65세 때 은퇴하기를 희망한다(여기서 은퇴란 소득활동에서 완전히 손을 떼는 시기로 가정).
- 은퇴 후 80세까지(기대수명) 생존하는 것으로 가정한다.
- 현재의 급여는 연 3000만 원(월 250만 원)이다.
- 은퇴 후 노후소득은 현재의 급여대비 60% 수준인 연 1800만 원(월 150만 원, 현재의 물가 기준)을 희망한다.
- 국민연금은 65세부터 연 640만 원(월 53만 원, 현재의 물가 기준)을 수령하는 것으로 가정한다.
- 퇴직연금은 65세부터 15년간(80세까지) 수령하기를 희망한다(또는 일시금으로 받은 퇴직금을 65세부터 15년간 분할하여 사용하는 것으로 가정한다). 예상 연금액은 연 620만 원(월 52만 원, 현재의 물가 기준)으로 가정한다.

- 은퇴 후 국민연금과 퇴직연금의 지급액은 매년 물가상승률만큼 인상되는 것으로 가정하여 연금액의 실질가치가 변함이 없는 것으로 가정한다.
- 물가상승률은 연평균 3.5%로 가정한다.
- 은퇴 후 퇴직연금과 노후 자금의 운용수익률은 물가상승률과 동일한 것으로 가정한다.
- 노후 자금을 마련하기 위해 지금부터 연평균 7%의 수익률을 기대하고 투자할 계획이다.

1. 재무목표 설정

홍길동 씨가 희망하는 노후소득이 현재의 물가를 기준으로 연 1800만 원이므로 만약 오늘 65세가 되어 은퇴한다면 80세까지 15년간 총 2억 7000만 원(=1800만 원×15년)이 필요하다. 즉, 홍길동 씨가 노후 자금 2억 7000만 원을 손에 쥔 채 오늘 은퇴한다면 향후 15년 동안 균등하게 매년 1800만 원의 노후소득을 얻을 수 있다는 뜻이다.

홍길동 씨가 노후 자금 2억 7000만 원을 은퇴 후 장판 밑에 깔고 지내지는 않을 것이기 때문에 매년 생활자금을 인출하여 쓰더라도 남은 돈은 무엇엔가 계속 투자되어 수익이 발생할 것이다. 이때 노후 자금을 투자하면서 물가상승률과 동일한 연평균 3.5%의 수익률을 얻게 된다면 첫해에는 1800만 원, 1년 뒤에는 1860만 원(=1800만 원×1.035), 5년 뒤에는 2140만 원, 10년 뒤에는 2540만 원, 이런 식으로 매년 물가상승률만큼 인상된 금액을 인출하여 생활자금으로 지출할 수 있다.

따라서 15년 동안 균등하게 1800만 원의 노후소득을 얻을 수 있다는 말은 명목가치(액면가)가 아닌 물가상승에 따른 실질가치를 1800만 원으로 균등하게 유지할 수 있다고 가정한 것이다. 앞서 국민연금과 동등한 기준에서 퇴직연금의 가치를 비교하기 위해 퇴직연금의 실질가치를 최초의 연금액에 고정시킨 것과 같은 이유 때문에 이런 가정을 한 것이다.

이렇게 가정할 경우 최초의 원금 2억 7000만 원은 80세가 되면 전부 소진될 것인데, 만약 은퇴 기간 중 노후 자금을 투자하면서 매년 물가상승률보다 높은 수익률을 얻게 된다면 노후 자금의 소진시기를 80세 이후로 늦출 수 있게 되며, 반대로 물가상승률보다 낮은 수익률을 얻게 된다면 노후 자금은 80세 이전에 소진될 것이다.

그런데 노후 자금 2억 7000만 원은 현재의 물가를 기준으로 계산된 값이기 때문에 홍길동 씨가 실제로 은퇴하게 될 30년 뒤에는 물가가 많이 올라 이보다 훨씬 많은 노후 자금이 필요할 것이다.

따라서 재무목표를 설정하려면 2억 7000만 원에 물가상승률을 반영하여 30년 뒤 필요한 노후 자금이 얼마인지 예상해 봐야 한다. 이를 〈물가 환산표〉를 이용해 계산해보자. 다음 페이지의 〈물가 환산표〉는 물가상승률 별 환산계수를 보여준다.

표를 보면 물가상승률이 연 3.5%일 때 경과기간 30년에 해당하는 환산계수는 2.81이다.

〈물가 환산표〉

경과 기간	물가상승률(연간,전년대비)						
	2.0%	2.5%	3.0%	3.5%	4.0%	4.5%	5.0%
28년	1.74	2.00	2.29	2.62	3.00	3.43	3.92
29년	1.78	2.05	2.36	2.71	3.12	3.58	4.12
30년	1.81	2.10	2.43	2.81	3.24	3.75	4.32
31년	1.85	2.15	2.50	2.91	3.37	3.91	4.54
32년	1.88	2.20	2.58	3.01	3.51	4.09	4.76

이는 2억 7000만 원에 환산계수 2.81을 곱하면 30년 뒤 물가를 기준으로 환산된 노후 자금 총액이 된다는 뜻이다. 결과는 약 7억 6000만 원이다.

〈30년 뒤 필요한 노후 자금 총액〉

2억 7000만 원(현재의 물가 기준 총액) × 2.81(물가 환산계수) = 7억 6000만 원

따라서 홍길동 씨는 다음과 같은 재무목표를 설정할 수 있다.

향후 30년 동안 노후 자금 7억 6000만 원 마련

<h3 style="text-align:center">〈물가 환산표〉</h3>

경과 기간	물가상승률(연간, 전년대비)						
	2.0%	2.5%	3.0%	3.5%	4.0%	4.5%	5.0%
1년	1.02	1.03	1.03	1.04	1.04	1.05	1.05
2년	1.04	1.05	1.06	1.07	1.08	1.09	1.10
3년	1.06	1.08	1.09	1.11	1.12	1.14	1.16
4년	1.08	1.10	1.13	1.15	1.17	1.19	1.22
5년	1.10	1.13	1.16	1.19	1.22	1.25	1.28
6년	1.13	1.16	1.19	1.23	1.27	1.30	1.34
7년	1.15	1.19	1.23	1.27	1.32	1.36	1.41
8년	1.17	1.22	1.27	1.32	1.37	1.42	1.48
9년	1.20	1.25	1.30	1.36	1.42	1.49	1.55
10년	1.22	1.28	1.34	1.41	1.48	1.55	1.63
11년	1.24	1.31	1.38	1.46	1.54	1.62	1.71
12년	1.27	1.34	1.43	1.51	1.60	1.70	1.80
13년	1.29	1.38	1.47	1.56	1.67	1.77	1.89
14년	1.32	1.41	1.51	1.62	1.73	1.85	1.98
15년	1.35	1.45	1.56	1.68	1.80	1.94	2.08
16년	1.37	1.48	1.60	1.73	1.87	2.02	2.18
17년	1.40	1.52	1.65	1.79	1.95	2.11	2.29
18년	1.43	1.56	1.70	1.86	2.03	2.21	2.41
19년	1.46	1.60	1.75	1.92	2.11	2.31	2.53
20년	1.49	1.64	1.81	1.99	2.19	2.41	2.65
21년	1.52	1.68	1.86	2.06	2.28	2.52	2.79
22년	1.55	1.72	1.92	2.13	2.37	2.63	2.93
23년	1.58	1.76	1.97	2.21	2.46	2.75	3.07
24년	1.61	1.81	2.03	2.28	2.56	2.88	3.23
25년	1.64	1.85	2.09	2.36	2.67	3.01	3.39
26년	1.67	1.90	2.16	2.45	2.77	3.14	3.56
27년	1.71	1.95	2.22	2.53	2.88	3.28	3.73
28년	1.74	2.00	2.29	2.62	3.00	3.43	3.92
29년	1.78	2.05	2.36	2.71	3.12	3.58	4.12
30년	1.81	2.10	2.43	2.81	3.24	3.75	4.32
31년	1.85	2.15	2.50	2.91	3.37	3.91	4.54
32년	1.88	2.20	2.58	3.01	3.51	4.09	4.76
33년	1.92	2.26	2.65	3.11	3.65	4.27	5.00
34년	1.96	2.32	2.73	3.22	3.79	4.47	5.25
35년	2.00	2.37	2.81	3.33	3.95	4.67	5.52
36년	2.04	2.43	2.90	3.45	4.10	4.88	5.79
37년	2.08	2.49	2.99	3.57	4.27	5.10	6.08
38년	2.12	2.56	3.07	3.70	4.44	5.33	6.39
39년	2.16	2.62	3.17	3.83	4.62	5.57	6.70
40년	2.21	2.69	3.26	3.96	4.80	5.82	7.04

2. 투자금액 결정

이제 목표자금 7억 6000만 원을 마련하기 위해 지금부터 매월 얼마를 투자해야 하는지 〈투자금액 계산표〉를 이용해서 계산해보자. 수익률이 연평균 4%일 때 투자기간 30년에 해당하는 투자금액은 1만 4545원이다.

〈투자금액 계산표〉

(단위: 원)

투자 기간	수익률(세후, 연복리)									
	3%	4%	5%	6%	7%	8%	9%	10%	11%	12%
28년	19,102	16,326	13,895	11,781	9,953	8,382	7,038	5,895	4,925	4,108
29년	18,136	15,402	13,021	10,963	9,195	7,686	6,405	5,323	4,413	3,650
30년	17,237	14,545	12,215	10,212	8,503	7,054	5,833	4,809	3,955	3,246
31년	16,400	13,750	11,468	9,520	7,869	6,479	5,316	4,348	3,547	2,887
32년	15,620	13,010	10,777	8,883	7,287	5,954	4,847	3,933	3,183	2,569

이는 수익률을 연평균 4%로 가정할 경우 30년 동안 1000만 원을 마련하기 위해서는 지금부터 매월 1만 4545원을 투자해야 한다는 뜻이다.

따라서 목표자금이 1000만 원의 76배인 7억 6000만 원이니까 이를 마련하기 위해 매월 투자해야 하는 돈은 대략 110만 원임을 알 수 있다.

〈30년 동안 7억 6000만 원을 마련하기 위해 요구되는 매월 투자금액〉

76(목표자금 배수) × 1만 4545원(단위 투자금액) = 110만 5420원

　같은 방식으로 수익률을 연평균 7%로 가정할 경우 매월 65만 원(64만 6228원=76×8503원)을 투자해야 하고, 수익률을 연평균 10%로 가정할 경우 매월 37만 원(36만 5484원=76×4809원)을 투자하면 홍길동 씨가 은퇴할 때쯤에는 필요한 노후 자금을 전부 마련할 수 있다는 계산이 나온다.

〈노후 자금을 마련하기 위해 요구되는 매월 투자금액〉

목표자금	투자기간	수익률 (세후, 연복리)	투자금액 (매월)	투자원금 총액 (30년 누계)
7억 6000만 원	30년	4.0%	110만 원	3억 9600만 원
		7.0%	65만 원	2억 3400만 원
		10.0%	37만 원	1억 3300만 원

　홍길동 씨는 노후 자금을 마련하기 위해 연평균 7%의 수익률을 기대하고 투자할 계획이므로 매월 65만 원 이상을 투자해야 하는데, 현재의 소득이 월 250만 원인 점을 고려하면 부담이 커 실행하기 어려울 것이다.

　하지만 이때의 투자금액은 국민연금과 퇴직연금을 전혀 고려하지

않은 것이기 때문에 이를 반영해 다시 계산해 보면 부담을 크게 줄일 수 있다. 먼저 국민연금을 반영해서 다시 계산해보겠다.

홍길동 씨는 국민연금을 65세부터 연 640만 원(월 53만 원)을 수령할 것으로 예상한다. 따라서 부족한 노후소득은 연 1160만 원(= 희망노후소득 1800만 원 - 국민연금 640만 원)이므로 만약 오늘 65세가 되어 은퇴한다면 80세까지 15년간 총 1억 7400만 원(=1160만 원×15년)이 필요하다. 여기에 물가 환산계수를 곱하여 30년 뒤 필요한 노후 자금 총액을 계산해보면 약 4억 9000만 원(=1억 7400만 원×2.81)이다.

그리고 다시 〈투자금액 계산표〉를 이용해 이 돈을 마련하기 위해 요구되는 투자금액을 계산해보면 수익률을 연평균 4%로 가정할 경우 매월 71만 원(71만 2705원=49×1만 4545원), 수익률을 연평균 7%로 가정할 경우 매월 42만 원(41만 6647원=49×8503원), 수익률을 연평균 10% 가정할 경우 매월 24만 원(23만 5641원=49×4809원)을 투자해야 한다.

〈국민연금 연 640만 원을 반영한 매월 투자금액〉

목표자금	투자기간	수익률 (세후, 연복리)	투자금액 (매월)	투자원금 총액 (30년 누계)
4억 9000만 원	30년	4.0%	71만 원	2억 5600만 원
		7.0%	42만 원	1억 5100만 원
		10.0%	24만 원	8600만 원

홍길동 씨는 노후 자금을 마련하기 위해 지금부터 연평균 7%의 수익률을 기대하고 투자할 계획이므로 매월 42만 원 이상을 투자해야 한다. 홍길동 씨의 입장에서는 여전히 적지 않은 부담일 수 있지만, 국민연금을 고려하지 않았을 때와 비교하면 상당한 차이가 있음을 알 수 있다. 그러면 이번에는 퇴직연금도 반영해보겠다.

　홍길동 씨는 퇴직연금을 국민연금 수급 연령인 65세부터 기대수명인 80세까지 15년간 수령하기를 희망하며, 연 620만 원(월 52만 원)을 받을 것으로 예상한다.

　따라서 부족한 노후소득은 연 540만 원(= 희망노후소득 1800만 원 - 국민연금 640만 원 - 퇴직연금 620만 원)이므로 만약 오늘 65세가 되어 은퇴한다면 80세까지 15년간 총 8100만 원(= 540만 원×15년)이 필요하다. 여기에 물가 환산계수를 곱하여 30년 뒤 필요한 노후 자금 총액을 계산해 보면 약 2억 3000만 원(= 8100만 원×2.81)이다.

　그리고 이 돈을 마련하기 위해서는 수익률을 연평균 4%로 가정할 경우 매월 33만 원(33만 4535원=23×1만 4545원), 수익률을 연평균 7%로 가정할 경우 매월 20만 원(19만 5569원=23×8503원), 수익률을 연평균 10% 가정할 경우 매월 11만 원(11만 607원=23×4809원)을 투자해야 한다.

〈국민연금 연 640만 원과 퇴직연금 연 620만 원을 반영한 매월 투자금액〉

목표자금	투자기간	수익률 (세후, 연복리)	투자금액 (매월)	투자원금 총액 (30년 누계)
2억 3000만 원	30년	4.0%	33만 원	1억 1900만 원
		7.0%	20만 원	7200만 원
		10.0%	11만 원	3960만 원

홍길동 씨는 노후 자금을 마련하기 위해 지금부터 연평균 7%의 수익률을 기대하고 투자할 계획이므로 매월 20만 원 이상을 투자해야 한다. 투자금액에 대한 부담이 국민연금만 반영했을 때에 비해 절반 이하로 줄었고, 국민연금을 반영하지 않았을 때에 비해서는 1/3 이하로 줄었다.

홍길동 씨가 국민연금과 퇴직연금만으로는 충분한 노후소득을 기대하지 못하더라도 노후 자금 마련 계획을 세울 때 이 두 가지 연금 제도를 결코 무시해서는 안 된다는 사실을 알 수 있을 것이다. 따라서 홍길동 씨는 중간정산, 이직, 퇴직 등의 사유로 퇴직금을 조기에 수령하더라도 여윳돈 정도로 생각하고 쉽게 써버려서는 안 될 것이다. 은퇴 전까지 노후 자금 목적으로 지속적인 관리를 해야 하며, 부득이 퇴직금을 다른 목적으로 지출해야 하는 사정이 생기더라도 심사숙고하여 매우 신중히 결정해야 할 것이다.

홍길동 씨가 매월 20만 원을 장기간 투자하는 데 부담이 없다면 이대로 실행에 옮기면 된다. 그런데 30년이라는 오랜 세월에 걸쳐 투자해야 한다는 점 때문에 무척 부담스럽게 느껴질 수 있을 것이다. 홍길동 씨의 입장에서는 정년까지 직장생활을 할 수 있을지 확신할 수 없고, 퇴직 후 계속 돈을 벌더라도 소득이 줄게 될 가능성이 크기 때문이다. 게다가 30대 중반이면 노후 자금 외에 다른 목적을 위해서도 꾸준히 돈을 모아야 할 시기이고, 아이들이 커가면서 지출도 분명히 늘 것이다.

이런저런 어려움이 있겠지만 20만 원은 투자기간 동안 매월 일정한 금액을 투자하는 것을 전제로 산출된 투자금액이기 때문에 시간이 지날수록 실질적인 부담은 감소하는 것으로 볼 수 있다. 왜냐하면 물가상승과 소득상승 등을 고려하면 돈의 가치가 하락할 것이기 때문이다.

예를 들어 물가 수준과 비교해보면 물가상승률을 연 3.5%로 가정할 경우 10년 뒤의 20만 원은 대략 현재의 14만 원과 같은 돈이고, 20년 뒤에는 현재의 10만 원과 같은 돈이 된다. 일정하게 매월 20만 원을 투자하더라도 돈의 가치가 하락하기 때문에 그만큼 실질적인 부담도 꾸준히 감소한다는 뜻이다.

급여 수준과 비교해보면 현재 20만 원은 홍길동 씨의 급여대비 8%에 해당하지만, 급여인상률을 연 5%로 가정할 경우 10년 뒤에는 급여대비 5%, 20년 뒤에는 급여대비 3% 수준으로 그 부담 비율이 감소한다. 이처럼 일정한 금액을 투자하더라도 시간이 지날수록 실질적인 부담은 감소하는 효과가 있기 때문에 투자기간에 대해서는 크게 부담스러워하지 않아도 될 것이다.

그럼에도 불구하고 투자기간(납입기간)을 단축하고 싶다면 지금 당장 부담이 증가하더라도 투자금액을 늘려야 한다. 예를 들어 동일한 수익률(연평균 7%) 조건에서 매월 23만 원을 투자하면 투자기간(납입기간)을 20년으로 단축할 수 있고, 27만 원을 투자하면 15년으로 단축할 수 있다. 만약 투자금액을 늘리기 어렵다면 연평균 7%보다 높은 수익률을 기대하고 투자 계획을 세워야 할 것이다.

지금까지 홍길동 씨의 노후 자금 마련 계획에 대해 살펴보았다. 하지만, 이를 홍길동 씨에게 가장 적합한 투자 계획이라고 말할 수는 없다. 왜냐하면 여러 가지 불확실한 문제들 때문에 홍길동 씨에게 필요한 노후 자금은 생각보다 크게 증가할 수 있기 때문이다. 예를 들면 홍길동 씨에게는 다음과 같은 문제들이 있을 수 있다.

- 65세 이전에 은퇴하게 될 수 있다.
- 80세 이상 생존하게 될 수 있다(근래에는 노후설계 때 기대수명을 85세 또는 90세 이상으로 반영하는 추세다).
- 본인 사망 후 배우자 홀로 장기간 생존할 수 있다.
- 국민연금과 퇴직연금의 수령액이 예상보다 적을 수 있다.
- 물가상승률이 예상보다 높을 수 있다.

- 수익률이 예상보다 낮을 수 있다.
- 만성질환, 중대질병 등으로 인해 많은 의료비를 지출하게 될 수 있다.
- 정기적인 노후소득 외에도 예비자금 등 목돈을 보유할 필요가 있다.

홍길동 씨가 앞서 설정한 재무목표를 달성하더라도 이런 문제들 때문에 노후 자금은 부족해질 수 있다. 따라서 내가 홍길동 씨에게 제시한 노후 자금의 규모는 소극적으로 판단한 것이며, 결정된 투자 금액도 최저 요구 수준이라고 생각하는 게 좋을 것이다.

물론 처음 투자 계획을 세울 때부터 이런 문제들을 최대한 반영하는 게 좋겠지만 그렇게 되면 필요한 노후 자금의 규모가 밑도 끝도 없이 커질 수 있기 때문에 실현 가능성이 없는 계획이 되어버릴 수 있다.

예를 들어 현재 소득이 월 250만 원인 홍길동 씨가 노후 자금 마련을 위해 매월 100만 원을 투자해야 한다는 결론을 얻게 된다면 이는 계획이라고 말하기 어렵다. 투자 계획을 아무리 정교하게 수립하더라도 실행할 수 없는 것이라면 아무 소용이 없기 때문이다.

따라서 홍길동 씨는 현재의 소득과 저축여력 등을 고려해 실현 가능성이 있는 재무목표를 설정하고, 투자금액을 최종적으로 결정해야 한다. 실행하기 어렵다면 희망하는 노후소득을 낮추거나 은퇴 시기를 더 늦추는 등의 방법으로 재무목표를 수정해서 다시 투자 계획을 세워야 한다. 그리고 실행에 옮긴 뒤에는 불확실한 문제들을 보완하기 위해 투자금액을 늘려나가는 노력을 함께해야 할 것이다.

3. 금융상품(투자대상) 선택

투자금액을 결정했다면 이제 어떤 금융상품을 선택해서 투자할 것인지 결정해야 한다. 노후 자금 마련 계획은 노후소득 마련 계획이라 볼 수 있다. 따라서 은퇴 전 모아둔 돈을 분할하여 정기적으로 연금을 지급하는 연금상품이 노후 자금 마련에 가장 잘 어울리는 금융상품이다. 물론 다른 방법으로 돈을 모으고, 연금이 아닌 다른 형태의 소득을 얻는다고 해서 문제 될 건 없다.

예를 들면 노후 자금을 부동산, 유가증권 또는 연금상품 외의 다른 금융상품 등에 투자하여 임대소득, 이자소득, 배당소득 등을 얻는 방법도 생각해 볼 수 있다. 하지만 이 같은 소득에만 의지해서 긴 노후를 보내려면 그전에 먼저 상당히 많은 노후 자금을 마련해야 하는 어려움이 있다.

따라서 빠듯한 수입을 쪼개서 노후 자금 마련에 나서야 하는 대부분의 사람들은 우선 연금상품을 통해 기본적인 노후소득을 확보할 필요가 있다. 그런 다음 추후 여유가 된다면 좀 더 풍족한 노후를 보내기 위해 별도의 투자 계획을 세워 목돈 마련에 나서는 것이 좋을 것이다. 최소한의 노후소득은 일단 확실히 챙겨둔 다음에 그 이상의 다른 것을 얻기 위해 노력하자는 뜻으로 이해해도 좋다.

연금상품의 종류는 운용의 주체에 따라 연금신탁(은행), 연금펀드

(자산운용사), 연금저축보험(생명보험사, 손해보험사), 연금보험(생명보험사) 등으로 구분할 수 있다. 그리고 범위를 조금 넓게 보면 연금전환이 가능한 일부 저축성보험(생명보험사)도 연금상품에 포함할 수 있다.

연금신탁, 연금펀드, 연금저축보험은 투자기간 중 납입금에 대해 세액공제 혜택이 있는 대신 연금을 수령할 때 소득세를 내야 한다. 반면에 연금보험과 연금전환이 가능한 저축성보험은 세액공제 혜택이 없는 대신 가입 후 10년이 지나면 연금을 수령할 때 소득세를 내지 않는다.

투자기간 중 세액공제를 받고 연금 수령 기간 중 소득세를 내는 것과 세액공제를 받지 않고 연금 수령 때 소득세를 내지 않는 것 중 어떤 방식이 더 유리한 지는 쉽게 단정을 지어 말할 수 없다.

왜냐하면 가입자 개인의 투자기간 중 소득(소득세율), 환급받은 소득세의 재투자 여부, 은퇴 후 국민연금과 퇴직연금 등을 포함한 실제 연금수령액, 은퇴 후 연금 이외의 종합소득 유무, 향후 세법의 변화 등 다양한 요인에 의해 달라질 수 있는 문제이기 때문이다.

다만, 세금 문제(절세전략)가 투자결정 때 중요한 부분인 것은 분명하지만 단순하게 보면 이는 결국 소득세를 지금 내느냐 나중에 내느냐의 차이기 때문에 연금상품을 선택할 때 가장 중요한 판단 기준이 될 수는 없다.

〈연금상품의 종류〉

운용주체에 따른 연금상품		소득공제	연금소득과세	종신연금지급기능	투자위험	기대수익
은행	연금신탁	○	○	×	저	저
자산운용사	연금펀드	○	○	×	다양	다양
생명보험사	연금저축보험	○	○	○	저	저
	연금보험	×	×	○	다양	다양
손해보험사	연금저축보험	○	○	×	저	저

　연금상품을 선택할 때는 다른 무엇보다 다음의 2가지를 먼저 살펴볼 필요가 있다.

- 종신연금을 수령할 수 있는가?
- 재무목표 달성에 요구되는 수익률을 기대할 수 있는가?
  (또는 자신의 위험성향에 적합한가?)

종신연금을 수령할 수 있는가?

　연금상품은 공통적으로 연금 수령 기간을 5년, 10년, 15년, 20년 등 가입자가 원하는 대로 정할 수 있으며, 처음 가입할 때 정한 것과는 상관없이 연금 지급이 개시되기 전에 최종적으로 결정할 수 있다. 그런데 이 기간을 정하는 문제가 생각만큼 단순하지가 않다. 왜냐하면 은퇴 후 생존기간을 예측하기가 어렵기 때문이다.

　예를 들면 앞서 홍길동 씨의 경우 65세 때 은퇴하여 80세까지 생존하는 것으로 가정하여 노후 자금 마련 계획을 세웠기 때문에 재무 목표 역시 65세부터 15년간 연금을 수령하는 것을 전제로 설정된 것이다. 따라서 계산대로라면 홍길동 씨가 재무목표를 달성하더라도 80세 이상 생존하게 되면 이때부터는 연금을 한 푼도 받지 못하게 되는 문제가 생긴다.

현재 시점에서 홍길동 씨가 이 문제를 조금이라도 해소할 수 있는 방법은 80세 이상 생존하는 것으로 가정하여 새롭게 투자 계획을 세우는 것이다. 하지만 그렇더라도 문제는 여전히 남는다. 연금이 언젠가 바닥난다는 사실은 변함이 없기 때문이다.

만약 홍길동 씨가 실제로 은퇴할 시기에 이런 점을 불안하게 생각한다면 매월 받는 연금액이 적어지더라도 연금 수령 기간을 애초 계획했던 것보다 길게 연장할까 고민하게 될 것이다. 이때 가장 오랜 기간 연금을 받을 수 있는 방법은 90세든, 100세든 살아 있는 동안 종신토록 연금을 수령하는 것인데, 이는 생명보험사의 연금상품에만 있는 기능이다. 따라서 홍길동 씨가 종신연금 수령이 가능한가 여부를 가장 중요한 선택 기준으로 생각한다면 생명보험사의 연금저축보험, 연금보험, 연금전환이 가능한 저축성보험 등을 선택해야 한다. 종신연금을 수령하게 되면 일정 기간을 정해서 연금을 받을 때에 비해 매월 수령하는 연금액이 적어지는 문제가 있지만 아무리 오래 살아도 연금이 바닥나지 않는 장점이 있으며, 이는 연금상품으로서 다른 무엇과도 비교할 수 없는 이점이다.

사실 노후 자금 마련 계획을 단순한 목돈 마련 계획 정도로만 생각한다면 상품을 선택하는데 별로 고민할 게 없을 수도 있다. 하지만 그렇지 않기 때문에 문제다. 연금상품은 기본적으로 노후에 장기생존의 위험을 보장해줄 수 있어야 한다. 장기생존의 위험이란 말 그대로다. 80세까지 살 줄 알고 준비된 노후 자금을 전부 써버렸는데 85세, 90세까지 살게 된다면 그만큼 힘든 일도 없을 것이다.

이런 점 등을 생각하면 은퇴 후 가진 돈을 짧고 굵게 쓰기보다는 가늘고 길게 쓰기 위해 노력하는 게 현명한 판단일 것이다. 따라서 평소 노후 자금 마련을 위해 투자하는 돈 중 일부라도 종신연금을 수령할 수 있는 연금상품에 투자할 필요가 있다.

홍길동 씨가 지금 당장은 종신연금 지급 기능이 중요치 않다고 생각하더라도 막상 은퇴하여 연금을 수령할 때가 되면 이에 대한 선택권이 있고 없고의 차이는 중요한 문제가 될 수 있기 때문에 처음 상품을 선택할 때 신중히 판단해야 할 것이다.

다만, 종신연금을 수령하던 중 조기에 사망하게 되면 일정 기간을 정해서 연금을 받을 때에 비해 수령하는 연금 총액이 적어지는 단점이 있으며, 일단 종신연금 지급이 시작되면 계약을 중도에 해지할 수 없기 때문에 잔여 지급액을 일시금으로 찾을 수 없는 제약도 따른다. 따라서 실제로 은퇴할 때가 되어 연금 수령 방법을 최종적으로 결정할 때는 처음 상품을 선택할 때만큼이나 여러 가지 고민할 문제가 생길 것이다. 하지만, 만약 홍길동 씨가 종신연금 지급 기능이 중요치 않다고 생각하거나 다른 방법으로 문제를 해결할 수 있다고 생각한다면 꼭 생명보험사의 연금상품을 선택할 필요는 없다.

재무목표 달성에 요구되는 수익률을 기대할 수 있는가?

연금상품도 결국 금융상품의 한 종류이기 때문에 어떤 상품을 선택하는가에 따라 감수해야 하는 위험과 기대수익률이 달라질 수밖에 없다. 따라서 재무목표 달성에 요구되는 수익률과 자신의 위험성향 등을 고려해 신중히 선택해야 한다.

연금상품은 운용 방식에 따라 채권형과 주식형으로 구분할 수 있는데, 채권형 연금상품은 원금이 보존되거나 손실 가능성이 작고, 시장금리 수준의 수익률을 기대할 수 있다. 반면에 주식형 연금상품은 위험이 큰 대신 높은 수익률을 기대할 수 있다. 연금신탁, 연금저축보험은 기본적으로 채권형 연금상품으로 보면 된다. 따라서 시장금리 수준의 수익률을 기대할 수 있다. 연금펀드는 채권에 투자하는 채권형 연금펀드, 주식에 투자하는 주식형 연금펀드, 채권과 주식에 섞어서 투자하는 혼합형 연금펀드 등으로 다시 구분할 수 있다. 따라서 각 연금펀드의 운용 방식에 따라 위험과 기대수익률이 달라진다.

연금보험도 공시이율로 운용되는 연금보험(금리연동형), 일반 펀드처럼 채권과 주식에 투자하여 실적을 배당하는 변액연금보험 등으로 다시 구분할 수 있다. 따라서 각 연금보험도 운용 방식에 따라 위험과 기대수익률이 달라진다.

이처럼 종신연금 지급 기능과 기대수익률 등을 고려해 자신의 투자 계획에 적합한 연금상품을 선택해야 한다. 예를 들어 홍길동 씨가 종신연금 지급 기능을 가장 중요한 선택 기준으로 생각한다고 해보자. 이때는 생명보험사의 연금상품을 고려해야 하는데, 안정성을 추구하면서 금리 수준의 수익률을 기대하고 투자할 계획이라면 연금저축보험이나 연금보험(금리연동형) 등을 선택해야 하고, 위험이 증가하더라도 금리보다 높은 수익률을 기대하고 투자하라면 변액연금보험이나 연금전환이 가능한 변액유니버셜보험 등을 선택해야 한다.

이번에는 홍길동 씨가 종신연금 수령 기능을 중요치 않게 생각하여 생명보험사의 연금상품을 고려 대상에서 제외했다고 가정해보자. 이때는 금리 수준의 수익률을 기대하고 투자할 계획이라면 연금신탁, 채권형 연금펀드 등을 선택해야 하고, 위험이 증가하더라도 금리보다 높은 수익률을 기대하고 투자할 계획이라면 혼합형 연금펀드, 주식형 연금펀드 등을 선택해야 한다. 또는 운용 방식이 서로 다른 복수의 연금상품을 선택해서 분산 투자를 할 수도 있다.

다만, 연금신탁, 연금펀드, 연금저축보험 등의 세액공제 합산 한도가 현재 연 400만 원이기 때문에 이를 초과하는 납입금에 대해서는 세액공제를 받지 못하는 문제가 생긴다. 이런 경우 한도를 초과하는 금액은 세액공제 혜택은 없지만, 연금 수령 때 소득세를 내지 않아도 되는 생명보험사의 연금보험에 납입하는 것에 대해서도 고려해볼 수 있을 것이다.

금융회사별로 판매하는 연금상품의 가짓수가 워낙 많기 때문에 금융업에 종사하지 않는 일반인들에게는 선택하는 일이 어렵게 생각될 수 있다. 하지만 상품의 수가 아무리 많아도 결국 앞서 말한 연금상품의 범주에서 크게 벗어나지 않기 때문에 금융회사 한두 곳에서 판매하는 연금상품의 특징과 장단점을 충분히 이해한다면 다른 금융회사에서 판매하는 여러 연금상품을 이해하는 데도 어려움이 없을 것이다. 앞에서도 비슷한 언급을 했지만, 만약 연금상품을 스스로 선택하는 데 어려움을 느낀다면 혼자 고민하지 말고 은행, 증권사, 보험사, 재무설계회사 등에서 근무하는 여러 전문가를 만나서 도움을 받는 게 좋을 것이다. 그렇다고 그들에게 판단을 의지해서 선택하라는 뜻이 아니다. 이런 노력을 하다 보면 연금상품을 이해하고, 장단점을 비교하는 안목이 자연히 생길 것이기 때문에 그렇게 해보라는 것이다. 이런 노력은 아무리 많이 해도 지나칠 게 없다.

지금까지 노후 자금 마련 계획에 대해 구구절절 이야기했지만 사실 나는 노후준비를 위해 돈을 모으는 일보다 훨씬 더 중요한 게 있다고 생각한다. 그것은 다름 아닌 은퇴 시기를 최대한 늦추기 위해 노력하는 것이다. 당신은 노후에 직업을 갖는 것과 돈을 갖는 것 중 하나만 선택하라면 어떤 것을 택하겠는가? 나는 직업을 택하겠다. 남들의 눈에 근사해 보이지 않더라도 현업에서 물러난 뒤 평생 즐기면서 일할 수 있는 직업을 갖게 된다면 그보다 더 훌륭한 노후준비는 없을 것으로 생각하기 때문이다.

게다가 노후에 완전히 은퇴하지 않고, 50만 원이든 100만 원이든 계속 돈을 벌 수 있다면 필요한 노후 자금을 전부 모으지 못했더라도 크게 걱정할 일도 없을 것이다. 그런데 노후에 하기 싫은 일을 돈 때문에 억지로 하고 싶은 사람은 아무도 없다. 적은 돈을 벌더라도 즐겁게 할 수 있는 일을 찾아서 하고 싶을 것이다. 하지만 당장 내일 퇴직하거나 은퇴하면서 오늘 그런 직업을 갖기는 어렵다. 일찍부터 계획하고, 틈틈이 준비해온 사람만이 그런 행운을 얻게 될 것이다. 당신에게도 그런 행운이 찾아오기를 기원한다.

6단계: 노후 자금 마련을 위한 투자 계획 세우기

이 과정에 의해 산출된 결과로 불확실한 미래의 상황을 정확히 예측할 수는 없다. 독자들이 직접 투자 계획을 수립하는 데 어려움이 없도록 계산 과정을 최대한 단순화했으며, 결과에 영향을 미치는 일부 변수의 값을 제한된 조건하에(결과가 크게 왜곡되지 않는 범위 내에서) 별도의 설명 없이 저자가 임의로 적용했음을 밝혀둔다. 그리고 은퇴 나이와 퇴직연금 수급연령을 국민연금 수급연령과 일치시키지 않을 경우에는 제시된 다음의 방식에 의해 노후 자금 마련 계획을 세우는 데 무리가 있으므로, 다른 방식으로 노후 자금 마련 계획을 세우려 한다면 재무설계사 등 관련 전문가와 상의하기 바란다.

①	현재 나이 (만)	35세
②	은퇴 나이 (국민연금 수급연령)	65세
③	기대 수명 (본인 예상)	80세
④	은퇴까지 남은 기간 (②은퇴 나이 – ①현재 나이)	30년
⑤	은퇴 후 생존 기간 (③기대 수명 – ②은퇴 나이)	15년
⑥	희망 노후소득 (현재가치)	연 1800만 원
⑦	국민연금 예상 연금액 (국민연금공단 홈페이지 조회, 현재가치)	연 640만 원
⑧	퇴직연금 예상 연금액 (예상 퇴직금의 현재가치 ÷ ⑤은퇴 후 생존 기간)	연 620만 원
⑨	부족한 노후소득 (⑥희망 노후소득 – ⑦국민연 금 – ⑧퇴직연금, 현재가치)	연 540만 원
⑩	필요한 노후 자금 총액 (⑨부족한 노후소득 × ⑤은퇴 후 생존기간, 현재가치)	8100만 원
⑪	물가상승률 (본인 예상)	연평균 3.5%
⑫	물가 환산계수 (〈물가 환산표〉 이용)	2.81
⑬	목표자금 (⑩필요한 노후 자금 총액 × ⑫물가 환산계수)	2억 3000만 원
⑭	기대 투자수익률 (본인 예상)	연평균 7.0%
⑮	1,000만 원 당 단위 투자금액 (〈투자금액 계산표〉 이용)	매월 8503원
⑯	목표자금 배수 (⑬목표자금 ÷ 1,000만 원)	23
⑰	목표자금 마련을 위한 투자금액 (⑯목표자금 배수 × ⑮단위 투자금액)	매월 19만 5569원

9350만 원(예상 퇴직금의 현재가치)÷**15년**(은퇴 후 생존기간).
예상 퇴직금의 현재가치는 앞서 퇴직연금 부분에서 계산한 값임

1800만 원(희망 노후소득) – **640만 원**(국민연금) – **620만 원**(퇴직연금)

540만 원(부족한 노후소득) × **15년**(은퇴 후 생존 기간)

8100만 원(필요한 노후 자금 총액) × **2.81**(물가 환산계수)

2억 3000만 원(목표자금) ÷ **1000만 원**

23(목표자금 배수)×**8503원**(단위 투자금액)

⟨노후 자금 마련 계획 세우기⟩

①	현재 나이(만)		세
②	은퇴 나이(국민연금 수급연령)		세
③	기대 수명(본인 예상)		세
④	은퇴까지 남은 기간 (②은퇴 나이 − ①현재 나이)		년
⑤	은퇴 후 생존 기간 (③기대 수명 − ②은퇴 나이)		년
⑥	희망 노후소득(현재가치)	연	만 원
⑦	국민연금 예상 연금액 (국민연금공단 홈페이지 조회, 현재가치)	연	만 원
⑧	퇴직연금 예상 연금액 (예상 퇴직금의 현재가치 ÷ ⑤은퇴 후 생존 기간)	연	만 원
⑨	부족한 노후소득 (⑥희망 노후소득 − ⑦국민연금 − ⑧퇴직연금, 현재가치)	연	만 원
⑩	필요한 노후 자금 총액 (⑨부족한 노후소득 × ⑤은퇴 후 생존기간, 현재가치)		만 원
⑪	물가상승률(본인 예상)	연평균	%
⑫	물가 환산계수(⟨물가 환산표⟩ 이용)		
⑬	목표자금 (⑩필요한 노후 자금 총액 × ⑫물가 환산계수)		만 원
⑭	기대 투자수익률 (본인 예상)	연평균	%
⑮	1,000만 원 당 단위 투자금액 (⟨투자금액 계산표⟩ 이용)	매월	원
⑯	목표자금 배수 (⑬목표자금 ÷ 1,000만 원)		
⑰	목표자금 마련을 위한 투자금액 (⑯목표자금 배수 × ⑮단위 투자금액)	매월	원

※ 표의 내용을 자동으로 계산해볼 수 있는 엑셀시트 자료를 다산북스 홈페이지
(www.dasanbooks.com) 지식자료실에 올려두었으니 필요하다면 활용해보기 바란다.

〈물가 환산표〉

경과 기간	물가상승률(연간, 전년대비)						
	2.0%	2.5%	3.0%	3.5%	4.0%	4.5%	5.0%
1년	1.02	1.03	1.03	1.04	1.04	1.05	1.05
2년	1.04	1.05	1.06	1.07	1.08	1.09	1.10
3년	1.06	1.08	1.09	1.11	1.12	1.14	1.16
4년	1.08	1.10	1.13	1.15	1.17	1.19	1.22
5년	1.10	1.13	1.16	1.19	1.22	1.25	1.28
6년	1.13	1.16	1.19	1.23	1.27	1.30	1.34
7년	1.15	1.19	1.23	1.27	1.32	1.36	1.41
8년	1.17	1.22	1.27	1.32	1.37	1.42	1.48
9년	1.20	1.25	1.30	1.36	1.42	1.49	1.55
10년	1.22	1.28	1.34	1.41	1.48	1.55	1.63
11년	1.24	1.31	1.38	1.46	1.54	1.62	1.71
12년	1.27	1.34	1.43	1.51	1.60	1.70	1.80
13년	1.29	1.38	1.47	1.56	1.67	1.77	1.89
14년	1.32	1.41	1.51	1.62	1.73	1.85	1.98
15년	1.35	1.45	1.56	1.68	1.80	1.94	2.08
16년	1.37	1.48	1.60	1.73	1.87	2.02	2.18
17년	1.40	1.52	1.65	1.79	1.95	2.11	2.29
18년	1.43	1.56	1.70	1.86	2.03	2.21	2.41
19년	1.46	1.60	1.75	1.92	2.11	2.31	2.53
20년	1.49	1.64	1.81	1.99	2.19	2.41	2.65
21년	1.52	1.68	1.86	2.06	2.28	2.52	2.79
22년	1.55	1.72	1.92	2.13	2.37	2.63	2.93
23년	1.58	1.76	1.97	2.21	2.46	2.75	3.07
24년	1.61	1.81	2.03	2.28	2.56	2.88	3.23
25년	1.64	1.85	2.09	2.36	2.67	3.01	3.39
26년	1.67	1.90	2.16	2.45	2.77	3.14	3.56
27년	1.71	1.95	2.22	2.53	2.88	3.28	3.73
28년	1.74	2.00	2.29	2.62	3.00	3.43	3.92
29년	1.78	2.05	2.36	2.71	3.12	3.58	4.12
30년	1.81	2.10	2.43	2.81	3.24	3.75	4.32
31년	1.85	2.15	2.50	2.91	3.37	3.91	4.54
32년	1.88	2.20	2.58	3.01	3.51	4.09	4.76
33년	1.92	2.26	2.65	3.11	3.65	4.27	5.00
34년	1.96	2.32	2.73	3.22	3.79	4.47	5.25
35년	2.00	2.37	2.81	3.33	3.95	4.67	5.52
36년	2.04	2.43	2.90	3.45	4.10	4.88	5.79
37년	2.08	2.49	2.99	3.57	4.27	5.10	6.08
38년	2.12	2.56	3.07	3.70	4.44	5.33	6.39
39년	2.16	2.62	3.17	3.83	4.62	5.57	6.70
40년	2.21	2.69	3.26	3.96	4.80	5.82	7.04

〈투자금액 계산표〉

* 목표자금 1,000만 원을 마련하기 위해 요구되는 매월 투자금액 (단위: 원)

투자 기간	수익률(세후, 연복리)									
	3%	4%	5%	6%	7%	8%	9%	10%	11%	12%
1년	820,067	815,764	811,519	807,329	803,194	799,112	795,083	791,106	787,178	783,300
2년	403,974	399,884	395,863	391,907	388,016	384,189	380,423	376,717	373,070	369,481
3년	265,317	261,329	257,421	253,590	249,835	246,153	242,544	239,005	235,534	232,130
4년	196,018	192,104	188,282	184,548	180,902	177,340	173,860	170,460	167,139	163,893
5년	154,463	150,612	146,864	143,217	139,668	136,214	132,852	129,581	126,397	123,299
6년	126,780	122,986	119,307	115,741	112,283	108,931	105,682	102,533	99,481	96,523
7년	107,024	103,284	99,671	96,181	92,812	89,558	86,418	83,387	80,462	77,639
8년	92,222	88,533	84,984	81,569	78,285	75,128	72,094	69,177	66,376	63,685
9년	80,722	77,084	73,597	70,256	67,056	63,993	61,061	58,257	55,576	53,013
10년	71,535	67,946	64,519	61,250	58,133	55,162	52,332	49,638	47,074	44,636
11년	64,029	60,488	57,122	53,924	50,888	48,008	45,277	42,691	40,241	37,924
12년	57,784	54,291	50,984	47,856	44,900	42,109	39,476	36,995	34,657	32,457
13년	52,509	49,063	45,815	42,756	39,879	37,176	34,639	32,260	30,032	27,946
14년	47,996	44,597	41,407	38,417	35,618	33,001	30,558	28,279	26,157	24,181
15년	44,092	40,740	37,608	34,685	31,963	29,431	27,080	24,899	22,880	21,011
16년	40,684	37,378	34,303	31,447	28,801	26,352	24,091	22,006	20,086	18,321
17년	37,684	34,424	31,405	28,616	26,044	23,677	21,504	19,512	17,689	16,024
18년	35,024	31,809	28,846	26,122	23,624	21,338	19,251	17,349	15,620	14,050
19년	32,650	29,481	26,573	23,914	21,488	19,281	17,277	15,464	13,825	12,347
20년	30,519	27,395	24,542	21,947	19,592	17,462	15,541	13,812	12,261	10,871

→ 계속

투자 기간	수익률(세후,연복리)									
	3%	4%	5%	6%	7%	8%	9%	10%	11%	12%
21년	28,597	25,517	22,719	20,187	17,902	15,848	14,007	12,361	10,893	9,588
22년	26,855	23,819	21,076	18,605	16,390	14,410	12,646	11,079	9,693	8,468
23년	25,269	22,278	19,587	17,179	15,031	13,123	11,435	9,946	8,636	7,488
24년	23,821	20,873	18,236	15,887	13,806	11,969	10,354	8,939	7,704	6,629
25년	22,493	19,588	17,003	14,715	12,699	10,931	9,387	8,044	6,880	5,875
26년	21,271	18,410	15,877	13,647	11,695	9,995	8,520	7,246	6,150	5,210
27년	20,144	17,326	14,844	12,673	10,783	9,148	7,740	6,533	5,502	4,625
28년	19,102	16,326	13,895	11,781	9,953	8,382	7,038	5,895	4,925	4,108
29년	18,136	15,402	13,021	10,963	9,195	7,686	6,405	5,323	4,413	3,650
30년	17,237	14,545	12,215	10,212	8,503	7,054	5,833	4,809	3,955	3,246
31년	16,400	13,750	11,468	9,520	7,869	6,479	5,316	4,348	3,547	2,887
32년	15,620	13,010	10,777	8,883	7,287	5,954	4,847	3,933	3,183	2,569
33년	14,889	12,321	10,136	8,294	6,753	5,475	4,422	3,560	2,857	2,287
34년	14,205	11,677	9,540	7,749	6,262	5,038	4,036	3,223	2,565	2,037
35년	13,563	11,076	8,985	7,245	5,810	4,637	3,686	2,919	2,304	1,815
36년	12,960	10,513	8,468	6,777	5,394	4,271	3,367	2,645	2,071	1,617
37년	12,393	9,985	7,985	6,344	5,009	3,935	3,077	2,397	1,861	1,441
38년	11,858	9,489	7,534	5,940	4,655	3,627	2,813	2,173	1,673	1,284
39년	11,353	9,023	7,113	5,566	4,327	3,344	2,573	1,971	1,504	1,145
40년	10,876	8,585	6,718	5,217	4,023	3,085	2,353	1,787	1,353	1,021

4개의 통장에 당신의 꿈을 담아라

2008년 초 이 책의 첫 원고를 쓰는 동안 유가는 100달러를 넘나들고 원자재 가격이 폭등했다. 원달러 환율도 상승했다. 그리고 그해 여름에는 핵폭탄과도 같은 미국발 금융 위기가 국내에까지 불어닥쳤다. 다시는 볼 수 없으리라 믿었던 세 자리 주가지수에, 원달러 환율은 1500원대에 육박하기도 했다. 한창 호황이던 2007년 때를 생각하면 갑자기 모든 문제가 발생했다는 느낌이 들기도 했다. 다만 그때나는 뇌졸중은 어느 날 갑자기 찾아 오는 질병이 아니라 오랫동안 잠재되어온 문제가 갑자기 폭발하는 것일 뿐이라는 한 의사의 말을 떠올렸다.

당시 물가 상승과 (대출)금리 상승 그리고 주가 폭락으로 인해 많은 사람이 어려움을 겪고 있다. 특히 종합주가지수가 신고점을 연일 경신하던 2007년 하반기에 주식형펀드나 ELS 등의 투자에 처음 나섰던 많은 사람이 원금이라도 건져야 한다는 생각으로 주가가 다시 상 승하기만을 손꼽아 기다렸다. 해외펀드 투자자도 마찬가지였다. 뿐 만 아니라 내 돈 물어내라며 금융회사의 영업점에 드러눕는 사람들 까지도 있었고, 투자를 권유하면서 충분한 설명을 하지 않았다는 이 유로 금융회사와 분쟁을 벌이는 사례도 허다했다. 투자자는 물론 투 자를 권유한 금융회사의 직원들까지도 속이 새까맣게 타 들어가는 상황이었다. '투자의 시대'가 낳은 부작용이다.

언제부터인가 우리는 '저축의 시대에서 투자의 시대로'라는 말을 듣게 되었다. 우리나라의 금융시장과 개인의 자산 구조에 많은 변화 를 가져왔다. 그 결과 투자하지 않는 사람은 시대에 뒤처진 사람 취 급을 받기도 한다.

나는 이렇게 변화하는 환경을 한편으로는 긍정적으로 받아들인다. 그러나 많은 사람이 자신의 판단보다는 금융회사 직원의 권유나 주 변에서 들리는 말에 의해 투자 결정을 하고 있다는 점은 문제라고 생 각한다. 투자를 권하는 사람도, 투자를 하려는 사람도 수익률 게임에 참여하고 있는 듯하다.

나는 고수익을 좇는 대부분의 사람들은 저축을 열심히 하는 사람 을 당해내지 못한다고 믿는다. 그리고 평범한 사람이 부자가 되기 위 해 할 수 있는 가장 확실한 방법은 좋은 저축 습관을 유지하면서 자 신의 몸 값을 높여 수입을 늘리거나 자기계발을 통해 특별히 관심 있는 분야에서 추가적인 수입을 만들어 내는 것이라고 생각한다.

이를 위해서는 주식이나 펀드 투자에 매달리기 전에 자기 자신에게 먼저 많은 시간과 돈을 투자해야 한다. 이렇게 해서 쌓은 지식이나 기술은 강력한 부富의 밑천이 된다.

나는 부자가 아니다. 성공한 사람도 아니다. 하지만 한 가지 자부하는 점은 나와 아내는 책을 사거나 공부를 하는 데는 돈을 아끼지 않는다. 아무리 바쁘고 마음의 여유가 없어도 시간을 쪼개서 책을 보거나 필요한 공부를 한다. 그 결과 나는 적어도 내가 일하는 분야에서는 전문성을 인정 받고 있다. 그리고 그동안 공부하고, 경험한 것을 정리하여 이렇게 많은 독자들로부터 사랑받는 책을 쓰기도 했다. 이 책은 나에게 추가적인 수입은 물론 여러 사람들에게 '고경호'라는 이름 석 자를 알릴 수 있는 기회가 되어주었다. 이런 하나하나의 노력이 쌓이고 모여 결국에는 눈에 보이는 이익이 되어 부메랑처럼 나에게 되돌아 오는 것이라 나는 여전히 믿고 있다.

나 자신에게 하는 투자는 세상에서 가장 즐거운 일일뿐더러 수입의 증가 또는 자기 만족과 같은 형태의 수익을 보장 받는다. 이런 종류의 수익은 주식이나 펀드에 투자해서는 얻지 못한다. 주식이나 펀드에 투자해서 얻은 수익은 다시 날려 버릴 위험이 있지만 나에게 투자해서 얻은 수익은 그렇지 않다. 따라서 이 책에서 계속 이야기한 '부자가 되려면 충분히 저축하고, 복리 투자를 지속해야 한다'는 나의 주장에 한마디를 덧붙이고 싶다. '자기 자신에 대한 투자도 충분

히 계속해야 한다.'

　이 책을 통해 내가 제시한 투자계획 수립 과정은 꿈을 숫자로 구체화하고 통장에 담기 위한 과정이다. 꿈이 빠진 투자계획은 숫자놀음에 지나지 않기 때문에 실행의지가 생기지 않으며, 실행을 해도 오래 지속하지 못한다. 실행하지 않는데 꿈이 이루어질 리 없다. 그러니 이제부터 자신이 가진 통장 하나하나에 꿈을 담아보자. 그리고 꿈을 이룬 뒤 웃고 있는 자신의 모습을 상상해보자. 실행의지가 생길 것이고, 중간에 힘들어 쉬어갈 수는 있어도 결코 포기하지는 못할 것이다. 버는 돈이 적어서, 실직을 해서, 빚이 많아서, 가족이 아파서, 형편이 좋지 않아서 당장 통장에 담을 수 있는 돈이 많지 않더라도 꿈은 원하는 만큼 가득 담을 수 있다. 지금 이순간 삶의 무게 때문에 힘겹더라도 제발 용기를 잃지 않았으면 좋겠다.

　마지막으로 감사의 말로 책을 끝내려 한다. 부족하기만 한 원고를 읽고 많은 격려를 해주시고 도움을 주신 많은 분들께 다시 한 번 더 깊은 감사의 인사를 드린다. 그 누구보다 아내에게 큰 사랑을 전하며, 황금알을 낳는 거위처럼 우리 가정에 매일 행복의 황금알을 하나씩 선사하는 예쁜 딸 윤서에게도 사랑을 전한다.

4개의 통장

개정판 1쇄 발행 2018년 6월 15일
개정판 4쇄 발행 2024년 7월 12일

지은이 고경호
펴낸이 김선식

부사장 김은영
콘텐츠사업본부장 임보윤
책임편집 한보라 **디자인** 이주연 **책임마케터** 최혜령, 김민수
콘텐츠사업1팀장 성기병 **콘텐츠사업1팀** 윤유정, 문주연, 조은서
마케팅본부장 권장규 **마케팅2팀** 이고은, 배한진, 양지환 **채널2팀** 권오권
미디어홍보본부장 정명찬 **브랜드관리팀** 안지혜, 오수미, 김은지, 이소영
뉴미디어팀 김민정, 이지은, 홍수경, 서가을
크리에이티브팀 임유나, 변승주, 김화정, 장세진, 박장미, 박주현
지식교양팀 이수인, 염아라, 석찬미, 김혜원, 백지은
편집관리팀 조세현, 김호주, 백설희 **저작권팀** 한승빈, 이슬, 윤제희
재무관리팀 하미선, 윤이경, 김재경, 임혜정, 이슬기
인사총무팀 강미숙, 지석배, 김혜진, 황종원
제작관리팀 이소현, 김소영, 김진경, 최완규, 이지우, 박예찬
물류관리팀 김형기, 김선민, 주정훈, 김선진, 한유현, 전태연, 양문현, 이민운

ISBN 979-11-306-1735-0 (03320)

다산북스(DASANBOOKS)는 독자 여러분의 책에 관한 아이디어와 원고 투고를 기쁜 마음으로 기다리고 있습니다.
책 출간을 원하는 아이디어가 있으신 분은 다산북스 홈페이지 '투고원고'란으로 간단한 개요와 취지, 연락처 등을 보내주세요.
머뭇거리지 말고 문을 두드리세요.